张振兴 总主编
王勇卫 陈瑶 副总主编

中国语言资源集

福建

概况卷之一

蔡国妹 唐若石 主编

中国社会科学出版社

审图号：闽 S［2023］263 号

图书在版编目（CIP）数据

中国语言资源集．福建．概况卷：全二卷／蔡国妹等主编．
—北京：中国社会科学出版社，2023.9
ISBN 978 - 7 - 5227 - 1937 - 5

Ⅰ.①中…　Ⅱ.①蔡…　Ⅲ.①闽语—方言研究—福建　Ⅳ.①H17

中国国家版本馆 CIP 数据核字(2023)第 095983 号

出 版 人　赵剑英
责任编辑　张　林
责任校对　周晓东
责任印制　戴　宽

出　　版　中国社会科学出版社
社　　址　北京鼓楼西大街甲 158 号
邮　　编　100720
网　　址　http://www.csspw.cn
发 行 部　010 - 84083685
门 市 部　010 - 84029450
经　　销　新华书店及其他书店

印刷装订　北京君升印刷有限公司
版　　次　2023 年 9 月第 1 版
印　　次　2023 年 9 月第 1 次印刷

开　　本　787 × 1092　1/16
印　　张　41
字　　数　786 千字
定　　价　329.00 元(全二卷)

中国语言资源保护工程

中国语言资源集·福建　组委会

中国语言资源保护工程

中国语言资源集·福建　编委会

《中国语言资源集·福建》
概况卷总目录

福建省政区图

福建省汉语方言分布图

福建省语言资源保护工程调查点分布示意图

中国语言资源集（分省）总序 …………………………………………… 曹志耘（1）

《中国语言资源集·福建》总前言 ………………………………………… 张振兴（1）

《中国语言资源集·福建》概况卷前言 ……………………… 蔡国妹　唐若石（1）

《中国语言资源集·福建》概况卷正文 ………………………………………………（1）

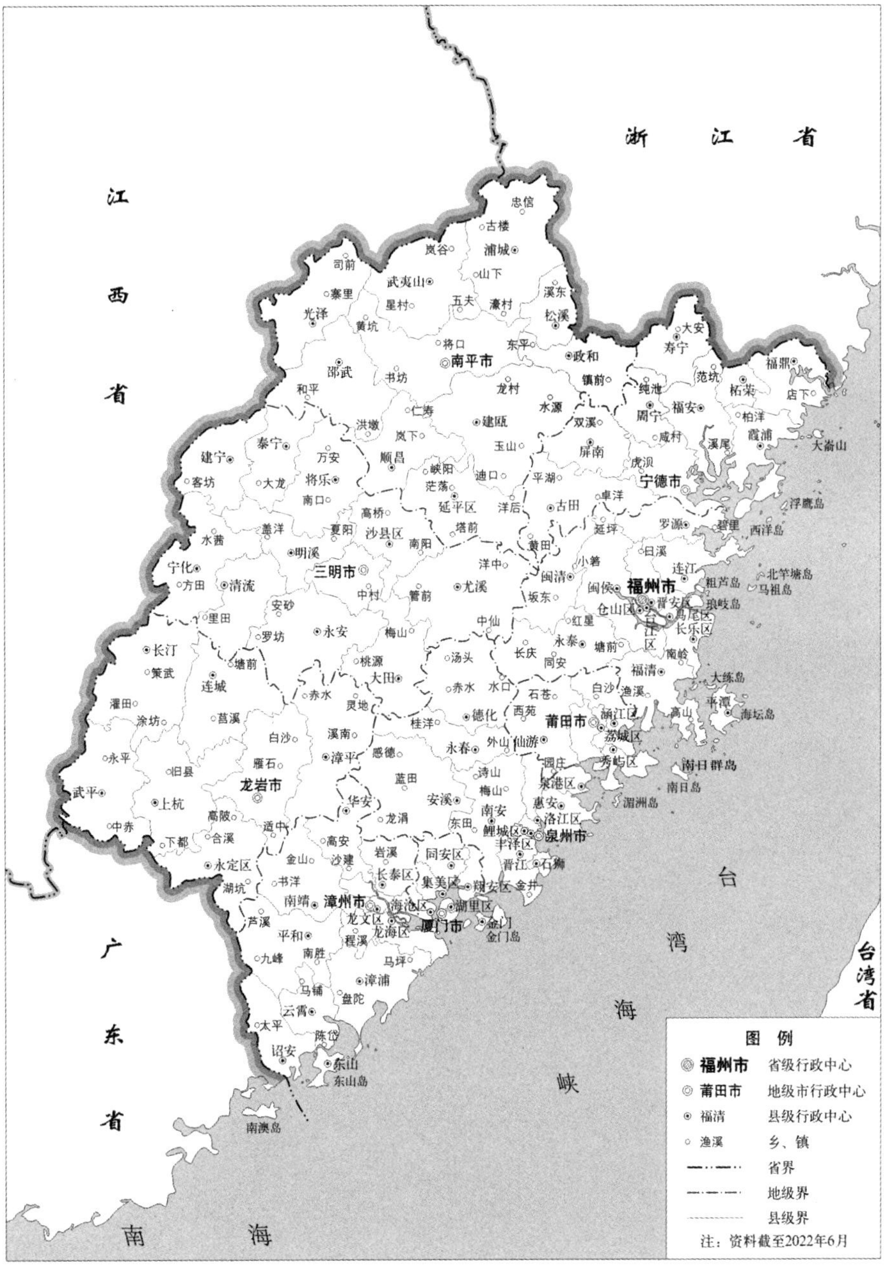
浙 江 省
江 西 省
广 东 省
台湾省
台 湾 海 峡
南 海
忠信
古楼
岚谷
浦城
山下
司前
寨里
武夷山
星村
五夫
濠村
溪东
光泽
黄坑
将口
东平
松溪
寿宁
大安
南平市
政和
福鼎
邵武
书坊
镇前
纯池
范坑
柘荣
店下
和平
龙村
水源
周宁
福安
柏洋
仁寿
建瓯
双溪
咸村
溪尾
霞浦
洪墩
大嵛山
泰宁
岚下
万安
顺昌
玉山
屏南
虎浿
建宁
峡阳
迪口
平湖
宁德市
客坊
大龙
将乐
茫荡
卓洋
浮鹰岛
南口
高桥
延平区
洋后
古田
碧里
西洋岛
濉溪
夏阳
沙县区
塔前
延坪
罗源
水茜
明溪
南阳
黄田
白溪
连江
宁化
三明市
洋中
小箬
闽侯
福州市
粗芦岛
北竿塘岛
马祖岛
方田
清流
中村
管前
尤溪
闽清
坂东
晋安区
仓山区
马尾区
琅岐岛
长乐区
里田
安砂
中仙
红星
长汀
罗坊
永安
梅山
永泰
塘前
南岭
篆武
塘前
桃源
汤头
长庆
同安
福清
大练岛
连城
大田
赤水
水口
石苍
白沙
渔溪
平潭
灌田
涂坊
莒溪
赤水
灵地
德化
西苑
莆田市
涵江区
高山
海坛岛
白沙
溪南
桂洋
永春
外山
仙游
荔城区
永平
旧县
雁石
漳平
感德
诗山
园庄
秀屿区
湄日群岛
南日岛
武平
龙岩市
蓝田
梅山
泉港区
上杭
华安
安溪
南安
惠安
湄洲岛
中赤
高陂
龙涓
东田
洛江区
下都
合溪
适中
高安
鲤城区
泉州市
丰泽区
永定区
金山
沙建
岩溪
同安区
晋江
石狮
湖坑
书洋
长泰区
集美区
翔安区
金井
南靖
漳州市
海沧区
湖里区
芦溪
龙文区
龙海区
厦门市
金门
金门岛
平和
程溪
九峰
南胜
马坪
漳浦
马铺
盘陀
云霄
太平
陈岱
诏安
东山
东山岛
南澳岛
图 例
福州市 省级行政中心
莆田市 地级市行政中心
福清 县级行政中心
渔溪 乡、镇
省界
地级界
县级界
注：资料截至2022年6月

福建省政区图

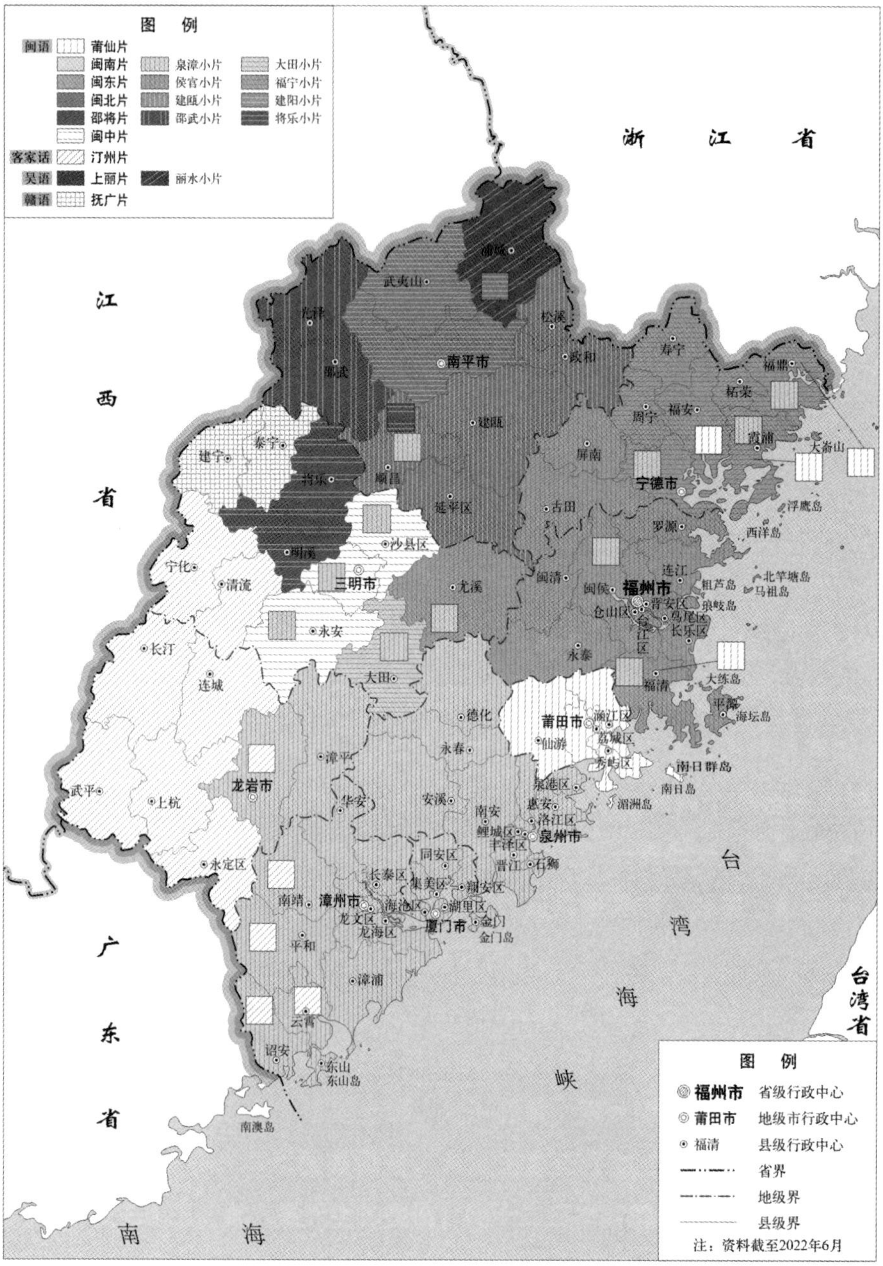
图 例
闽语
莆仙片
闽南片
泉漳小片
大田小片
闽东片
侯官小片
福宁小片
闽北片
建瓯小片
建阳小片
邵将片
邵武小片
将乐小片
闽中片
客家话
汀州片
吴语
上丽片
丽水小片
赣语
抚广片
浙 江 省
江 西 省
广 东 省
台 湾 海 峡
台湾省
南 海
浦城
武夷山
松溪
政和
南平市
建瓯
寿宁
福鼎
柘荣
福安
霞浦
周宁
屏南
宁德市
古田
罗源
连江
闽清
闽侯
福州市
晋安区
仓山区
马尾区
长乐区
永泰
福清
平潭
大练岛
海坛岛
粗芦岛
琅岐岛
北竿塘岛
马祖岛
浮鹰岛
西洋岛
大嵛山
建宁
泰宁
将乐
顺昌
延平区
明溪
沙县区
三明市
尤溪
宁化
清流
永安
长汀
连城
大田
德化
永春
莆田市
涵江区
荔城区
仙游
秀屿区
南日群岛
南日岛
湄洲岛
泉港区
惠安
洛江区
鲤城区
丰泽区
泉州市
晋江
石狮
南安
安溪
同安区
集美区
翔安区
湖里区
海沧区
厦门市
金门
金门岛
长泰区
漳平
华安
龙岩市
武平
上杭
永定区
南靖
漳州市
龙文区
龙海区
平和
漳浦
云霄
诏安
东山
东山岛
南澳岛
图 例
福州市 省级行政中心
莆田市 地级市行政中心
福清 县级行政中心
省界
地级界
县级界
注：资料截至2022年6月

福建省汉语方言分布图

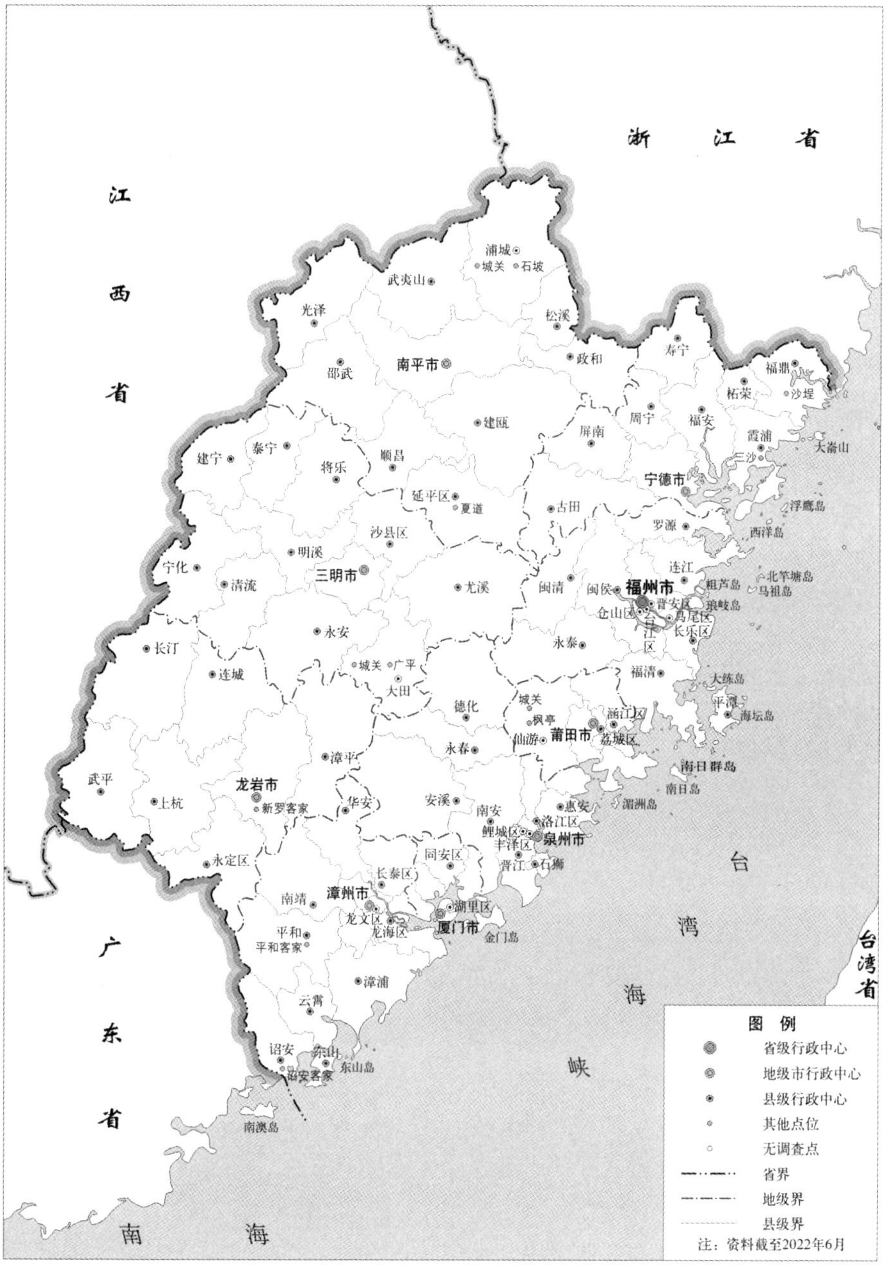

福建省语言资源保护工程调查点分布示意图

中国语言资源集（分省）
总　　序

教育部、国家语言文字工作委员会于2015年5月发布《教育部 国家语委关于启动中国语言资源保护工程的通知》（教语信司〔2015〕2号），启动中国语言资源保护工程（以下简称语保工程），在全国范围开展以语言资源调查、保存、展示和开发利用等为核心的各项工作。

在教育部、国家语委统一领导下，经各地行政主管部门、专业机构、专家学者和社会各界人士共同努力，至2019年底，语保工程超额完成总体规划的调查任务。调查范围涵盖包括港澳台在内的全国所有省份、123个语种及其主要方言。汇聚语言和方言原始语料文件数据1000多万条，其中音视频数据各500多万条，总物理容量达100TB，建成世界上最大规模的语言资源库和展示平台。

语保工程所获得的第一手原始语料具有原创性、抢救性、可比性和唯一性，是无价之宝，亟待开展科学系统的整理加工和开发应用，使之发挥应有的重要作用。编写《中国语言资源集（分省）》（以下简称资源集）是其中的一项重要工作。

早在2016年，教育部语言文字信息管理司（以下简称语信司）就委托中国语言资源保护研究中心（以下简称语保中心）编写了《中国语言资源集（分省）编写出版规范（试行）》。2017年1月，语信司印发《关于推进中国语言资源集编写的通知》（教语信司函〔2017〕6号），要求"各地按照工程总体要求和本地区进展情况，在资金筹措、成果设计等方面早设计、早谋划、早实施，积极推进分省资源集编写出版工作"，"努力在第一个'百年'到来之际，打造标志性的精品成果。"2018年5月，又印发了《关于启动中国语言资源集（分省）编写出版试点工作的通知》（教语信司函〔2018〕27号），部署在北京、上海、山西等地率先开展资源集编写出版试点工作，并明确"中国语言资源集（分省）编写出版工作将于2019年在全国范围内全面铺开"。2019年3月，教育部办公厅印发《关于部署中国语言资源保护工程2019年度汉语方言调查及中国语言资源集编制工作的通知》（教语信厅函〔2019〕2号），要求“在试点基础上，在全国范围内开展资源集编制工作”。

为科学有效开展资源集编写工作，语信司和语保中心通过试点、工作会、研讨会等形式，广泛收集意见建议，不断完善工作方案和编写规范。语信司于2019年7月印发了修订后的《中国语言资源集（分省）实施方案》和《中国语言资源集（分省）编写出版规范》（教语信司函〔2019〕30号）。按规定，资源集收入本地区所有调查点的全部字词句语料，并列表对照排列。该方案和规范既对全国作出统一要求，保证了一致性和可比性，也兼顾各地具体情况，保持了一定的灵活性。

各省（区、市）语言文字管理部门高度重视本地区资源集的编写出版工作，在组织领导、管理监督和经费保障等方面做了大量工作，给予大力支持。各位主编认真负责，严格要求，专家团队团结合作，协同作战，保证了资源集的高水准和高质量。我们有信心期待《中国语言资源集》将成为继《中国语言文化典藏》《中国濒危语言志》之后语保工程的又一重大标志性成果。

语保工程最重要的成果就是语言资源数据。各省（区、市）的语言资源按照国家统一规划规范汇集出版，这在我国历史上尚属首次。而资源集所收调查点数之多，材料之全面丰富，编排之统一规范，在全世界范围内亦未见出其右者。从历史的眼光来看，本系列资源集的出版无疑具有重大意义和宝贵价值。我本人作为语保工程首席专家，在此谨向多年来奋战在语保工作战线上的各位领导和专家学者致以崇高的敬意！

曹志耘

2020年10月5日

《中国语言资源集·福建》
总前言

张振兴

本书是《中国语言资源集·福建》卷，按照教育部语言文字信息管理司和中国语言资源保护研究中心统一部署编纂。整个编纂工作由福建省教育厅组织实施，黄红武厅长、林和平厅长、叶燊厅长，以及曾经分管过此项工作的刘平、刘剑津、李迅、吴伟平、李绚、叶灵等同志十分重视，先后均给予很多具体的关心和指导。福建省教育厅体育卫生艺术教育与语言文字处苏贻堆处长多年来一直全程参与，具体组织实施编纂与出版工作。

《中国语言资源集·福建》卷下设五个分卷。每个分卷都有“前言”，交待或说明本分卷的有关事项，以方便阅读和应用。以下是总的“前言”，对一些有关事项作个总的说明。

一　福建省概况

关于福建省地理行政概况，请参看“福建省政区图”。《中国语言地图集（第2版）》（商务印书馆，2012）B2－5“福建省的汉语方言”图文，均由周长楫编绘和撰写，其中文字说明第一小节也说到福建省的概况。本节在此基础上，根据最新有关资料作了删简，并更新了一些数据。

福建省位于中国东南沿海。地处北纬23°32′—28°19′，东经115°50′—120°52′。东北和浙江省毗邻，西、西北横贯武夷山脉与江西省交界，西南跟广东省相连，东临东海，东南隔台湾海峡与台湾省相望，闽台两地相距最近处台湾桃园县的白沙岬跟福建平潭县的距离，其间仅130千米左右。全省陆地总面积12万平方千米，海域面积13.6万平方千米，陆地海岸线长3752千米，有大小岛屿1546个。

福建境内山峦耸峙，丘陵连绵，河谷、盆地穿插其间。地势自西北向东南倾斜，形成以武夷山脉为主的闽北大山带和以鹫峰山、戴云山、博平岭等山脉组成的闽中大山带。东部沿海为丘陵、平原地带。闽江为最大河流。闽江、九龙江、汀江、晋江、木兰溪、岱溪、交溪和霍童溪等都是自成流域并独自入海的水系。

福建历史悠久，古为闽越地。秦设闽中郡，置冶县（今福州），属会稽。汉武帝出兵闽地是北方汉人第一次入闽。此后，晋永嘉之乱；唐代陈政、陈元光率兵平定“蛮獠”之乱后屯守漳州；唐“安史之乱”；唐末王绪从中原带起义军转战福建以及其后的王审知建立闽国；及至宋室南迁等，都促使北方汉人多次入闽，使闽地汉人急剧增加，郡县设置屡有更变。唐开元二十一年（公元733年），设福建经略使，始有“福建”名称。宋代雍熙二年（985年）设立福建路，行政区划为福、建、泉、漳、汀、南剑六州和邵武、兴化二军。南宋升建州为建宁府，福建因此包括一府五州二军，共计八个同级行政机构，故号称为“八闽”，共辖42县。元至正十六年（1356年），撤福建路，成立福建省，此为福建设省的开始。明代改设福建布政使司。清初省下辖有福州、兴化、泉州、漳州、延平、建宁、邵武、汀州八府。1684年增设台湾府。至清末，福建有九府二州、五十八县、六厅。清光绪十二年（1887年），台湾从福建析出设立台湾省。民国元年（1912年）福建全省划分为东路、南路、西路、北路四道。民国十四年（1925年），实行省、县两级制。1949年后，各级行政区划进行过多次调整。据《中国分省系列地图册·福建》（中国地图出版社，2019）资料，至2018年10月，全省划为福州、厦门、莆田、泉州、漳州、龙岩、三明、南平、宁德等9个省辖市，其中厦门市为副省级。共辖29个市属区、12个县级市、44个县。省会福州市。

也据《中国分省系列地图册·福建》资料，2017年末全省常住人口3911万人。其中城镇人口2534万人，占总人口的64.8%。福建56个民族齐全，但绝大多数是汉族，占全省总人口的97.84%。此外还有畲、回、满、蒙、高山族等世居的少数民族，以及近现代迁居而来的其他少数民族。少数民族人口约79.69万人，占全省总人口的2.16%。其中以畲族占多数，约23万人。他们主要居住在闽东地区宁德市所属的各县市如福安市、福鼎市、霞浦县、蕉城区、寿宁县、周宁县、柘荣县、屏南县，以及福州市的罗源县、连江县和晋安、马尾区等地区。

由于特殊的地理条件和历史原因，闽地早与海外有交通往来。泉州在宋元时期曾是全国有名的对外港口，海外交通已远至欧洲。自宋元开始，闽地，尤其是闽南地区，已有成群成批居民向省外、海外移民的历史。因此，福建又是海外许多华侨、华人的祖籍地，估计祖籍福建的华侨、华人约1000万人。福建，特别是闽南地区，更是大多数台湾同胞的祖籍地。

二　福建省的汉语方言

关于福建省的汉语方言，请详看《中国语言地图集（第2版）》（商务印书馆，2012）B2-5“福建省的汉语方言”图和文字说明。本节据此作了删简和个别改正，介绍如下。

福建全省通用汉语方言。主要方言是闽语、客家话，还有一部分人说赣语、吴语和官话。福建省的主要少数民族畲族说的畲话，也是一种汉语方言。

（一）闽语

闽语是汉语的最主要方言之一。除分布在福建省外，还集中分布在台湾、海南，以及广东、浙江、江西、广西等省区的部分地区。闽语是福建境内通行地域最广、使用人口最多的一个大方言，使用人口3400多万人，占全省总人口的90%以上。根据方言的区别特征，可以把福建省境内的闽语分为六个方言片，有些片还分为若干小片。以下只说方言片，不说小片。

（1）闽东片。使用人口1300多万人。主要分布于以下各县市：

福州市　闽侯县　长乐市　连江县　罗源县　福清市　平潭县　永泰县　闽清县　古田县　屏南县　宁德市飞鸾乡碗窑等数千人说闽南话的除外　霞浦县三沙等少数乡村除外　福安市　柘荣县　周宁县　寿宁县　福鼎市沙埕、前岐、白琳、惯山、叠石等部分村镇除外　尤溪县。

（2）莆仙片。使用人口270多万人。主要分布于莆田市和仙游县。另外，福清市、福鼎市、福安市、霞浦县也有一些村镇通行莆仙话。

（3）闽南片。使用人口1400多万人。主要分布于以下各县市：

厦门市　泉州市　南安市　晋江市　石狮市　惠安县　永春县　安溪县　德化县　金门县　漳州市、龙海市　长泰县　华安县　南靖县　平和县　漳浦县　东山县　云霄县　诏安县　龙岩市新罗区部分村镇除外　漳平市　大田县除桃园乡等外的大部分地区。

另外，在福鼎县、霞浦县、宁德市、三明市、沙县、永安市、尤溪县、福清市、闽侯县、顺昌县也有一些村镇通行闽南话。

（4）闽北片。使用人口250多万人。主要分布于以下各县市：

南平市延平区中心等少数地区除外　建瓯市　建阳市　政和县　松溪县　武夷山市　浦城县县境南部地区一些乡镇。另外顺昌县的一部分乡镇也通行闽北话。

（5）邵将片。使用人口130多万人。主要分布于邵武市　光泽县　将乐县顺昌县部分乡镇除外。另外明溪县也有部分乡镇通行邵将片的闽语方言。

（6）闽中片。使用人数70多万人。主要分布于三明市 永安市 沙县三个县市。不过这三县市都有一些村镇使用闽南话。

（二）客家话

客家话是福建省境内通行的第二个大方言。福建省的客家话属于客家方言的汀州片。使用人口470多万人。主要分布于长汀县 连城县 上杭县 武平县 永定区 明溪县部分乡镇除外 清流县 宁化县。另外龙岩市、诏安县、平和县、南靖县、云霄县等县市都有一部分乡镇通行客家话。

此外，还有一些客家话方言岛，如三明市大田县桃源镇东坂、黄山等村，广平镇大吉、大竹林等村和太华乡高星等村约数千人。其他的都只在千人以下几百人不等。如宁德市所属福鼎市的赤溪村、观洋村；福安市的首苋村；南平市延平区的大洋、峡阳、洋后、东坑等乡镇的一些村，顺昌县城关镇一些村和洋口、浦上等村；三明市三元区的中村乡的一些村。

（三）赣语和吴语

赣语主要分布于江西省。福建省内的赣语只通行于三明市的泰宁县和建宁县，属于赣语抚广片方言。使用人口约28万人。我们注意到，泰宁县和建宁县通行的赣语也具备闽语邵将片方言的一些重要特点。

福建省境内的吴语与浙江省南部的吴语相连，只通行于南平市北部浦城县的三分之二地区，属于吴语处衢片方言。即县城南浦镇以及北部的水南、万安、富岭、莲塘、永兴、鼓楼、仙阳、管厝、忠信、官路、盘亭、九牧等12个乡镇。使用人数约27万人。浦城县其他乡镇通行闽语闽北片方言。

（四）官话

福建省内的官话属于方言岛性质，主要有以下三种：

（1）南平市“土官话”。主要分布于南平市延平区的中心及区南部西芹乡政府所在地和东坑乡的葛坪、八仙、岭下桥和后岭下一带，另外还有夏道乡的吉溪，使用人口2万多人。

（2）福州市“京都话”。主要分布于所属长乐市航城镇洋屿琴江村。使用人口有1000多人，均为满族。也叫“琴江话”“洋屿话”。

（3）龙岩市“军家话”。主要分布于武平县中山镇。使用人口7000多人。也叫“武平军家话”，简称“军话”。

使用以上三种官话的居民，对外都使用普通话或当地闽语和客家话。这三种官话方言都具有当地闽语或客家话的一些方言特征。

三 语保工程福建省项目调查设点情况

中国语言资源保护工程福建省汉语方言调查项目于2015年8月获批立项启动，并于2018年11月最后一批调查点结项。前后历经四年。福建省语言文字工作委员会直接领导全过程，叶灵处长、苏贻堆处长等先后亲自担任整个项目负责人，陈贤登同志、彭杰同志先后参与了具体组织工作；参加各调查点工作的各团队，各调查记录人员、各类发音人，以及有关县市教育部门相关工作人员，都为福建省语言资源保护工程作出卓著努力，宜当永志，给予表彰。

教育部办公厅2016年2月下发的《关于推进中国语言资源保护工程建设的通知》中附件“中国语言资源保护工程汉语方言调查点总体规划（2015—2019）”，确定语保工程计划立项福建省汉语方言调查点为79个。福建省汉语方言调查项目组报送教育部语言文字信息管理司和中国语言资源保护研究中心审核通过的“中国语言资源保护工程福建省汉语方言调查项目总体规划”一共也是79个调查点如下。79个点的地理分布请参看“福建省语言资源保护工程调查点分布示意图”。

（一）闽语

（1）闽东片：

福州 闽侯 长乐 连江 罗源 福清 平潭 永泰 闽清 古田 屏南 宁德 霞浦城关 福安 柘荣 周宁 寿宁 福鼎城关 尤溪

（2）莆仙片：

莆田 涵江 仙游城关 仙游枫亭

（3）闽南片：

厦门 同安 泉州鲤城 泉州洛江 南安 晋江 石狮 惠安 永春 安溪 德化 漳州 龙海 长泰 华安 南靖 平和 漳浦 东山 云霄 诏安 龙岩 漳平

大田城关 大田广平

霞浦三沙 福鼎沙埕

（4）闽北片：

建瓯 建阳 政和 松溪 武夷山 浦城石陂 南平夏道

（5）邵将片：

顺昌　将乐　光泽　邵武

（6）闽中片：三明　永安　沙县

（二）客家话：

长汀　连城　上杭　武平　永定　明溪　清流　宁化

新罗客家　平和客家　诏安客家

（三）赣语：泰宁　建宁

（四）吴语：浦城城关

（五）官话：南平延平

以下附录“福建省语言资源保护工程调查点立项一览表”：

年份	课题编号	课题名称	负责人	负责人单位
2015	YB1501A001	福建汉语方言调查·连江	陈　瑶	福建师范大学
2015	YB1501A002	福建汉语方言调查·闽侯	陈　芳	福建师范大学
2015	YB1501A003	福建汉语方言调查·德化	曾德万	泉州师范学院
2015	YB1501A004	福建汉语方言调查·永春	蔡育红	泉州师范学院
2015	YB1501A005	福建汉语方言调查·建瓯	谢建娘	武夷学院
2015	YB1501A006	福建汉语方言调查·福安	赵　峰	宁德师范学院
2015	YB1501A007	福建汉语方言调查·古田	李　滨	福建教育学院
2015	YB1501A008	福建汉语方言调查·宁化	吴宁锋	集美大学
2015	YB1501A009	福建汉语方言调查·清流	吴宁锋	集美大学
2015	YB1501A010	福建汉语方言调查·武平	李惠瑛	龙岩学院
2015	JAS150046	福建汉语方言调查·闽清	蔡国妹	闽江学院
2015	JAS150047	福建汉语方言调查·屏南	唐若石	闽江学院
2015	JAS150051	福建汉语方言调查·福鼎城关	赵　峰	宁德师范学院
2015	JAS150048	福建汉语方言调查·尤溪	邓享璋	三明学院
2015	JAS150053	福建汉语方言调查·涵江	黄国城	莆田学院
2015	JAS150049	福建汉语方言调查·泉州洛江	陈燕玲	泉州师范学院

2015	JAS150045	福建汉语方言调查·南靖	李　焱	厦门大学
2015	JAS150050	福建汉语方言调查·东山	林颂育	闽南师范大学
2015	JAS150052	福建汉语方言调查·建阳	陈　平	武夷学院
2015	JAS150044	福建汉语方言调查·上杭	刘镇发	厦门大学
2016	YB1612A001	福建汉语方言调查·南平延平	陈泽平	福建师范大学
2016	YB1612A002	福建汉语方言调查·长乐	陈　瑶	福建师范大学
2016	YB1612A003	福建汉语方言调查·泉州鲤城	王勇卫	泉州师范学院
2016	YB1612A004	福建汉语方言调查·安溪	曾德万	泉州师范学院
2016	YB1612A005	福建汉语方言调查·惠安	郭泽青	泉州师范学院
2016	YB1612A006	福建汉语方言调查·漳浦	林颂育	闽南师范大学
2016	YB1612A007	福建汉语方言调查·长汀	黄淑芬	中山大学
2016	YB1612A008	福建汉语方言调查·华安	孟繁杰	厦门大学
2016	YB1612A009	福建汉语方言调查·仙游城关	黄国城	莆田学院
2016	YB1612A010	福建汉语方言调查·仙游枫亭	蔡国妹	闽江学院
2016	YB1612A011	福建汉语方言调查·漳平	唐若石	闽江学院
2016	YB1612A012	福建汉语方言调查·霞浦城关	李　滨	福建教育学院
2016	YB1612A013	福建汉语方言调查·宁德（蕉城）	陈丽冰	宁德师范学院
2016	YB1612A014	福建汉语方言调查·周宁	赵　峰	宁德师范学院
2016	YB1612A015	福建汉语方言调查·龙岩	王咏梅	龙岩学院
2016	YB1612A016	福建汉语方言调查·永定	林丽芳	龙岩学院
2016	YB1612A017	福建汉语方言调查·平和	陈曼君	集美大学
2016	YB1612A018	福建汉语方言调查·诏安	容媛媛	集美大学
2016	YB1612A019	福建汉语方言调查·云霄	叶荧光	集美大学
2016	YB1612A020	福建汉语方言调查·顺昌	李　岚	武夷学院
2016	YB1612A021	福建汉语方言调查·邵武	谢建娘	武夷学院

2016	YB1612A022	福建汉语方言调查·光泽	李文斌	武夷学院
2017	YB1724A001	福建汉语方言调查·福州（鼓楼）	陈泽平	福建师范大学
2017	YB1724A002	福建汉语方言调查·寿宁	陈丽冰	宁德师范学院
2017	YB1724A003	福建汉语方言调查·霞浦三沙	李　滨	福建教育学院
2017	YB1724A004	福建汉语方言调查·福鼎沙埕	陈　芳	福建师范大学
2017	YB1724A005	福建汉语方言调查·平和客家	孟繁杰	厦门大学
2017	YB1724A006	福建汉语方言调查·诏安客家	林天送	福建工程学院
2017	YB1724A007	福建汉语方言调查·永安	邓享璋	三明学院
2017	YB1724A008	福建汉语方言调查·建宁	黄　涛	福建师范大学
2017	YB1724A009	福建汉语方言调查·泰宁	陈　瑶	福建师范大学
2017	YB1724A010	福建汉语方言调查·将乐	林丽芳	龙岩学院
2017	YB1724A011	福建汉语方言调查·大田城关	戴朝阳	泉州师范学院
2017	YB1724A012	福建汉语方言调查·大田广平	陈燕玲	泉州师范学院
2017	YB1724A013	福建汉语方言调查·明溪	杨志贤	集美大学
2017	YB1724A014	福建汉语方言调查·新罗客家	翁　春	龙岩学院
2017	YB1724A015	福建汉语方言调查·连城	唐若石	闽江学院
2017	YB1724A016	福建汉语方言调查·政和	谢建娘	武夷学院
2017	YB1724A017	福建汉语方言调查·浦城城关	林天送	福建工程学院
2018	YB1828A001	福建汉语方言调查·南平	陈　瑶	福建师范大学
2018	YB1828A002	福建汉语方言调查·福清	黄　涛	福建师范大学
2018	YB1828A003	福建汉语方言调查·平潭	陈　芳	福建师范大学
2018	YB1828A004	福建汉语方言调查·罗源	黄　涛	福建师范大学
2018	YB1828A005	福建汉语方言调查·南安	王勇卫	泉州师范学院
2018	YB1828A006	福建汉语方言调查·石狮	戴朝阳	泉州师范学院
2018	YB1828A007	福建汉语方言调查·晋江	陈燕玲	泉州师范学院

2018	YB1828A008	福建汉语方言调查·三明	邓享璋	泉州师范学院
2018	YB1828A009	福建汉语方言调查·漳州	杨秀明	闽南师范大学
2018	YB1828A010	福建汉语方言调查·龙海	林颂育	闽南师范大学
2018	YB1828A011	福建汉语方言调查·长泰	袁东斌	闽南师范大学
2018	YB1828A012	福建汉语方言调查·永泰	唐若石	闽江学院
2018	YB1828A013	福建汉语方言调查·同安	唐若石	闽江学院
2018	YB1828A014	福建汉语方言调查·莆田	蔡国妹	闽江学院
2018	YB1828A015	福建汉语方言调查·厦门	李　焱	厦门大学
2018	YB1828A016	福建汉语方言调查·松溪	谢建娘	武夷学院
2018	YB1828A017	福建汉语方言调查·柘荣	赵　峰	宁德师范学院
2018	YB1828A018	福建汉语方言调查·浦城石陂	魏　维	武夷学院
2018	YB1828A019	福建汉语方言调查·武夷山	李　岚	武夷学院
2018	YB1828A020	福建汉语方言调查·沙县	邓享璋	三明学院

以上一览表由福建省语委提供。课题名称一栏的详细地址部分是增补的，表上“新罗客家”原文件作“新罗”，在龙岩市境内，有时也称为“龙岩客家”，是为了跟上文的79个调查点名称取得一致。

四　本书主要内容和体例框架

（一）本书语料来源

《中国语言资源集·福建》卷记录福建省语言资源保护工程79个地点方言的现状。全部语言材料均由中国语言资源保护工程所组织的调查团队在方言点实地开展田野调查活动获得。全部方言点的语言调查，统一执行教育部语言文字信息管理司、中国语言资源保护研究中心编《中国语言资源调查手册·汉语方言》（商务印书馆，2015）所规定的技术规范，由经过严格遴选确定的方言发音人用方言认读字音、述说词语和句子，调查人依据其发音作字音、词语和句子的记录。最后还作了口头文化的长篇语料记录。

每个地点的调查条目包括：单字1000个，词语1200个，语法例句50个。

口头文化的记录包括：歌谣、故事和谚语、歇后语、谜语、曲艺、戏剧等，各调查点数量不等。

（二）本书分卷主要内容

《中国语言资源集·福建》卷按照主要内容，分别为五个分卷，共12册：

第一分卷是《福建省汉语方言概况卷》，记录福建省79个地点的方言及其调查概况，包括：调查点所在县市的地理位置、行政区划、历史沿革、方言分布和特点，以及所在地的民族成分、人口分布、各类方言发音人的基本信息等。最后是重点描述调查点方言的音系，包括声韵调、连读变调、新老派的语音差别。本分卷析分为两册。

第二分卷是《福建省汉语方言语音卷》，以语音对照表的形式，对照排列79个调查点1000个单字方言音读。字音的排列顺序与《中国语言资源调查手册·汉语方言》的字音调查表保持一致。本分卷析分为两册。

第三分卷是《福建省汉语方言词汇卷》，以词汇对照表的形式，对照排列79个调查点1200个词语的口语说法。词语的排列顺序与《中国语言资源调查手册·汉语方言》的词汇调查表保持一致。本分卷析分为五册。

第四分卷是《福建省汉语方言语法卷》，以“语法句子”对照的形式，按照《中国语言资源调查手册·汉语方言》50个语法例句，分别排列每个句子在79个调查点里的口语说法。本分卷为一册。

第五分卷是《福建省汉语方言口头文化卷》，按照79个调查点的顺序，排列语言资源调查时所记录的歌谣、长篇故事、谜语谣谚等长篇口头文化语料。本分卷析分为两册。

（三）本书记音符号

语音是语言表达语义的形式。语音的基本运用单位是音节。汉语音节结构包括声母、韵母和声调三个部分。声母指音节开头的辅音，韵母是声母后面的元音或元音后带辅音的结合体，声调是音节的能够区别意义的高低、升降、曲直的变化。记录语音需要使用专门的符号。本书使用国际音标记录汉语方言音节的声母和韵母，使用数字记录音节的声调。以下是本书中使用的国际音标辅音表和元音表。

1. 辅音表

发音方法＼发音部位			双唇	唇齿	齿间	舌尖前	舌尖中	舌尖后	舌叶	舌面前	舌面中	舌面后	喉
塞音	清	不送气	p				t				c	k	ʔ
		送　气	p^h				t^h				c^h	k^h	
	浊	不送气	b				d					g	
塞擦音	清	不送气		pf	tθ	ts		tʂ	tʃ	tɕ			
		送　气		pf^h	tθ^h	ts^h		tʂ^h	tʃ^h	tɕ^h			
	浊	不送气		bv	dð	dz		dʐ	dʒ	dʑ			
鼻音			m	ɱ			n	ɳ		ȵ	ɲ	ŋ	
边音							l						
擦音	清		ɸ	f	θ	s		ʂ	ʃ	ɕ	ç	x	h
	浊			v	ð	z		ʐ	ʒ	ʑ	j	ɣ	ɦ

说明：

（1）有一类音节开头没有辅音，称为零声母音节。零声母用［Ø］表示，只用于对声母分析归纳的表格中，在实际的音节拼写时给予省略。

（2）鼻音辅音 m、n、ŋ在方言中可以单独构成音节，拼写时在字母上方或下方加短竖线表示，成为［m̩、n̩、ŋ̍］。

2. 元音表

	舌尖元音				舌面元音					
	前		后		前		央		后	
	不圆唇	圆唇	不圆唇	圆唇	不圆唇	圆唇	不圆唇	圆唇	不圆唇	圆唇
高	ɿ	ʮ	ʅ	ʯ	i	y			ɯ	u
次高					ɪ	ʏ			ʊ	ω

续表

	舌尖元音				舌面元音					
	前		后		前		央		后	
	不圆唇	圆唇	不圆唇	圆唇	不圆唇	圆唇	不圆唇	圆唇	不圆唇	圆唇
半高					e	ø	ɘ	ɵ	ɤ	o
中					E		ə(ɚ)			
半低					ɛ				ʌ	ɔ
次低					æ	œ	ɐ			
低					a		A		ɑ	ɒ

说明：

（1）ɚ 为卷舌元音。

（2）鼻化元音以在音标字母上加“～”符号表示。例如：ã、õ、ĩ。

3. *声调记录方法*

本书使用以五度制数字标示调值的方法记录方言字音的声调。数字以上标的格式记在音节国际音标的右上方。例如福州方言有 7 个单字声调，其表示法是：

福州方言声调表示法：

阴平：仙 sieŋ^{55}中 tyŋ^{55} 阳平：洋 yoŋ^{52}名 miaŋ^{52}

阴上：广 kuoŋ^{33}海 xai^{33}

阴去：唱 ts^{h}uoŋ^{213}政 tsiŋ^{213} 阳去：电 tieŋ^{242}市 ts^{h}i^{242}

阴入：国 kuoʔ^{24}发 xuaʔ^{24} 阳入：杂 tsaʔ^{5}毒 tuʔ^{5}

4. 福建境内很多方言，尤其是闽语方言口语里两字或以上多字连着说的时候，声韵调都可能出现跟单说时不一样的连音变化，如福州等地方言的声母类化和韵母变韵现象，厦门等地方言出现的频繁连读变调现象。在词汇、语法例句或口头文化的长篇记音里，一律按照口语里的实际读音记录，不再标记单字时的声韵调。

主要参考文献

陈章太、李如龙，1991，《闽语研究》。语文出版社。

陈泽平，1995，福建的方言。《文史知识》第 4 期 106—108 页。

丁邦新等，1977，闽方言研究选目，（中国台湾）《书目季刊》第 11 卷 2 期 1—

41 页。
丁邦新、张双庆主编，2002，《闽语研究及其与周边方言的关系》（第六届国际闽方言研讨会论文集）。香港中文大学出版社。
福建省汉语方言指导组、福建汉语方言概况编写组，1962—1963，《福建省汉语方言概况》（上、下册），讨论稿。
郭启熹，2004，福建省客家话的分布与特点。《闽西职业大学学报》第 2 期 30—36 页。
黄典诚，1984，闽语的特征。《方言》第 3 期 161—164 页。
黄典诚主编、李如龙副主编，1998，《福建省志・方言志》。方志出版社。
教育部语言文字信息管理司、中国语言资源保护研究中心，2017，《中国语言资源调查手册・汉语方言》。商务印书馆。
蓝小玲，1998，闽西客话语音系统。《客家方言研究》（第二届客家方言研讨会论文集）174—193 页。
蓝小玲，1999，《闽西客家方言》。厦门大学出版社。
李如龙，1985，福建方言。载《福建风物志》。福建人民出版社。
李如龙，1992，福建方言与福建文化类型区。《福建师范大学学报》（哲社版）第 2 期 80—87 页。
李如龙、庄初升、严修鸿，1995，《福建双方言研究》。香港汉学出版社。
李如龙，1998，闽西七县客家方言语音的异同。《客家方言研究》（第二届客家方言研讨会论文集）99—117 页。
李如龙，2001，《福建省县市方言志 12 种》。福建教育出版社。
林宝卿，1993，闽西客话词汇、语法的共同点和内部差异。《语言研究》第 2 期 98—113 页。
陆致极，1986，闽方言内部差异程度及分区的计算机聚类分析。《语言研究》第 2 期 9—16 页。
罗杰瑞著，张惠英译，1995，闽语（《汉语概说》第九章第四节）。语文出版社。
罗杰瑞著，张惠英译，1995，闽语与客家话（《汉语概说》第九章第四节）。语文出版社。
马重奇、杨志贤，1997，福建方言研究概述。《福建论坛・文史哲》第 4 期 36—43 页。
梅祖麟等，1995，《吴语与闽语的比较研究》（中国东南方言比较研究丛书第一辑）。上海教育出版社。
陶燠民，1930，《闽音研究》。《中央研究院历史语言研究所集刊》1 本 4 分本

445—470 页。
谢留文、黄雪贞，2012，《中国语言地图集》（第 2 版）B1－17“客家话”图。商务印书馆。
谢留文、黄雪贞，2012，《中国语言地图集》（第 2 版）B1－17“客家话”图文字说明。商务印书馆，“汉语方言卷”116—124 页。
袁家骅，1989，闽方言（《汉语方言概要》）。语言文字改革出版社（第二版）。
詹伯慧，1988，闽方言的分布及其主要特征。香港大学中文系：《东方》。
詹伯慧、张振兴主编，2017，《汉语方言学大词典》。广东教育出版社。
张振兴，1985，闽语的分区（稿）。《方言》第 3 期 171—180 页。
张振兴，1987，《中国语言地图集》B12“闽语图”。中国社会科学院与澳大利亚人文科学院合编，香港朗文出版（远东）有限公司。
张振兴，1989，闽语的分布和人口。《方言》第 1 期 54—59 页。
张振兴，2000，闽语及其周边方言。《方言》第 1 期 6—19 页。
张光宇，1993，吴闽方言关系试论。《中国语文》第 3 期 161—170 页。
郑张尚芳，1985，蒲城方言的南北区分。《方言》第 1 期 39—45 页。
中国地图出版社，2019，《中国分省系列地图册·福建》。中国地图出版社。
中国社会科学院语言研究所，1986，《方言调查字表》（修订本）。商务印书馆。
周长楫，2012，《中国语言地图集》（第 2 版）B1－15“闽语 A”图。商务印书馆。
周长楫，2012，《中国语言地图集》（第 2 版）B1－15、16“闽语 A、B”图文字说明。商务印书馆。“汉语方言卷”110—115 页。
周长楫，2012，《中国语言地图集》（第 2 版）B2－5“福建省的汉语方言”图。商务印书馆。
周长楫，2012，《中国语言地图集》（第 2 版）B2－5“福建省的汉语方言”图文字说明。商务印书馆，“汉语方言卷”177—180 页。
Norman, Jerry Lee（罗杰瑞），1970，A characterization of Min dialects. Unicorn (Chi-lin：Chinese Linguistics Project and Seminar) 6. 19－34，Princeton.
Norman, Jerry Lee（罗杰瑞），1972，A preliminary report on the dialects of Mintung.（Chi-lin：Chinese Linguistics Project and Seminar）10. 20－35，Princeton.

《中国语言资源集 · 福建》
概况卷前言

蔡国妹　唐若石

本卷是《中国语言资源集 · 福建》之《概况卷》。

本卷共分两个分册。以“福建语言资源调查”的实际成果编纂而成。按照中国语言资源保护工程的统一部署，福建省于2014—2018年进行了全省语言资源调查，一共调查记录了79个地点方言，包括闽语、客家话、赣语和其他方言。具体调查点的方言系属，以及排列顺序，请参看《中国语言资源集 · 福建》卷之“总前言”。本卷各个地点的方言系属称名和排列顺序，均与之保持一致。

本卷的主要内容，均见于79个地点方言《中国语言调查手册　汉语方言》（商务印书馆，2017）相关部分的实际记录。在编纂过程中，我们按照有关规则，对这些实际记录作了必要的整理和加工，包括分类合并、删繁就简、更正补充，有些内容甚至完全重新审定，或重新编排。在这个过程中，都得到各个调查点原调查人和原发音人的充分理解和合作，同时还得到中国语言资源研究中心的大力支持和有力指导。我们对此表示衷心的感谢。

每个地点方言的概况主要包括三个部分内容：

（一）方言点概况。包括：所在县市的地理位置、行政设置，以及方言调查地点的具体位置；所在县市的方言系属、方言分类以及方言最主要特点；说明方言文化的简单情况。各调查点方言调查人员简况。

（二）发音人概况。说明各类发音人的最简单信息，包括出生年份，主要生活处所，以及文化程度或职业属性。

（三）方言点语音概况。这是本卷最主要内容。重点是描写和说明各个方言点的声韵调系统，排列各个方言点的声韵调表；简单说明方言点的变调和其他音变现象；简要说明各个方言点的新派和老派的语音差别。

本卷内容反映了福建省语言资源保护工程的总体概况，也反映了福建省汉语方言的总体面貌，方便于阅读和应用《中国语言资源集 · 福建》卷其他各分卷的内容。

语音是语言的物质外壳。感知或认识一种语言或方言，是从语音开始的。

福建省的汉语方言主要是闽语、客家话，另外还有少量的赣语、吴语以及官话方言，历来以纷繁复杂著称，其中尤其以闽语的“诘屈聱牙”最为人所知。这就是福建方言的语音给人留下的最深刻印象。欲知详细情况，可以阅读或参看《中国语言资源集·福建》卷其他各分卷，里面有单字、词汇、语法、口头文化的比较详细的语音记录。本卷内容将显示：福建省境内同一方言区的声韵调差别较小，不同方言区之间差别较大。闽语的声母较少，韵母和声调较多；客家话和赣语、吴语、官话方言则声母较多，韵母和声调较少。声韵调三方面在演化与竞争中，保持着相对均衡的区别度。下文将从方言音系比较的角度，从总体上、宏观上大略说说福建汉语方言语音系统的共同性和分歧性。

声母上，沿海闽语基本保持闽语十五音格式，内陆闽语及非闽语区由于不止一套塞音、塞擦音声母，且多了唇齿音等，数量相对多些。

韵母上，福建省境内方言差别较大。假设从莆仙地区经永春、大田、永安一带划一条闽语的南北界线，界线以北包括闽江流域为闽北，界线以南晋江、九龙江流域一带为闽南。那么，从南往北看，方言的韵母数目逐渐减少，例如厦门话多达 72 个。往北走，古田话的韵母是 52 个，福州话的韵母如果不计松紧音的差别也才 48 个，而建瓯话的韵母竟少到只有 31 个。从北往南看，方言韵母的种类越来越繁杂。以辅音韵母为例，北部除了周宁等少数方言点有［-m、-n、-ŋ］和［-p、-t、-k、-ʔ］等辅音尾韵母外，多数方言点只有［-ŋ、-ʔ］尾韵，而建瓯、松溪、建阳等方言点只有［-ŋ］韵尾，往南走一进入闽南方言片，［-m、-n、-ŋ］和［-p、-t、-k、-ʔ］等辅音韵尾俱全。客家话南北两片基本只有［-ŋ、-ʔ］，中片长汀与连城入声消失，只存［-ŋ］尾，龙岩新罗等过渡区由于闽南话的影响，辅音韵尾较丰富。当然，影响韵母总数的，除了辅音韵尾，还与撮口韵、鼻化韵、声化韵、变韵、双尾韵等有一定的关系。

声调上，沿海地区的闽语一般有 7 个调，古四声各分阴阳，全浊上变阳去。内陆闽语及非闽语区由于韵尾简化或丢失，阴阳入已合并或混入其他声调，所以声调数略少。

一 福建省境内汉语方言的声母系统

首先根据本卷各点的音系，排列福建省境内 79 个地点方言声母总表。

表1　福建省境内方言声母总表

01	福州	p	p^h		m	t	t^h		n	ts	ts^h	s				k	k^h		ŋ	x		13
02	闽侯	p	p^h		m	t	t^h		n	ts	ts^h	ɵ				k	k^h		ŋ	x		13
03	长乐	p	p^h		m	t	t^h		n	ts	ts^h	s				k	k^h		ŋ	x		13
04	连江	p	p^h		m	t	t^h		n	ts	ts^h	s				k	k^h		ŋ	x		13
05	罗源	p	p^h		m	t	t^h	l	n	ts	ts^h	ɵ				k	k^h		ŋ	x		14
06	福清	p	p^h		m	t	t^h	l	n	ts	ts^h	ɵ				k	k^h		ŋ	x		14
07	平潭	p	p^h		m	t	t^h	l		ts	ts^h	ɵ				k	k^h		ŋ	x		13
08	永泰	p	p^h		m	t	t^h	l	n	ts	ts^h	s				k	k^h		ŋ	h		14
09	闽清	p	p^h		m	t	t^h	l	n	ts	ts^h	s				k	k^h		ŋ	h		14
10	古田	p	p^h		m	t	t^h	l	n	ts	ts^h	s				k	k^h		ŋ	h		14
11	屏南	p	p^h		m	t	t^h	l	n	ts	ts^h	s				k	k^h		ŋ	h		14
12	宁德	p	p^h		m	t	t^h	l	n	ts	ts^h	s				k	k^h		ŋ	x		14
13	霞浦城关	p	p^h		m	t	t^h	l	n	ts	ts^h	ɵ				k	k^h		ŋ	h		14
14	福安	p	p^h		m	t	t^h	l	n	ts	ts^h	s				k	k^h		ŋ	x	j w	16
15	柘荣	p	p^h		m	t	t^h	l	n	ts	ts^h	ɵ				k	k^h		ŋ	x		14
16	周宁	p	p^h		m	t	t^h	l	n	ts	ts^h	s – ɵ				k	k^h		ŋ	x		15
17	寿宁	p	p^h		m	t	t^h	l	n	ts	ts^h	s				k	k^h		ŋ	x		14
18	福鼎城关	p	p^h		m	t	t^h	l	n	ts	ts^h	s				k	k^h		ŋ	x		14
19	尤溪	p	p^h		m	t	t^h	l	n	ts	ts^h	s			ɕ	k	k^h		ŋ	x		15
20	莆田	p	p^h		m	t	t^h	l	n	ts	ts^h	ɬ				k	k^h		ŋ	h		14
21	涵江	p	p^h		m	t	t^h	l	n	ts	ts^h	ɬ				k	k^h		ŋ	h		14
22	仙游城关	p	p^h		m	t	t^h	l	n	ts	ts^h	ɬ				k	k^h		ŋ	h		14
23	仙游枫亭	p	p^h		m	t	t^h	l	n	ts	ts^h	ɬ				k	k^h		ŋ	h		14
24	厦门	p	p^h	b	m	t	t^h	l	n	ts	ts^h	s				k	k^h	g	ŋ	h		16
25	同安	p	p^h	b	m	t	t^h	l	n	ts	ts^h	s				k	k^h	g	ŋ	h		16

续表

26	泉州鲤城	p	p^h	b	m	t	t^h	l	n	ts	ts^h	s				k	k^h	g	ŋ	h		16
27	泉州洛江	p	p^h	b	m	t	t^h	l	n	ts	ts^h	s				k	k^h	g	ŋ	h		16
28	南安	p	p^h	b	m	t	t^h	l	n	ts	ts^h	s				k	k^h	g	ŋ	h		16
29	晋江	p	p^h	b	m	t	t^h	l	n	ts	ts^h	s				k	k^h	g	ŋ	h		16
30	石狮	p	p^h	b		t	t^h	l		ts	ts^h	s				k	k^h	g		h		13
31	惠安	p	p^h	b	m	t	t^h	l	n	ts	ts^h	s				k	k^h	g	ŋ	h		16
32	安溪	p	p^h	b	m	t	t^h	l	n	ts	ts^h	s				k	k^h	g	ŋ	h		16
33	永春	p	p^h	b	m	t	t^h	l	n	ts	ts^h	s				k	k^h	g	ŋ	h		16
34	德化	p	p^h	b	m	t	t^h	l	n	ts	ts^h	s				k	k^h	g	ŋ	h		16
35	漳州	p	p^h	b	m	t	t^h	l	n	ts	ts^h	s				k	k^h	g	ŋ	h	dz	17
36	龙海	p	p^h	b	m	t	t^h	l	n	ts	ts^h	s				k	k^h	g	ŋ	h	dz	17
37	长泰	p	p^h	b	m	t	t^h	l	n	ts	ts^h	s				k	k^h	g	ŋ	h	dz	17
38	华安	p	p^h	b	m	t	t^h	l	n	ts	ts^h	s				k	k^h	g	ŋ	h		16
38	南靖	p	p^h	b	m	t	t^h	l	n	ts	ts^h	s				k	k^h	g	ŋ	h	dz	17
40	平和	p	p^h	b		t	t^h	l		ts	ts^h	s				k	k^h	g		h	dz	14
41	漳浦	p	p^h	b		t	t^h	l		ts	ts^h	s				k	k^h	g		h	dz	14
42	东山	p	p^h	b		t	t^h	l		ts	ts^h	s				k	k^h	g		h	dz	14
43	云霄	p	p^h	b	m	t	t^h	l	n	ts	ts^h	s				k	k^h	g	ŋ	h	dz	17
44	诏安	p	p^h	b	m	t	t^h	l	n	ts	ts^h	s				k	k^h	g	ŋ	h	dz	17
45	龙岩	p	p^h	b	m	t	t^h	l	n	ts	ts^h	s	tɕ	$tɕ^h$	ɕ	k	k^h	g	ŋ	x		19
46	漳平	p	p^h	b	m	t	t^h	l	n	ts	ts^h	s				k	k^h	g	ŋ	h		16
47	大田城关	p	p^h	b	m	t	t^h	l	n	ts	ts^h	s				k	k^h	g	ŋ	h	z	17
48	大田广平	p	p^h	b		t	t^h	l		ts	ts^h	s	tʃ	$tʃ^h$	ʃ	k	k^h	g		h	dʒ	17
49	霞浦三沙	p	p^h	b	m	t	t^h	l	n	ts	ts^h	s			ɕ	k	k^h	g	ŋ	h		17
50	福鼎沙埕	p	p^h	b	m	t	t^h	l	n	ts	ts^h	s				k	k^h	g	ŋ	x	z	17
51	建瓯	p	p^h		m	t	t^h	l	n	ts	ts^h	s				k	k^h		ŋ	x		14

续表

52	建阳	p	p^h		m	t	t^h	l	n	ts	ts^h	s				k	k^h		ŋ	h – x	j w	17
53	政和	p	p^h		m	t	t^h	l	n	ts	ts^h	s				k	k^h		ŋ	x		14
54	松溪	p	p^h		m	t	t^h	l	n	ts	ts^h	s				k	k^h		ŋ	x		14
55	武夷山	p	p^h	β	m	t	t^h	l	n	ts	ts^h	s				k	k^h		ŋ	h – x		16
56	浦城石陂	p	p^h	b	m	t	t^h	l	n	ts	ts^h	s	tɕ	$tɕ^h$	ɕ	k	k^h	g	ŋ	ɦ – x	d dz dʑ	23
57	南平夏道	p	p^h		m	t	t^h	l	n	ts	ts^h	s	tɕ	$tɕ^h$	ɕ	k	k^h		ŋ	x		17
58	顺昌	p	p^h		m	t	t^h	l		ts	ts^h	s	tʃ	$tʃ^h$	ʃ	k	k^h		ŋ	h		16
59	将乐	p	p^h	f	m	t	t^h	l		ts	ts^h	s	tʃ	$tʃ^h$	ʃ	k	k^h		ŋ	x	v	18
60	光泽	p	p^h	f	m	t	t^h	l	n	ts	ts^h	s	tɕ	$tɕ^h$	ɕ	k	k^h		ŋ	h	v	19
61	邵武	p	p^h	f	m	t	t^h	l	n	ts	ts^h	s	tɕ	$tɕ^h$	ɕ	k	k^h		ŋ	h	v	19
62	三明	p	p^h		m	t	t^h	l	n	ts	ts^h	s	tʃ	$tʃ^h$	ʃ	k	k^h		ŋ	h	v	18
63	永安	p	p^h		m	t	t^h	l		ts	ts^h	s	tʃ	$tʃ^h$	ʃ	k	k^h		ŋ	h		16
64	沙县	p	p^h	b	m	t	t^h	l	n	ts	ts^h	s	tʃ	$tʃ^h$	ʃ	k	k^h	g	ŋ	x	ȵ	20
64	长汀	p	p^h	f	m	t	t^h	l	n	ts	ts^h	s	tʃ	$tʃ^h$	ʃ	k	k^h		ŋ	h	v	19
66	连城	p	p^h	f	m	t	t^h	l	n	ts	ts^h	s	tʃ	$tʃ^h$	ʃ	k	k^h		ŋ	h	v	19
67	上杭	p	p^h	f	m	t	t^h	l	n	ts	ts^h	s	tɕ	$tɕ^h$	ɕ	k	k^h	tʂ	ŋ	h	v ȵ ʐ	24
68	武平	p	p^h	f	m	t	t^h	l	n	ts	ts^h	s	tɕ	$tɕ^h$	ɕ	k	k^h		ŋ	h	v ȵ	20
69	永定	p	p^h	f	m	t	t^h	l	n	ts	ts^h	s	tɕ	$tɕ^h$	ɕ	k	k^h		ŋ	x	v ȵ	20
70	明溪	p	p^h	f	m	t	t^h	l		ts	ts^h	s	tʃ	$tʃ^h$	ʃ	k	k^h		ŋ	x	v	18

续表

71	清流	p	pʰ	f	m	t	tʰ	l	n	ts	tsʰ	s	tʃ	tʃʰ	ʃ	k	kʰ		ŋ	h	v z	20
72	宁化	p	pʰ	f	m	t	tʰ	l	n	ts	tsʰ	s	tɕ	tɕʰ	ɕ	k	kʰ		ŋ	h	v	19
73	龙岩客家	p	pʰ	f	m	t	tʰ	l	n	ts	tsʰ	s	tʃ	tʃʰ	ʃ	k	kʰ		ŋ	x	v	19
74	平和客家	p	pʰ	f	m	t	tʰ	l	n	ts	tsʰ	s	tɕ – tʃ	tɕʰ – tʃʰ	ɕ – ʃ	k	kʰ		ŋ	h	v z	23
75	诏安客家	p	pʰ	f	m	t	tʰ	l	n	ts	tsʰ	s	tʃ	tʃʰ	ʃ	k	kʰ		ŋ	h	v z	20
76	泰宁	p	pʰ		m	t	tʰ	l	n	ts	tsʰ	s	tɕ	tɕʰ	ɕ	k	kʰ			h – x		17
77	建宁	p	pʰ	f	m	t	tʰ	l	n	ts	tsʰ	s				k	kʰ		ŋ	h	v	16
78	浦城城关	p	pʰ	f	m	t	tʰ	l	n	ts	tsʰ	s	tɕ	tɕʰ	ɕ	k	kʰ		ŋ	x		18
79	南平延平	p	pʰ		m	t	tʰ	l		ts	tsʰ	s	tɕ	tɕʰ	ɕ	k	kʰ		ŋ	x		16

注：上杭话另有［tʂ、tʂʰ、ʂ］声母，因表格体例问题未列上表。

从以上声母总表，可以大致看出福建汉语方言的总体格局。东部沿海闽语（闽东片、莆仙片、闽南片）基本上遵循闽语十五音的格局，只有一套塞音、塞擦音声母［ts、tsʰ、s］，福州一带的方言声母跟《戚林八音》有明显的承继关系，厦门一带的方言声母跟《汇音妙悟》和《雅俗通十五音》的承继关系也一目了然；福建西部内陆地区的闽语（闽北片、闽中片、邵将区）大多突破典型闽语十五音格式。如沙县、永安一带，古精庄章三组字分化为舌尖音［ts、tsʰ、s］和舌叶音［tʃ、tʃʰ、ʃ］两套声母。闽语之外的客家话、赣语、吴语及官话，由于多数点也是在［ts、tsʰ、s］之外，又添加了［tʃ、tʃʰ、ʃ］或［tɕ、tɕʰ、ɕ］，大多数方言点的声母总数在18个左右。

声母之别还体现于唇齿音［f、v］、浊塞音［b、d、ɡ］、边擦音［ɬ］、擦音［x、h］声母之有无，以及是否有声母类化现象上。下面略做说明。

（一）塞音和塞擦音的分布

福建境内方言塞音和塞擦音的分布情况请看表2。

表 2　福建境内各方言点的塞音、塞擦音及其分布对照表

方言	代表点	塞音、塞擦音之类别			音类关系
		ts、ts^h、s	tɕ、tɕ^h、ɕ	tʃ、tʃ^h、ʃ	
闽东片	（全部）	+	—	—	—
莆仙片	（全部）	+	—	—	—
闽南片	（近乎全部）	+	—	—	—
	龙岩（闽南话）	+（拼开合）	+（拼齐齿）	—	互补
	大田广平	+	—	+	对立
闽北片	（大部分）	+	—	—	—
	南平夏道	+	+	—	对立
	浦城石陂	+（拼开合）	+（拼齐撮）	—	互补
邵将片	将乐、顺昌	+	—	+	对立
	邵武、光泽	+	+	—	
闽中片	永安、三明、沙县	+	—	+	对立
客家话	长汀、连城、清流、明溪、诏安（客家）	+	—	+	对立
	上杭、武平、永定、宁化	+	+	—	
	平和	+（拼开合齐）	+（拼齐撮）	+（拼开合）	对立/互补
赣语	泰宁	+	+	—	对立
	建宁	+	—	—	—
吴语	浦城城关	+	+	—	对立
官话	南平延平	+	+	—	对立

表 2 表现了［ts、ts^h、s］、［tɕ、tɕ^h、ɕ］、［tʃ、tʃ^h、ʃ］三套塞音、塞擦音的分布情况。可以分为两种类型：

（1）互补分布。表中闽语闽东片、莆仙片全部，闽南片几乎全部，闽北片大部都只有一套塞擦音［ts、ts^h、s］，但闽南片龙岩话是［ts、ts^h、s］与［tɕ、tɕ^h、ɕ］互补，这是不同的音系处理办法引起的差别。根据很多地点的音系说明，闽东片、莆仙片、闽南片各点方言其实都是属于［ts、ts^h、s］与［tɕ、tɕ^h、ɕ］互补的，声母处理时两组合并了。而龙岩保持互补分立。罗常培所著《厦门音系》里的厦门话声母也是两套互补分立的。浦城石陂情况与龙岩相类。

（2）对立分布。这集中体现在闽语闽中片、邵将片、闽北片的一些方言，以及客家话等其他非闽语方言。例如“想 sioŋ^{55} ≠上 ɕioŋ^{55}”、“四 si^{213} ≠试 ɕi^{213}”（以上邵武话）、“张 tʃɔŋ^{33} ≠装 tsɔŋ^{33}”、“新 sin^{33} ≠升 ɕin^{33}”（以上平和客家话）、“息 si^{41} ≠式 ɕi^{41}”（以上光泽话）等，多为擦音声母。

（二）其他声母的说明

（1）b、l（d）、g 与 m、n、ŋ 两组声母的分合。闽语闽南片方言古明（微）、泥、疑三母在今元音韵、入声韵和鼻音尾韵前读 b、l（d）、g，在今鼻化韵前读 m、n、ŋ。在归纳声母系统的时候，有的记音人把它们分为两套；有的记音人合并为一套，多数合为［m、n、ŋ］；有的记音人只把 l 与 n 分开。但是参照福州、莆田等地方言的读音来看，把这两组声母分开是方便于方言比较的。请看表 3。表中的数码只表示调类。

表 3　古明（微）泥疑三母漳州、莆田、福州三地今音对照表

	命（明）	米（明）	女（泥）	难（泥）	鹅（疑）	银（疑）	万（微）	物（微）
漳州	biŋ6/miã6	bi3	lu3/li3	lan2	go2/gia2	gin2	ban6	buʔ8/mĩʔ8
莆田	miŋ6/mia6	pi3	ty3	naŋ2	kɔ2/kyɔ2	ŋyŋ2	maŋ6	poʔ8/mue2
福州	meiŋ6/miaŋ6	mi3	ny3	naŋ2	ŋɔ2/ŋie2	ŋyŋ2	uŋ6	uʔ8

（2）唇齿音 f 与 v。闽语地区多数方言沿袭了“古无轻唇音”的特点，没有 f、v 声母。南平延平官话由于受闽语影响也无唇齿音。邵将区 f · v 分立。客家

话及赣语建宁话均有 f、v，浦城吴语有 f 无 v，闽中三明有 v 无 f。

表4　福建境内部分方言点的唇齿音 f、v

方言	代表点	f	v
客家话	连城	飞$_{文}$风副蜂肥$_{文}$船顺灰活	味县温王云
赣语	建宁	飞风副蜂肥饭灰活	味问$_{白}$月县云
吴语	浦城	飞风副蜂肥饭味问$_{文}$	—
闽中片	三明	—	味云用

（3）擦音声母 x 与 h。闽语地区 x 与 h 一般不对立，或者为 x，或者为 h，二者居其一，但个别点存在 x 与 h 对立现象，如闽北的建阳等地两者不同音。赣语泰宁话也不同音。但它们的来源是不同的。如泰宁点读 h 的绝大多数为古透、定母字，小部分是彻、澄母字，读 x 的多为晓匣母和非组字。请看表 5。

表5　福建境内部分方言的 x、h 分立对照表

代表点	x	h
建阳	风$_{吹\sim}$副蜂好灰响活	讨$_{白}$天抽拆柱
武夷山	副好响活$_{文}$	派片$_{白}$讨天抽拆柱风$_{文}$蜂灰用
浦城石陂	飞$_{文}$风副好灰响活	ɦ 飞$_{白}$船城热高$_{白}$活$_{文}$云用药
泰宁	飞$_{文}$风$_{文}$副蜂$_{\sim蜜}$饭$_{文}$好灰活	讨天甜毒抽$_{\sim水}$拆$_{白}$

（4）莆仙方言清的边擦音声母［ɬ］。清边擦音［ɬ－］是闽语莆仙话最鲜明的发音特征。发音时舌尖抵住上齿龈，舌体边缘与硬腭边缘形成阻碍，较强的气流从舌的两侧摩擦而出。［ɬ－］分布于古心、邪、生、船、书、禅母等，大概其他方言中读［s－］、［ʃ－］或［ɕ－］声母的字，莆仙方言都读为［ɬ－］。

（三）关于声母类化的举例

声母类化指在连读的语流中，连读下字的声母以上字韵母的类别为条件发生的有规律的变化。这种类化目前仅见于福州话南片及邻近的莆仙话中，二者大同中有小异。请看表 6。

表6 福州话与莆仙话的声母类化规律对照表

<table>
<tr><td colspan="3">福州话</td><td colspan="3">莆仙话</td></tr>
<tr><td rowspan="2">单字声母</td><td colspan="2">类化声母</td><td rowspan="2">单字声母</td><td colspan="2">类化声母</td></tr>
<tr><td>阴声韵后</td><td>阳声韵后</td><td>阴声韵后</td><td>阳声韵后</td></tr>
<tr><td>p pʰ m</td><td>β</td><td>m</td><td>p pʰ</td><td>β</td><td>m</td></tr>
<tr><td>t tʰ s n</td><td>l</td><td>n</td><td rowspan="2">t tʰ ts tsʰ ɬ l</td><td rowspan="2">l</td><td rowspan="2">n</td></tr>
<tr><td>ts tsʰ</td><td>z</td><td>nz</td></tr>
<tr><td>k kʰ x Ø</td><td>Ø</td><td>ŋ</td><td>k kʰ h Ø</td><td>Ø</td><td>ŋ</td></tr>
<tr><td>ŋ</td><td>不变</td><td>不变</td><td>m n ŋ</td><td>不变</td><td>不变</td></tr>
</table>

相同点：

（1）双唇音 p、pʰ跟在阴声韵字后面，变成 β，跟在阳声韵字后面，变成 m。

（2）舌尖音 t、tʰ、ɬ（福州话为 s）在阴声韵后面，变成 l，在阳声韵后面变为 n。

（3）下字原声母为舌根音 k、kʰ、h（福州话为 x），连读上字是阴声韵时，下字声母脱落；连读上字是阳声韵字时，下字就直接同化为舌根鼻音。

不同点：

（1）福州话中，n 在阴声韵后变读为 l，莆仙话基本不变。

（2）福州话中 ts、tsʰ、s 三个声母的部位一样，但类化规律不同，ts、tsʰ为一类，s 为另一类（与舌尖中音 t、tʰ、n 一类）；莆仙话中 ts、tsʰ、ɬ 三母的类化规则相同。

二 福建省境内汉语方言的韵母系统

79 个方言点的韵母数量太大，限于篇幅无法像声母总表一样制作韵母总表。我们将选取辅音韵尾、撮口呼、鼻化韵、舌尖元音、变韵、双尾韵、声化韵等七个特征，制成“福建境内方言韵母特征总表”，如下表 7。从这 7 个特征的有无和分布，可以大致看出福建省境内方言在韵母方面的共同性和差异性。

表 7　福建境内方言韵母特征总表

		辅音韵尾	撮口呼	鼻化韵	舌尖元音	变韵	双尾韵	声化韵
1	福州	ŋ/ʔ	y/yo/yŋ/yoŋ/yʔ/yoʔ	—	—	i(ei) u(ou) y(øy) o(ɔ) øy(oy); iʔ(eiʔ) eiʔ(aiʔ) uʔ(ouʔ) ouʔ(auʔ) yʔ(øyʔ) øyʔ(oyʔ); iŋ(eiŋ) eiŋ(aiŋ) uŋ(ouŋ) ouŋ(auŋ) yŋ(øyŋ) øyŋ(oyŋ)	aiŋ/eiŋ/auŋ/ouŋ/øyŋ/oyŋ	—
2	闽侯	ŋ/ʔ	y/yo/yŋ/yoŋ/yʔ/yoʔ	—	—	同上	aiŋ/eiŋ/ouŋ/ɔuŋ/oyŋ/øyŋ	—
3	长乐	ŋ/ʔ	y/yo/yŋ/yoŋ/yʔ/yoʔ	—	—	同上	aiŋ/eiŋ/auŋ/ouŋ/øyŋ/oyŋ	—
4	连江	ŋ/ʔ	y/yø/yŋ/yøŋ/yʔ/yeʔ	—	—	i(ei) u(ou) y(øy) e(ɛ) øy(ɔi) ui(uoi) iu(ieu); iʔ(eiʔ) eiʔ(aiʔ) uʔ(ouʔ) ouʔ(auʔ) yʔ(øyʔ) øyʔ(ɔyʔ); iŋ(eiŋ) eiŋ(aiŋ) uŋ(ouŋ) oŋ(ɔuŋ) yŋ(øyŋ) øyŋ(ɔyŋ)	aiŋ/eiŋ/ɔuŋ/ouŋ/ɔyŋ/øyŋ	—

续表

		辅音韵尾	撮口呼	鼻化韵	舌尖元音	变韵	双尾韵	声化韵
5	罗源	ŋ/ʔ	y/yø/yŋ/yøŋ/yʔ/yøʔ	—	—	ai(a^{i}) au(a^{u}) iu(io^{u}) ui(ue^{i}); aŋ($a^{ŋ}$) ɛŋ($ɛ^{ŋ}$) œŋ($œ^{ŋ}$) ɔŋ($ɔ^{ŋ}$) iŋ($i^{ŋ}$) uŋ($u^{ŋ}$) yŋ($y^{ŋ}$) iaŋ($ia^{ŋ}$) ieŋ($ie^{ŋ}$) yøŋ($yø^{ŋ}$) uoŋ($uo^{ŋ}$) uaŋ($ua^{ŋ}$)	—	ŋ
6	福清	ŋ/ʔ	y/yŋ/yʔ	—	—	i(ei) ɛ(æ) u(ou) o(ɔ) y(øy) ø(œ); iʔ(eʔ) eʔ(ɛʔ) uʔ(oʔ) oʔ(ɔʔ) yʔ(øʔ) øʔ(œʔ); iŋ(eŋ) eŋ(ɛŋ) uŋ(oŋ) oŋ(ɔŋ) yŋ(øŋ) øŋ(œŋ)	—	ŋ
7	平潭	ŋ/ʔ	y/ʏ/yo/yŋ/ʏŋ/yoŋ/yʔ/ʏʔ/yoʔ	—	—	i(ɪ) u(ʊ) y(ʏ) o(ɔ) ø(œ) ɛ(æ) eu(ɛu) oy(ɔy) iu(ieu) ui(uoi); iʔ(ɪʔ) eʔ(ɛʔ) uʔ(ʊʔ) oʔ(ɔʔ) yʔ(ʏʔ) øʔ(œʔ); iŋ(ɪŋ) eiŋ(ɛŋ) uŋ(ʊŋ) oŋ(ɔŋ) yŋ(øŋ) øŋ(œŋ)	eiŋ	—

续表

		辅音韵尾	撮口呼	鼻化韵	舌尖元音	变韵	双尾韵	声化韵
8	永泰	ŋ/ʔ	y/yo/yŋ/yoŋ/yʔ/yoʔ	—	—	o(ɔ)ø(œ)ɛ(a) i(ei)u(ou)y(øy);iŋ(eiŋ) uŋ(ouŋ) yŋ(øyŋ)eiŋ(aiŋ) ouŋ(ɔuŋ) øyŋ(ɔyŋ)	aiŋ/eiŋ/ɔyŋ/øyŋ/ɔuŋ/ouŋ	—
9	闽清	ŋ/k/ʔ	y/yø/yŋ/yøŋ/yk/yøk/yøʔ	—	—	e(ɛ)i(ei)u(ou)y(øy);iŋ(eiŋ)uŋ(ouŋ) yŋ(øyŋ) eiŋ(ɛiŋ)ouŋ(ɔuŋ) øyŋ(ɔyŋ)	ɛiŋ/eiŋ/øyŋ/ɔyŋ/ɔuŋ/ouŋ	—
10	古田	ŋ/k/ʔ	y/yø/yŋ/yøŋ/yk/yøk/yøʔ	—	—	—	eiŋ/ouŋ/øyŋ	—
11	屏南	ŋ/k	y/yø/yŋ/ʏŋ/yk/ʏk	—	—	i(e)u(o)y(ø) iu(əu)ui(oi);iŋ(eŋ)uŋ(oŋ) yŋ(øŋ)	ɛiŋ/ɔuŋ	—
12	宁德	ŋ/k/ʔ	y/yŋ/yoŋ/yk/yok/yʔ	—	—	—	ɔuŋ	ŋ
13	尤溪	ŋ	y/yə/yø/yo/yø̃	ĩ/ũ/ã/iã/uã/ẽ/uẽ/ø̃/yø̃/iũ	ʅ		—	ŋ

续表

		辅音韵尾	撮口呼	鼻化韵	舌尖元音	变韵	双尾韵	声化韵
14	霞浦城关	ŋ/ʔ	y/yŋ/yʔ	—	—	—	ɛiŋ/ɔuŋ	—
15	福安	ŋ/ʔ	—	—	—	—	ɛiŋ/eiŋ/œuŋ/ɔuŋ | øuŋ | ouŋ	—
16	柘荣	ŋ/ʔ	y/yø/yuŋ/yøŋ/yɔŋ	—	—	—		—
17	周宁	n/ŋ/t/k/ʔ	y/yøu/yn/yŋ/yəŋ/yt/yk/yək	—	—	—	—	n
18	寿宁	ŋ/ʔ	y/yø/yŋ/yoŋ/yuŋ/yʔ/yøʔ	—	—	—	ɔuŋ	ŋ
19	福鼎城关	ŋ/ʔ	—	—	—	—	—	m
20	莆田	ŋ/ʔ	y/yɔ/yŋ/yɔŋ/yʔ/yɔʔ	—	—	—	—	ŋ
21	涵江	ŋ/ʔ	y/yɒ/yŋ/yɒŋ/yʔ/yɒʔ	—	—	—	—	ŋ
22	仙游城关	ŋ/ʔ	y/ya/ỹ/yã/yŋ/yøŋ/yʔ/yøʔ	ĩ/ỹ/ã/iã/uã/yã/ɒ̃/ø̃/iũ/uĩ	—	—	—	ŋ

续表

		辅音韵尾	撮口呼	鼻化韵	舌尖元音	变韵	双尾韵	声化韵
23	仙游枫亭	ŋ/ʔ	—	ĩ/ã/iã/uã/ɔ̃/iũ/uĩ/aũ	—	—	—	ŋ
24	厦门	m/n/ŋ/p/t/k/ʔ	—	ĩ/ã/iã/uã/ẽ/iũ/uĩ/ãi/uãi/ãu/iãu	—	—	—	m/ŋ
25	同安	m/n/ŋ/p/t/k/ʔ	—	ĩ/ã/iã/uã/ãi/uãi/iũ/uĩ	—	—	—	ŋ
26	泉州鲤城	m/n/ŋ/p/t/k/ʔ	—	ĩ/ã/iã/uã/ɔ̃/ãi/iũ/uĩ/iãu	—	—	—	m/ŋ
27	泉州洛江	m/n/ŋ/p/t/k/ʔ	—	ĩ/ã/iã/uã/ɔ̃/iũ/uĩ/ãi/iãu/ãu/iãu	—	—	—	m/ŋ
28	南安	m/n/ŋ/p/t/k/ʔ	—	ĩ/ã/iã/uã/ãi/uãi/ãu/iãu/iũ/uĩ	—	—	—	m/ŋ

续表

		辅音韵尾	撮口呼	鼻化韵	舌尖元音	变韵	双尾韵	声化韵
29	晋江	m/n/ŋ/p/t/k/ʔ	—	ĩ/ã/iã/uã/ɔ̃/iũ/uĩ/ãi/uãi/iãu	—	—	—	m/ŋ
30	石狮	m/n/ŋ/p/t/k/ʔ	—	—	—	—	—	m/ŋ
31	惠安	m/n/ŋ/p/t/k/ʔ	—	ĩ/ã/iã/uã/ɔ̃/iũ/uĩ/ãi/ãu/iãu	—	—	—	m/ŋ
32	安溪	m/n/ŋ/p/t/k/ʔ	—	ĩ/ã/iã/uã/ɔ̃/iũ/uĩ/ãi/ãu/iãu	—	—	—	m/ŋ
33	永春	m/n/ŋ/p/t/k/ʔ	—	ĩ/ã/iã/uã/ɔ̃/iũ/uĩ/ãi/ãu/iãu	—	—	—	m/ŋ
34	德化	m/n/ŋ/p/t/k/ʔ	—	ĩ/ã/iã/uã/ɔ̃/iũ/uĩ/ãi/ãu/iãu	—	—	—	m/ŋ
35	漳州	m/n/ŋ/p/t/k/ʔ	—	ĩ/ã/iã/uã/ɛ̃/ɔ̃/iɔ̃/iũ/uĩ/ãi/uãi/ãu/iãu	—	—	—	m/ŋ

续表

		辅音韵尾	撮口呼	鼻化韵	舌尖元音	变韵	双尾韵	声化韵
36	龙海	m/ŋ/p/k/ʔ	—	ĩ/ã/iã/uã/ɛ̃/ɔ̃/iɔ̃/uĩ/ãi/uãi/ãu/iãu	—	—	—	m/ŋ
37	长泰	m/n/ŋ/p/t/k/ʔ	—	ĩ/ã/iã/uã/ɛ̃/ɔ̃/iɔ̃/ẽ/uẽ/ãi/uãi/ãu/iãu/ẽu	—	—	—	m/ŋ
38	华安	m/n/ŋ/p/t/k/ʔ	—	ĩ/ã/iã/uã/ɛ̃/uɛ̃/ɔ̃/iɔ̃/uĩ/ãi/uãi/ãu/iãu	—	—	—	m/ŋ
39	南靖	m/n/ŋ/p/t/k/ʔ	—	ĩ/ũ/ã/iã/uã/ɛ̃/uɛ̃/ɔ̃/iɔ̃/iũ/uĩ/ãi/uãi/ãu/iãu	—	—	—	m/ŋ

续表

		辅音韵尾	撮口呼	鼻化韵	舌尖元音	变韵	双尾韵	声化韵
40	平和	m/n/ŋ/p/t/k/ʔ	—	ĩ/ã/iã/uã/ɛ̃/ẽ/uẽ/iũ/uĩ/ãi/uãi/ãu/iãu/ɔ̃u/õu	—	—	—	m/ŋ
41	漳浦	m/n/ŋ/p/t/k/ʔ	—	—	—	—	—	m/ŋ
42	东山	m/n/ŋ/p/t/k/ʔ	—	—	—	—	—	m/ŋ
43	云霄	m/n/ŋ/p/t/k/ʔ	—	ĩ/ã/iã/uã/ɛ̃/õ/õu/iũ/uĩ/ãi/ãu/iãu	—	—	—	m/ŋ
44	诏安	m/n/ŋ/p/t/k/ʔ	—	ĩ/ã/iã/uã/ɛ̃/uɛ̃/õ/iõ/iũ/uĩ/ãi/ɛ̃i/ãu/iãu/õu	—	—	—	m/ŋ

续表

		辅音韵尾	撮口呼	鼻化韵	舌尖元音	变韵	双尾韵	声化韵
45	龙岩	m/n/ŋ/p/t/k	—	ĩ/ũ/ã/iã/uã/ɛ̃/iɛ̃/uɛ̃/õ/iõ/iũ/uĩ/ãi/uãi/ãu/iãu/iuã	ɿ	—	—	m/ŋ
46	漳平	m/n/ŋ/p/t/k	—	ĩ/ã/iã/uã/ɛ̃/uẽ/õ/iõ/uĩ/ãu/iãu	—	—	—	m/ŋ
47	大田城关	ŋ/ʔ	—	ã/iã/uã/ɛ̃/uɛ̃/ɔ̃/iɔ̃	—	—	—	ŋ
48	大田广平	ŋ	—	ɐ̃/iɐ̃/õ/iõ/uĩ/yĩ/ẽi	—	—	—	ŋ
49	霞浦三沙	ŋ/ʔ	—	ĩ/ã/iã/uã/iũ/uĩ/ãi	—	—	—	ŋ
50	福鼎沙埕	n/ŋ/t/k	—	ĩ/ã/iã/uã/ẽ/ɔ̃/iũ/uĩ/ãi/ãu	—	—	—	ŋ
51	建瓯	ŋ	y	—	—	—	aiŋ/eiŋ/œyŋ/uiŋ/uaiŋ	—

续表

		辅音韵尾	撮口呼	鼻化韵	舌尖元音	变韵	双尾韵	声化韵
52	松溪	ŋ	y/yŋ	—	—	—	eiŋ/œyŋ/ieiŋ/ueiŋ	—
53	武夷山	ŋ/ʔ	y/yo/yai/yiŋ/yoŋ/yaiŋ/yʔ/yoʔ/yaiʔ	—	—	—	yiŋ/aiŋ/ɛiŋ/uaiŋ/ueiŋ/yaiŋ	—
54	南平夏道	ŋ	y/ye/yeŋ	—	—	—	eiŋ/øyŋ/uiŋ	—
55	建阳	ŋ	y/ye/yeiŋ	—	—	—	aiŋ/ɔiŋ/eiŋ/uaiŋ/ieiŋ/ueiŋ/yeiŋ	—
56	政和	ŋ	y/yɛ/yiŋ	—	—	—	aiŋ/eiŋ/œyŋ/auŋ/yiŋ/uaiŋ/ueiŋ/uauŋ	—
57	浦城石陂	ŋ	y/yŋ	—	—	—	aiŋ/eiŋ/uaiŋ/ueiŋ	—
58	将乐	ŋ/ʔ	y/yø/yo/yø̃/ỹŋ/yʔ/yoʔ	ɛ̃/iɛ̃/uɛ̃/ɔ̃/iɔ̃/uɔ̃/yø̃/ĩŋ/uĩŋ/ỹŋ/ãŋ/iãŋ/uãŋ/ɤ̃ŋ/iɤ̃ŋ	ɿ	—	—	ŋ
59	顺昌	ŋ/ʔ	y/yʔ	ɛ̃/ɔ̃/iɔ̃/ẽ/uẽ/ø̃	ɿ	—	iuŋ	ŋ

续表

		辅音韵尾	撮口呼	鼻化韵	舌尖元音	变韵	双尾韵	声化韵
60	邵武	n/ŋ	y/ye/yn/yen	—	ɿ	—	iuŋ	ŋ
61	光泽	m/n/ŋ/ʔ	y/yɛ/yɔ/yən/yn/yʔ/yɔʔ	—	ɿ	—	—	m/ŋ
62	三明	m	y/yɛ/yi/yã/yɛ̃/yɛ̃i	ã/iã/uã/yã/ɛ̃/iɛ̃/yɛ̃/ɔ̃/iɔ̃/ɛ̃i/iɛ̃i/yɛ̃i	ɿ	—	—	m/ŋ
63	永安	m	y/ya/ye/yi/y	ĩ/ã/iã/uã/ɑ̃/õ/iõ/ɛ̃i/iɛ̃i/uɛ̃i/yɛ̃i	ɿ	—	—	m
64	沙县	ŋ	y/ya/yɛ/ye/yẽ/yɛiŋ	ɔ̃/iɔ̃/oɛ̃/iẽ/uẽ/yẽ	ɿ	—	ɛiŋ/ɔuŋ/iɛiŋ/yɛiŋ/œyŋ	ŋ
65	长汀	ŋ	—	—	ɿ/ʅ	—	—	ŋ
66	连城	ŋ	—	—	—	—	aiŋ/eiŋ/ieiŋ/uaiŋ	ŋ
67	上杭	ŋ	—	ã/uã/ɒ̃/iɒ̃/ɛ̃/iɛ̃/uɔ̃	ɿ	—	—	ŋ
68	武平	ŋ/ʔ	—	—	ɿ	—	iuŋ	ŋ

续表

		辅音韵尾	撮口呼	鼻化韵	舌尖元音	变韵	双尾韵	声化韵
69	永定	ŋ/ʔ	—	ɛ̃/iɛ̃/ɐ̃/iɐ̃/uɐ̃/ɔ̃/iɔ̃/uɔ̃/uõ	ɿ	—	—	m/ŋ
70	明溪	ŋ/ʔ	y/yʔ	—	ɿ	—	—	m/ŋ
71	清流	ŋ	y	ɛ̃/uɛ̃	ɿ	—	—	ŋ
72	宁化	ŋ	—	—	ɿ	—	aiŋ	ŋ
73	龙岩客家	ŋ/t/k/ʔ	ɥə/ɥt	iẽ/õ/iõ/uõ	ɿ/ʅ	—	—	ŋ
74	平和客家	m/n/ŋ/p/t/ʔ	y/yn/yan/yŋ/yt	ĩ/iã/iũ/uãi/aũ	ɿ	—	—	m
75	诏安客家	m/n/ŋ/p/t/ʔ	y/yn/yan/yt/yʔ	ĩ/iã/uãi/iũ	ɿ	—	—	m
76	泰宁	n/ŋ	y/yo/yn/yuŋ	—	ɿ	—	yuŋ	ŋ
77	建宁	m/n/ŋ/p/t/k	—	—	—	—	uin/iuŋ	m/ŋ
78	浦城城关	ŋ	y/ya/ye/yãi/yiŋ	ãi/iãi/uãi/yãi	ɿ	—	uiŋ/yiŋ	ŋ
79	南平延平	ŋ/ʔ	y/yæ̃/yŋ/yeŋ/yoŋ/yʔ/yoʔ	æ̃/iæ̃/yæ̃/uõ	ɿ	—	eiŋ	—

现在根据表 7，略作几点说明。

（一）关于辅音韵尾

福建方言辅音韵尾所指的是有无带［-m、-n、-ŋ］和［-p、-t、-k、-ʔ］的韵尾。请看表 8。

闽语闽南片大多数点有［-m、-n、-ŋ］和［-p、-t、-k］辅音韵尾，白读中还有［-ʔ］的出现。闽东片的大部分点与莆仙片已合并为［-ŋ］和［-ʔ］，闽清、屏南、宁德等尚有［-k］，尤溪话则［-p、-t、-k、-ʔ］已完全消失，混入舒声韵。处于方言过渡区域的大田话只有［-ŋ、-ʔ］，处于闽东地带的福鼎沙埕和霞浦三沙闽南话，韵尾也明显简化。

闽语闽北片、闽中片、邵将片方言，除武夷山、将乐、顺昌和光泽外，入声韵尾多已丢失。赣语、吴语亦然。南平延平官话应该是受闽语影响，保存较完整的［-ʔ］入声韵。

客家话多数地点只有［-ŋ、-ʔ］韵尾，长汀与连城等只有［-ŋ］韵尾，过渡区域龙岩、平和、诏安等地的客家话，由于靠近闽语闽南片，辅音韵尾相对多样，尤其是是平和话，七类齐全。

表 8　福建境内方言的辅音韵尾对照表

		-m	-n	-ŋ	-p	-t	-k	-ʔ
闽东片	福州、闽侯、长乐、连江、罗源、福清、平潭、永泰、福鼎城关、福安、柘荣、霞浦城关、寿宁	—	—	+	—	—	—	+
	闽清、古田、宁德	—	—	+	—	—	+	+
	屏南	—	—	+	—	—	+	
	周宁	—	+	+	—	+	+	+
	尤溪	—	—	+	—	—	—	—
莆仙片	（全部）	—	—	+	—	—	—	+

续表

		-m	-n	-ŋ	-p	-t	-k	-ʔ
闽南片	泉漳小片	+	+	+	+	+	+	+
	大田城关、霞浦三沙	—	—	+	—	—	—	+
	大田广平	—	—	+	—	—	—	—
	福鼎沙埕	—	+	+	—	+	+	—
闽北片	建瓯、建阳、政和、松溪、浦城石陂、南平夏道	—	—	+	—	—	—	—
	武夷山	—	—	+	—	—	—	+
邵将区	将乐、顺昌	—	—	+	—	—	—	+
	邵武	—	+	+	—	—	—	—
	光泽	+	+	+	—	—	—	+
闽中片	永安、三明	+	—	—	—	—	—	—
	沙县	—	—	+	—	—	—	—
客语	长汀、连城、清流、宁化	—	—	+	—	—	—	—
	上杭、武平、永定、明溪	—	—	+	—	—	—	+
	龙岩	—	—	+	—	+	+	+
	平和	+	+	+	+	+	+	+
	诏安	+	+	+	+	+	—	+
赣语	泰宁	—	+	+	—	—	—	—
	建宁	+	+	+	+	+	+	—
吴语	浦城城关	—	—	+	—	—	—	—
官话	南平延平	—	—	+	—	—	—	+

（二）关于双尾韵

双尾韵指的是在 ei、øy、ou 等高元音韵尾后面加上辅音韵尾。福建方言的双尾韵集中体现于鼻音韵和入声韵，这里尚且称之为阳声韵式双尾韵和入声韵式双尾韵，二者数量大体相当，大部分还有明显的对应关系，如：福州话的 aiŋ－aiʔ、eiŋ－eiʔ 等。

福建方言的双尾韵有较广泛的分布，见于闽语、客家话、赣语、吴语及官话。如闽东片福州话的 aiŋ（aiʔ）、eiŋ（eiʔ）、auŋ（auʔ），闽北片建瓯话的 aiŋ、eiŋ、œyŋ，闽中片沙县话的 ɛiŋ、ɔuŋ，连城客家话的 aiŋ、eiŋ，建宁赣语的 uin（uit）、iuŋ（iuk），浦城城关吴语的 uiŋ、yiŋ 等，南平延平官话的 eiŋ、ueiŋ 等。其中分布最广，数量最多的是闽东片和闽北片。

闽语闽东片的双尾韵分布，请看表 9。大体上以福州为中心，向四周呈放射性分布。体现在：

（1）福州、闽侯、永泰、闽清、连江、古田等地，为传统的“十邑”之地，双尾韵较丰富，数量多的可达 10 种以上，阳入对应也比较整齐。罗源话较少，只有 3 类入声韵式，原因待查。平潭岛处于海域，与福州市区接触不多，所以双尾韵也较少，只有一种。

（2）福安一带东北部地区的方言双尾韵相对较少。但福安方言却有 11 种双韵尾，可能与其作为闽东北地区的重要城市，与省城福州有长期的频繁接触有关。

表 9　闽语闽东片的双尾韵分布

		阳声韵式双尾韵	入声韵式双尾韵	数量
福州等地	福州	aiŋ 硬/eiŋ 灯争$_{文}$/auŋ 寸/ouŋ 根$_{文}$糖床讲/øyŋ 双东$_{白}$用/oyŋ 粽	aiʔ 贴八节$_{白}$色/eiʔ 十急七一橘白$_{文}$锡/auʔ 刮$_{白}$骨托$_{文}$/ouʔ 出学$_{文}$谷/øyʔ 六/oyʔ 壳北	12
	闽侯	aiŋ 硬/eiŋ 灯$_{白}$争$_{文}$/ouŋ 根$_{文}$糖床讲/ɔuŋ 寸/oyŋ 粽送/øyŋ 双东$_{白}$用	aiʔ 贴八节$_{白}$色/eiʔ 十急七一橘白$_{文}$锡/ouʔ 出学$_{文}$谷/ɔuʔ 刮$_{白}$骨托$_{文}$/oyʔ 壳北/øyʔ 六	12

续表

		阳声韵式双尾韵	入声韵式双尾韵	数量
福州等地	长乐	aiŋ 硬/eiŋ 灯争$_{文}$/auŋ 寸/ouŋ 根$_{文}$ 糖床讲/øyŋ 双东$_{白}$用/oyŋ 洞	aiʔ 贴八节$_{白}$色/eiʔ 十急七一橘白$_{文}$锡/auʔ 刮$_{白}$骨托$_{文}$/ouʔ 出学$_{文}$谷/øyʔ 六/oyʔ 壳北	12
	连江	aiŋ 硬/eiŋ 灯$_{文}$争$_{文}$/ɔuŋ 寸/ouŋ 吨冻/ɔyŋ 粽/øyŋ 双东$_{白}$用	aiʔ 贴八节$_{白}$色/eiʔ 十急七一橘$_{白}$文锡/auʔ 刮$_{白}$骨托$_{文}$/ouʔ 出学$_{文}$谷/øyʔ 六/oyʔ 壳北	12
	罗源	—	eiʔ 贴八节$_{白}$色白$_{文}$/ouʔ 刮$_{白}$骨托$_{文}$学$_{文}$/øyʔ 壳北六	3
	平潭	eiŋ 灯争$_{文}$	—	1
	永泰	aiŋ 硬/eiŋ 灯$_{文}$争$_{文}$病$_{文}$/ɔyŋ 铜梦送/øyŋ 双东$_{白}$用/ɔuŋ 寸糖床/ouŋ 根$_{文}$讲	eiʔ 贴十八节$_{白}$北色白$_{文}$/øyʔ 壳六/ouʔ 刮$_{白}$骨托$_{文}$学$_{文}$	9
	闽清	ɛiŋ 硬层/eiŋ 灯$_{文}$争$_{文}$病$_{文}$/øyŋ 双东$_{白}$用/ɔyŋ 铜洞/ɔuŋ 寸糖床/ouŋ 根$_{文}$讲	eik 贴十八节$_{白}$北$_{文}$色/ouk 刮$_{白}$骨托$_{文}$学$_{文}$/øyk 壳北$_{白}$六	9
	古田	eiŋ 灯$_{文}$硬争$_{文}$/ouŋ 根$_{文}$寸糖床讲/øyŋ 双东$_{白}$	eik 贴十八节$_{白}$色白$_{文}$/øyk 壳北六/ouʔ 刮$_{白}$骨托$_{文}$学$_{文}$	6
	屏南	ɛiŋ 灯硬争文丨ɔuŋ 根文寸糖床讲	eik 贴十八节$_{白}$色白$_{文}$/ɔuk 刮$_{白}$骨托学$_{文}$	4
	宁德	ɔuŋ 根$_{文}$寸糖床讲	ɔuk 刮月骨托$_{文}$学$_{文}$	2

续表

		阳声韵式双尾韵	入声韵式双尾韵	数量
福安等地	福安	ɛiŋ 莲/eiŋ 心深新升星/œuŋ 双灯硬争$_{文}$东$_{白}$/ɔuŋ 根$_{文}$寸糖床/øuŋ 根$_{白}$/ouŋ 春云东$_{文}$用	ɛuʔ 六/œuʔ 壳北色/ɔuʔ 骨学$_{文}$/øuʔ 竹/ouʔ 出	11
	霞浦城关	ɛiŋ 双灯$_{文}$硬争$_{文}$东$_{白}$/ɔuŋ 糖床王讲	ɛiʔ 贴十八节$_{白}$壳北色白$_{文}$六$_{白}$/ɔuʔ 托$_{文}$学$_{文}$国	4
	柘荣	yuŋ 根$_{白}$兄$_{文}$用	aiʔ 盒鸭法/ɔiʔ 骨	3
	寿宁	ɔuŋ 根$_{文}$寸糖床讲		1

闽语闽北片由于方言缺少入声韵，所以双尾韵除武夷山话之外，只有鼻音尾式韵类，且分布上与闽东片同中有异。如“心深新升”等字，闽北片采用双尾韵，而闽东话是一般韵。值得注意的是，这些双尾韵，有时还有明显的介音，如政和的 uaiŋ、uauŋ，松溪的 ieiŋ、ueiŋ，武夷山的 uaiŋ、ueiŋ、yaiŋ，建阳的 uaiŋ、ieiŋ、ueiŋ、yeiŋ，浦城石陂的 uaiŋ、ueiŋ 等。请详看表 10。

表 10　闽语闽北片的双尾韵

		阳声韵式双尾韵	入声韵式双尾韵	数量（种）
建瓯等地	建瓯	aiŋ 灯硬争星/eiŋ 心深新升/œyŋ 春云用/uiŋ 山半官权根/uaiŋ 翻万	—	5
	政和	aiŋ 根$_{文}$灯硬争星/eiŋ 心深新升/œyŋ 春云兄用/auŋ 寸糖床讲/yiŋ 权根$_{白}$/uaiŋ 反晚/ueiŋ 山半官滚/uauŋ 分	—	8
	松溪	eiŋ 心深根$_{文}$新升/œyŋ 春云兄$_{文}$用 ieiŋ/仁然城/ueiŋ 山半官寸滚	—	4
	南平夏道	eiŋ 心深新升星/øyŋ 根滚云用/uiŋ 山半官权春寸	—	3

续表

		阳声韵式双尾韵	入声韵式双尾韵	数量（种）
武夷山等地	武夷山	yiŋ 权根$_{白}$/aiŋ 根$_{文}$灯硬争星/ɛiŋ 心新春云双兄$_{文}$东用/uaiŋ 半官/ueiŋ 寸滚根$_{白}$/yaiŋ 山	aiʔ 截$_{文}$/ɛiʔ 密$_{文}$/əuʔ 六$_{文}$绿局/uaiʔ 坐辣活/yaiʔ 热$_{白}$/ueiʔ 佛	12
	建阳	aiŋ 根$_{文}$灯硬争星/ɔiŋ 心半新/eiŋ 春云兄$_{文}$用/uaiŋ 晚万/ieiŋ 盐年/ueiŋ 山官/yeiŋ 权根$_{白}$	—	7
	浦城石陂	aiŋ 灯硬争星/eiŋ 心深根$_{文}$新$_{白}$升/uaiŋ 山半官/ueiŋ 寸滚春云用	—	4

（三）关于元音鼻化韵

闽语闽南片均有系统的鼻化韵，主要出现于咸深山臻宕江梗通8摄，但果假遇蟹止效流7摄也有少数读鼻化的字。与闽南片方言邻近的闽中片、莆仙片仙游话，甚至邵将片的将乐话也有较丰富的鼻化韵。闽东片（尤溪话除外）、闽北片无鼻化韵。客家话以缺少鼻化韵为常，但永定、龙岩、平和、诏安有少量的鼻化韵。浦城吴语和南平官话也有少量的鼻化韵。请详看表11。

表11 福建境内部分方言点的鼻化韵

		部分鼻化韵	种类（种）
闽南片	漳州	ĩ 盐$_{白}$年$_{白}$/ã 胆/iã 兄$_{白}$/ẽ 硬$_{白}$争$_{白}$病$_{白}$星$_{白}$/uã/快$_{白}$山$_{白}$半官$_{白}$横/iɔ̃张/uĩ 饭/uãi 冤$_{白}$；iũ 丑/iãu 猫/ãi 妹/ãu 藕/ɔ̃五$_{文}$	13
	晋江	ã 三$_{白}$/ĩ 盐年$_{白}$硬争$_{白}$病$_{白}$星$_{白}$/iã 兄$_{白}$/uã 山$_{白}$半$_{白}$官$_{白}$/iũ响$_{白}$/uĩ 快$_{白}$横/uãi 弯；ɔ̃毛/ãi 乃/iãu 鸟	10

续表

		部分鼻化韵	种类（种）
莆仙片	枫亭	ã 争$_{\text{白}}$病$_{\text{白}}$星$_{\text{白}}$/ĩ 先$_{\text{白}}$千$_{\text{白}}$/iã 兄$_{\text{白}}$锡$_{\text{白}}$/uã 山$_{\text{白}}$半$_{\text{白}}$官$_{\text{白}}$横/iũ响$_{\text{白}}$/uĩ 关$_{\text{白}}$	6
闽东片	尤溪	ĩ 扇/ũ 山$_{\text{白}}$ 半$_{\text{白}}$/ã 争$_{\text{白}}$ 病$_{\text{白}}$/ẽ 年$_{\text{白}}$/ø̃ 换$_{\text{白}}$/iã 兄/uã 横/uẽ官$_{\text{白}}$/iũ响$_{\text{白}}$	9
邵将片	将乐	ɛ̃根灯升$_{\text{白}}$硬争星$_{\text{文}}$/iɛ̃盐年/uɛ̃山半短官/ɔ̃糖响床双讲/iɔ̃娘/uɔ̃王/yø̃权；ĩŋ 深$_{\text{文}}$新$_{\text{文}}$升$_{\text{文}}$病$_{\text{文}}$星$_{\text{白}}$/ãŋ 南病$_{\text{白}}$横兄$_{\text{白}}$/iãŋ 病$_{\text{白}}$/uĩŋ 新$_{\text{白}}$寸滚/ỹŋ 春云/uãŋ 梗/ɤ̃ŋ 深东五$_{\text{文}}$/iɤ̃ŋ 兄$_{\text{文}}$用	15
客家话	永定	ɛ̃新$_{\text{白}}$灯/ɐ̃南山半根争星/ɔ̃糖床王讲/iɛ̃年权/iɐ̃盐/iɔ̃响/uɐ̃官	7
吴语	浦城	ãi 南山半硬争/iãi 盐年/uãi 短$_{\text{文}}$官横/yãi 权	4
官话	南平	æ̃南糖/iæ̃山响讲/yæ̃床王双/uõ官半短官	4

（四）关于舌尖元音和撮口韵

（1）有无舌尖元音。闽语闽东、莆仙、闽南三片的方言一般无舌尖元音。普通话读ɿ韵和ʅ韵的字（古止开三精，知、庄、章组声母），一般读成其他元音韵。客家话多数地点有舌尖元音，例如长汀、上杭、武平等地的客家话 i、ɿ 韵并存。此外，闽语将乐、光泽、邵武、顺昌、三明、龙岩等地，赣语泰宁话，吴语浦城话，南平延平官话等地也有数量不等的ɿ韵字。请详看表 12。

表 12　舌尖元音在福建省境内部分方言点的分布

		资	紫	字	丝	知	池	治	指	市	试
客家话	长汀	tsɿ33	tsɿ42	ts^{h}ɿ21	sɿ33	tʃʅ55	tʃ^{h}ʅ21	tʃ^{h}ʅ21	tʃʅ55	ʃʅ55	ʃʅ55
	上杭	tsɿ41	tsɿ51	tsɿ51	sɿ44	ti44	ts^{h}ɿ21	ts^{h}ɿ51	tsɿ51	sɿ51	sɿ353
	明溪	tʃʅ44	tsɿ41	sɿ554	sɿ44	tʃɿ44	tʃ^{h}ɿ31	tʃ^{h}ɿ554	tʃɿ41	ʃɿ554	tʃ^{h}ɿ24
	龙岩	tsɿ44	tsɿ453	ts^{h}ɿ41	sə341	tsɿ341	ts^{h}ɿ24	ts^{h}ɿ42	tsɿ31	tsɿ31	sɿ212
赣语	泰宁	tsɿ44	tsɿ35	sɿ213	sɿ31	tei31	hi33	tɕi35	tɕi35	ɕi213	ɕi213

续表

		资	紫	字	丝	知	池	治	指	市	试
闽语	邵武	tsə21	tsə21	tʰə35	sɿ21	ti21	tʰi33	tʰi35	tɕi55	ɕi35	ɕi213
	三明	tsɿ44	tsɿ31	tsi33	si44	ti44	te51	ti254	sɿ44	sɿ254	tsʰɿ33
	漳州	tsu34	tsi53	dzi22	dzi22	ti34	ti13	ti22	tsi53	tsʰi22	tsʰi21
	福州	tsy55	tsie33	tsei242	si55	ti55	tie52	tei242	tsi33	tsʰei242	søy21

（2）有无撮口韵

福建境内的方言很多都有数量不等的撮口呼韵母，但闽南话缺少撮口呼，一般读为开、合、齐三呼。客家话也以缺少撮口呼为常，但明溪、平和客家、清流等地有少数的撮口呼韵母。

（五）变韵举例

闽语福州及其周围的闽侯、长乐、福清、连江、罗源、永泰、闽清、古田、屏南、平潭10个县，即旧制福州府所辖十个县（即“福州十邑”），有一种特殊的语音现象——变韵。韵母根据其与声调的关系可以分为“紧音”和“松音”两套。如福州话逢调类是阴平、阳平、上声、阳入的读“紧音”（即本韵），逢调类是阴去、阳去、阴入的读“松音”（即变韵）。“紧音”韵母里主要元音的舌位比“松音”韵母较高较前，二者造成特殊的、成系列的“韵位交叉”现象。例如福州话三类韵母“本韵”与“变韵”的关系如下，括号外为本韵，括号内为变韵。

开尾韵　i（ei）、u（ou）、y（øy）、øy（oy）、o（ɔ）

塞音尾韵　iʔ（eiʔ）、eiʔ（aiʔ）、uʔ（ouʔ）、ouʔ（ɔuʔ）、yʔ（øyʔ）、øyʔ（oyʔ）、oʔ（ɔʔ）

鼻音尾韵　iŋ（eiŋ）、eiŋ（aiŋ）、uŋ（ouŋ）、ouŋ（ɔuŋ）、yŋ（øyŋ）、øyŋ（oyŋ）

福州一带方言的变韵现象在变韵的调类、韵类，以及具体的韵值上依然有一些差异。有以下三点值得注意：

（1）变韵现象以福州中心城区为中心，向四周辐射。如靠西的古田、尤溪，靠北的宁德城关就没有变韵现象，这点近于闽东福宁小片。

（2）存在变韵的各方言点，发生变韵的调类也有差异。福州、闽侯、长乐、连江、福清、平潭点于阴去、阳去、阴入变韵，罗源、永泰、闽清、屏南点入声不变韵。永泰、闽清、屏南点除阴去、阳去外，阳平也部分或全部发生变韵。

（3）不同方言发生变韵的韵类分布与变韵后的韵值也同中有异。如：闽侯、长乐、连江等相似度较高，在 i、u、y 及其对应的阳声韵和入声韵都有类似的变韵。罗源点单元音韵母（如 i、u、y 等）不发生变韵。福清、平潭、屏南等地紧音与松音之间元音变化的辐度也大小不一。请看表 13。

表 13　闽语闽东部分方言变韵后韵值对照表

	本韵	i	u	y	iŋ	eŋ	uŋ	oŋ	yŋ	øŋ
变韵	福清	ei	ou	øy	eŋ	ɛŋ	oŋ	ɔŋ	øŋ	œŋ
	平潭	ɪ	ʊ	ʏ	ɪŋ	ɛŋ	ʊŋ	ɔŋ	ʏŋ	œŋ
	屏南	e	o	ø	eŋ	—	oŋ	—	øŋ	—

（六）关于声化韵

声化韵指有些鼻辅音可以以独立音节的形式出现的，一般为 m、n、ŋ。福建省境内方言，主要为 m、ŋ，多用于白读音，字数不多（3—5 字），但都是高频词，而且分布广泛。一般有四种表意功能：（1）否定副词“唔”；（2）亲属称谓词“姆”；（3）拟声的叹词，在对话中回应对方表示同意或听见；（4）几个常用字白读音，如闽南话的“糖床讲秧”、客家话的“五”等。

福建省境内各方言声化韵的组合能力有所不同。闽语闽南片方言多独立成音节（如晋江的“m 唔 ŋ 黄”，平和的“m 姆丨ŋ 糖床”等），客家话有时还可以与舌根音［h、k］组合成音节（如永定的“hm 女遇”等）。相较而言，闽南片（包含霞浦三沙闽南话）、莆仙片、闽中片的三明点最为突出，用字多，分布广，即：声化韵还可以搭配双唇音、舌尖音等形成一系列的声化韵字，如霞浦三沙话的“kŋ 光 tŋ 断 ts^{h}ŋ 床 sŋ 酸”，仙游话的“hŋ 方 t^{h}ŋ 糖 tsŋ 装 nŋ 两”，三明话的“hm 方 kŋ 官 pŋ 搬 t^{h}ŋ 炭”等。

三　福建省境内汉语方言的声调系统

以下表 14 是福建省境内方言声调总表。

表 14　福建省境内方言声调总表

			阴平	阳平	阴上	阳上	阴去	阳去	阴入	阳入甲	阳入乙	总数
01	闽东片	福州	55	52	33		21	242	24	5		7
02		闽侯	55	53	33		212	242	24	5		7
03		长乐	55	53	22		21	242	24	5		7
04		连江	55	51	33		212	242	13	5		7
05		罗源	42	31	21		35	34	2	52		7
06		福清	53	44	31		21	42	2	5		7
07		平潭	51	44	31		21	42	2	5		7
08		永泰	44	353	32		21	242	3	5		7
09		闽清	44	353	32		21	242	3	5		7
10		古田	55	33	42		21	24	2	5		7
11		屏南	44	22	41		34	323	5	3		7
12		宁德	334	11	41		35	411	23	54		7
13		尤溪	33	12	55		51	42	24			6
14		霞浦城关	44	21	42		35	24	5	2		7
15		福安	331	21	41		35	23	5	2		7
16		柘荣	42	21	53		45	24	5	21		7
17		周宁	44	21	42		35	213	5	2		7
18		寿宁	33	21	42		35	23	5	2		7
19		福鼎城关	35	21	55		42	33	4	23	224	8
20	莆仙片	莆田	533	24	453		42	11	2	5		7
21		涵江	533	13	453		42	21	1	4		7
22		仙游城关	533	24	453		42	21	2	23		7
23		仙游枫亭	533	24	453		42	21	2	5	55	8

续表

			阴平	阳平	阴上	阳上	阴去	阳去	阴入	阳入甲	阳入乙	总数
24		厦门	44	24	53		21	22	32	4		7
25		同安	44	24	42		112	22	32	53		7
26		泉州鲤城	33	24	55	22	41		5	24		7
27		泉州洛江	33	24	55	22	41		5	3		7
28		南安	33	24	55	22	31		5	3		7
29		晋江	33	24	55		41		5	34		6
30		石狮	33	24	55		41		5	34		6
31		惠安	33	25	54		42	21	5	34		7
32		安溪	55	24	53	21	42		5	24		7
33		永春	44	24	53		31	22	32	4		7
34		德化	13	44	42	35	31		42	35		7
35		漳州	34	13	53		21	22	32	121		7
36	闽	龙海	34	312	52		41	33	42	4		7
37	南	长泰	44	24	53		21	22	32	33		7
38	片	华安	55	232	53		31	22	32	212		7
39		南靖	34	323	54		21	22	32	121		7
40		平和	34	23	52		21	22	54	32		7
41		漳浦	43	412	51		21	33	54	212		7
42		东山	44	213	51		22	33	41	131		7
43		云霄	55	32	53		22	33	5	12		7
44		诏安	44	24	53		22	33	32	13		7
45		龙岩	33	11	21		213	42	5	32	长 55	8
46		漳平	35	33	53		21	55	21	5		7
47		大田城关	33	24	53	55	31		3	5		7
48		大田广平	33	24	51	45	31					5
49		霞浦三沙	42	35	51		21		5	24		6
50		福鼎沙埕	44	24	53		21		4	24		6

续表

			阴平	阳平	阴上	阳上	阴去	阳去	阴入	阳入甲	阳入乙	总数
51	闽北片	建瓯	54		21		33	55	24	42		6
52		松溪	53	44/21	223	42	22	45				7
53		武夷山	51	33	31		22	55	35	54		7
54		南平夏道	11	55	33		24	24				4
55		建阳	51	45/41	21		33	55	35	4		8
56		政和	53	33/21	213		42	55	24			7
57		浦城石陂	53	42	21		33	35/45	24			7
58	邵将片	将乐	55	22	51		324	324	21	5		6
59		顺昌	44	11	31	22	35	51		5		7
60		邵武	21	33	55		213	35	53			6
61		光泽	21	22	44		35	55	41	5		7
62	闽中片	三明	44	51	31	254	33	33	213			6
62		永安	52	33	21	54	24	24	13			6
64		沙县	33	31	21	53	24	24	212			6
65	客家话	长汀	33	24	42		54	21				5
66		连城	433	22	212		53	35				5
67		上杭	44	21	51		353		32	35		6
68		武平	24	22	42		451	451	3	4		6
69		永定	24	22	31		52		32	5		6
70		明溪	44	31	41		24	554	5	5		6
71		清流	33	23	21		35	32		55		6
72		宁化	341	24	31		212	42	5			6
73		龙岩客家	44	35	453		41	41	5	3		6
74		平和客家	33	35	31		31	55	23	53		6
75		诏安客家	22	53	31		31	45	23	5		6

续表

			阴平	阳平	阴上	阳上	阴去	阳去	阴入	阳入甲	阳入乙	总数
76	赣语	泰宁	31	33	35		51	213				5
77		建宁	34	24	55		21	45	2	5		7
78	吴语	浦城城关	35	24	44	54	423	21	32	32		7
79	官话	南平延平	33	21	242		35	35	3	3		5

从以上总表，讨论福建方言的声调。

（一）调类

沿海地区的闽语，闽东片、莆仙片和闽南片多数点都是 7 个单字调，古平上去入基本上各按古声母的清浊分为阴阳两类，且古全浊上声归阳去。但龙岩话是 8 个，泉州、南安、安溪、德化等古上声今分阴阳，古去声单字调今不分阴阳，晋江、石狮、霞浦三沙和福鼎沙埕古阳上也并入去声，所以只有 6 个。闽中片、闽北片和邵将片的方言声调较为复杂，声调有 4—7 种不等。这些地点一般有独立的入声，但建瓯话无阳平。

客家话除了长汀、连城没有入声为 5 个声调外，一般为 6 个声调：上杭、武平、永定、龙岩客家只有一类去声调，明溪、清流、宁化只有一种入声，平和客家、诏安客家阴上阴去合为一类。

建宁赣语的入声韵，泰宁赣语今读开尾韵。浦城吴语入声韵尾已丢失，但自成独立的入声调，南平官话古入声韵字只有一种喉塞音韵尾，也基本上自成一调。

（二）调值和调型

福建省境内大多数方言点有入声，入声分阴阳，古清音入声字今读阴入，古全浊入声字今读阳入。总体而言，闽东片福州一带、莆仙片、客家话，阳入调值比阴入高些，闽南片则相反，阴入调值高于阳入。

（三）连读变调类型

福建省境内各方言大部分都存在连读变调，一般表现为前字变调、后字不变调。只有闽北片与邵将区方言的连读处于变调与不变之间，一般快读有变，慢读则不变。

发生变读的方言区主要采用两种变调方式：

（1）自身交替式：一般只有一个变调，变调以自身单字调为条件，不受后字影响。闽南片、闽中片以及闽东片的尤溪话等基本采用这种变调方式。

（2）邻接交替式：不只一个变调，变调分化以后字声调为条件，主要受后字调头高低制约。闽东片、莆仙片，基本采用这种变调方式。

客家话连读变调较为随意：上杭、清流、宁化基本不变调；连城、永定、明溪采用自身交替式变调；长汀、诏安客家采用邻接交替式变调；武平话阴平依后字不同变调，阳平、阴上、去声作划一变调，混合自身交替式与邻接交替式两种变调方式。

表15　福建省境内部各方言的连读变调类型对照表

连读变调方式	方言区分布
自身交替式	闽南片；闽中片；闽东片尤溪话；连城、永定、明溪等客家话；浦城城关吴语
邻接交替式	闽东片；莆仙片；长汀、诏安等客家话

一般来说，同一方言内部的同一种声调的字在连读中会采用相同的变调规律，但有时例外。例外往往与早期的不同来源有关。如：闽南泉州晋江话中，当前阴去与阳去已合并为一类去声41，但去声有两套变调规律：①前字为古清音声母去声字，不论后字为何调，一律变为55；②前字为古浊音声母去声字或上声字，不论后字为何调，一律变为22。再如：闽东福州话中前字为阴入调和阳入调时连读变化分为甲、乙两类，这与其历史上有 -ʔ 和 -k 两类韵尾有关。历史上韵尾为 -ʔ 的字，按甲类规律变调，历史上韵尾为 -k 的字，按乙类规律变调。

主要参考文献

北京大学中国语言文学系语言学教研室编，2003，《汉语方音字汇》（第二版重排本）。语文出版社。

陈章太、李如龙，1991，《闽语研究》。语文出版社。

福建省汉语方言指导组、福建汉语方言概况编写组，1962—1963，《福建省汉语方言概况》（上、下册，讨论稿）。

福建省地方志编纂委员会，1998，《福建省志·方言志》。方志出版社。

教育部语言文字信息管理司、中国语言资源保护研究中心，2017，《中国语言资源调查手册·汉语方言》。商务印书馆。

蓝小玲，1998，闽西客话语音系统。《客家方言研究》（第二届客家方言研讨会论文集）174—193页。

李如龙、张双庆主编，1992，《客赣方言调查报告》。厦门大学出版社。

李如龙，2001，《福建县市方言志12种》。福建教育出版社。

罗杰瑞著，张惠英译，1995，闽语与客家话（《汉语概说》第九章第四节）。语文出版社。

马重奇、杨志贤，1997，福建方言研究概述。《福建论坛·文史哲》第4期36—43页。

袁家骅，1989，闽方言（《汉语方言概要》）。语言文字改革出版社。

詹伯慧、张振兴主编，2017，《汉语方言学大词典》。广东教育出版社。

张振兴，2000，闽语及其周边方言。《方言》第1期6—19页。

周长楫主编，2007，《闽南方言大词典》（修订本）。福建人民出版社。

周长楫，2012，《中国语言地图集》（第2版）B2－5“福建省的汉语方言”图文字说明。商务印书馆，“汉语方言卷”177—180页。

《中国语言资源集·福建》
概况卷之一
正文目录

福州话 …… (1)
闽侯话 …… (12)
长乐话 …… (23)
连江话 …… (33)
罗源话 …… (43)
福清话 …… (53)
平潭话 …… (63)
永泰话 …… (73)
闽清话 …… (82)
古田话 …… (91)
屏南话 …… (100)
宁德话 …… (109)
霞浦城关话 …… (117)
福安话 …… (125)
柘荣话 …… (138)
周宁话 …… (147)
寿宁话 …… (155)
福鼎城关话 …… (161)
尤溪话 …… (169)
莆田话 …… (175)
涵江话 …… (183)
仙游城关话 …… (192)
仙游枫亭话 …… (202)

厦门话……………………………………………………………………………………（210）
同安话……………………………………………………………………………………（217）
泉州鲤城话………………………………………………………………………………（225）
泉州洛江话………………………………………………………………………………（232）
南安话……………………………………………………………………………………（238）
晋江话……………………………………………………………………………………（246）
石狮话……………………………………………………………………………………（254）
惠安话……………………………………………………………………………………（262）
安溪话……………………………………………………………………………………（269）
永春话……………………………………………………………………………………（276）
德化话……………………………………………………………………………………（283）

福 州 话

一　调查点概况

福州市位于福建省东部的闽江口，东邻台湾海峡，北接宁德市，西靠三明市、泉州市，南靠莆田市。辖鼓楼、台江、仓山、马尾、晋安、长乐6区，福清1市，闽侯、连江、罗源、闽清、永泰、平潭6县。东经118°08′—120°31′，北纬25°15′—26°39′。本调查点为鼓楼区。

福州市人口截至2017年为693万人，其中市区人口279万人（政府所在地鼓楼区人口57.9万人），其中汉族人口约占98.69%。全市有43个少数民族，约9万人，超过千人的少数民族有畲、回、满、苗、彝、壮、布依、侗、土家等9个民族，其中畲族人口最多，约占50%。城区少数民族人口9000多人，主要有畲族、满族、回族。

福州话属于闽方言闽东片侯官小片，通行于福州市区和环抱市区的闽侯县地，面积5250平方公里。由于明末始编的韵书《戚林八音》和重要地方戏剧“闽剧”的流行，又因从政、经商，从事手工和服务行业的福州人，迁徙到本区各县、市（特别在抗日战争时期，福州沦陷，福州人大量移居闽东各地），福州话在闽东方言区各地有很大影响力。

当地的曲艺主要有闽剧、评话、伬唱等。

福州话是2017年福建省语保点。由福建师范大学文学院教师陈泽平全程记录整理。

二　方言发音人概况

方言老男林圜，汉族，1953年12月出生于仓山区，高中文化程度，已退休。

方言青男朱咏，汉族，1987年5月出生于鼓楼区，大专文化程度，就职于福州市榕商经济研究院。

方言老女陈美玉，汉族，1954 年 5 月出生于鼓楼区，大专文化程度，已退休。

方言青女林奋，汉族，1984 年 11 月出生于仓山区，大专文化程度，就职于福州博豪工程有限公司。

口头文化发音人有张明华（女，仓山区）、郑文湜（仓山区）、郑爱萍（女，台江区）、陈美玉（女，鼓楼区）。

地普发音人有郑文湜（仓山区）、郑毅（鼓楼区）、陈立信（台江区）。

三　福州话音系

（一）声母

福州话有 14 个声母（包括零声母）：

表 1　福州话声母表

p 八兵爬病飞$_{白}$肥饭	p^h派片蜂	m 麦明味$_{白}$问$_{白}$	
t 多东甜毒竹茶事$_{白}$	t^h讨天张抽拆柱$_{白}$	n 脑南年泥老蓝连路软	
ts 资早租酒字坐$_{文}$全柱$_{文}$争装纸主书	ts^h刺草寸清贼抄初床车春手城$_{文}$		s 丝三酸想坐$_{白}$祠谢事$_{文}$山双船顺十城$_{白}$
k 高九共权县	k^h开轻	ŋ 熬月	x 飞$_{文}$风副好灰响云
ø 味$_{文}$问$_{文}$热活安温王用药			

说明：

1. ［n－］和［l－］混同，但绝大多数口头单字音中只有［n－］声母，而无［l－］声母。而在语流中作为连读下字的声母是以上字收尾音为条件而分读为［n－］和［l－］。也就是说，/n/音位包括了［n］和［l］两个变体：在单字音层面是自由变体，作为连读下字是条件变体。据此，本音系单字一律记为［n－］，词汇和句子记音中根据连读规律分别记为［n］或［l］。

2. 舌尖前音声母［ts ts^h］与齐齿呼、撮口呼韵母相拼时发生腭化，腭化的程度因人而异。但舌尖擦音［s］与齐齿呼、撮口呼韵母相拼时一般不发生腭化。由于不构成音位上的区别，本音系都记成［ts ts^h s］。

3. ［s］同普通话［s］的发音方法略有不同：普通话的［s］是擦音，发音舌尖接近上齿背，气流摩擦而出；而老男的发音并不是标准的［s］，舌尖轻轻抵住上齿背，气流除阻而出，发音方法与边音相似。

4. 声母［x］具体发音部位与所拼合的韵母洪细相关。拼前高元音开头的韵母时，部位前移到舌面中部；而与后低元音相拼时，是一个小舌音或喉音。

5. 零声母字发单字音或处在连读语段的开头位置时，前面有一个轻微的喉塞音［ʔ］，但不构成音位的区别。

6. 福州话的声母类化规律。

在连续的语流中，上字的声母不变，连读下字的声母以上字韵母的类别为条件发生有规律的变化。声母类化规律如下表：

表2　福州话声母类化规律表

前音节韵母 / 后音节变声 / 后音节声母	开尾韵、元音尾韵 入声尾韵（连读时丢失 -ʔ）	鼻音尾韵
p p^h m	β	m
t t^h s n	l	n
ts ts^h	z	nz
k k^h x	Ø	ŋ
Ø ŋ	不变	ŋ

（1）上字是开尾韵、元音尾韵母。

下字的声母：p p^h m→β

t t^h s n→l

ts ts^h→z

k k^h x→Ø

Ø ŋ→不变

（2）上字是鼻音尾韵母。

下字的声母：p p^h→m

t t^h s→n

ts ts^h→nz

k k^h x Ø→ŋ

m n ŋ→不变

（3）上字是塞音尾韵母。

入声字作为连读下字时，下字声母不类化是常例。但有少数入声字的塞音韵尾特别松，作为连读上字时随着调值的改变失去了喉塞音韵尾，实际上已经转化为元音尾韵或开尾韵了。在这种情况下，下字的声母就可能发生类化，类化的规律与处在元音尾韵或开尾韵字后面时相同。

说明：[β z nz] 不是独立的声母，它们以上字韵尾为条件，只出现在后字的连读音变中，因此不在音系中标明。[β] 是双唇浊擦音，在发音的一瞬间双唇可能轻微接触，但双唇相触的滞留时间短暂，没有形成塞音阻滞气流的效果，因而不分析为双唇浊塞音；[z] 是 [ts ts^h] 这两个声母在上字阴声韵的条件下类化产生的同部位浊音，发音部位很松，对气流的节制作用微弱，在极端松弛的发音时，只是一个半元音，部位也不易确定，只有在强调发音时，才具备浊音性质；[nz] 则是 [ts]、[ts^h] 两个声母在上字为阳声韵的条件下的类化形式。连读上字的鼻音韵尾发完后没有除阻，而是直接把口腔阻塞部位前移到发下字声母 [ts] 或其腭化形式的位置，随即在除阻时带出一个很松的浊擦音。由于同部位的鼻音和擦音结合紧密，实际上只有一个发音过程，可以处理为一个辅音。

句法上的后附性成分，包括结构助词（其、得、势、若、咧）、语气助词（噜、哩、啊）、比况助词（亮、若）、趋向动词（来、去、上）及各种后附性的“体”“貌”标记（礼、嚟、咯、了、看）等，总是类化形式。跟在阴声韵字、阳声韵字后面，声母符合一般的类化规律。跟在入声字后面，则要变成同部位的不送气塞音，这种塞音实际上也是浊化的，这里一概按清音标记。

（二）韵母

福州话有 58 个韵母：

表 3　福州话韵母表之一

	i 米丝飞$_{文}$	u 苦五$_{文}$初$_{文}$	y 猪雨师$_{文}$
a 茶牙快$_{白}$师$_{白}$饱$_{白}$	ia 写	ua 瓦	
e 排$_{白}$鞋	ie 戏		

续表

œ 初$_{白}$			
ɔ 坐$_{文}$			
o 歌宝		uo 过$_{文}$靴	yo 桥
	iu 笑油	ui 开$_{白}$赔飞$_{白}$鬼	
ai 开$_{文}$排$_{文}$		uai 过$_{白}$快$_{文}$	
ei 试$_{白}$二			
au 饱$_{文}$豆走$_{白}$	iau □$_{(瞧)}$		
eu 走$_{文}$			
ou 五$_{白}$			
øy 试$_{文}$			
oy 坐$_{白}$对			
	iŋ 心深新升星兄$_{文}$	uŋ 滚春云东$_{文}$	yŋ 根$_{白}$
aŋ 南山病	iaŋ 争$_{白}$兄$_{白}$	uaŋ 半短官横	
	ieŋ 盐年		
		uoŋ 权王	yoŋ 响
aiŋ 硬			
eiŋ 灯争$_{文}$			
auŋ 寸			
ouŋ 根$_{文}$糖床讲			
øyŋ 双东$_{白}$用			
oyŋ 粽			
	iʔ 直	uʔ 服	yʔ 熟
aʔ 盒塔鸭辣白$_{白}$	iaʔ 杂	uaʔ 法活刮$_{文}$	
eʔ 渍	ieʔ 接热节$_{文}$		
œʔ 咳			
ɔʔ 托$_{白}$			
oʔ 学$_{白}$		uoʔ 月郭国尺绿局	yoʔ 药

续表

aiʔ 贴八节$_{白}$色			
eiʔ 十急七一橘白$_{文}$锡			
auʔ 刮$_{白}$骨托$_{文}$			
ouʔ 出学$_{文}$谷			
øyʔ 六			
oyʔ 壳北			

说明：

1. 本音系韵母表有58个韵母，这是按照韵母的实际读法计算的。韵母音值与声调具有密切关系。各韵母在阴平、阳平、阴上、阳入是一种音值，称为本韵，在阴去、阳去、阴入是另一种音值，称为“变韵”。如果把本韵和变韵合并为一个韵母的话，共47个韵母。分为甲、乙、丙三类：

表4 福州话韵母表之二

	甲				乙		丙	
开尾韵及元音尾韵	a	e	o(ɔ)	œ	au	ai		
	茶	排	宝报	初	豆	海		
	ia	ie			(iau)	uai	i(ei)	
	写	戏				对	米二	
	ua		uo		eu	ui	u(ou)	
	瓜		靴		条	鬼	苦裤	
			yo		iu		y(øy)	øy(oy)
			桥		油		猪遇	堆袋

续表

	甲				乙	丙	
塞尾韵	aʔ	eʔ	oʔ(ɔʔ)	œʔ			
	盒		落索	咳			
	iaʔ	ieʔ				iʔ(eiʔ)	eiʔ(aiʔ)
	额	接				直急	择得
	uaʔ		uoʔ			uʔ(ouʔ)	ouʔ(ɔuʔ)
	法		月			服福	鹤各
			yoʔ			yʔ(øyʔ)	øyʔ(oyʔ)
			药			玉菊	六北
鼻尾韵	aŋ						
	南						
	iaŋ	ieŋ				iŋ(eiŋ)	eiŋ(aiŋ)
	惊	肩				真进	针硬
	uaŋ		uoŋ			uŋ(ouŋ)	ouŋ(uŋ)
	官		光			滚棍	床蒜
			yoŋ			yŋ(øyŋ)	øyŋ(oyŋ)
			响			巾供	东洞

福州话的变韵是在特殊调值的作用下韵母音值的改变，这种变化出现在所有的韵母上，只是程度不同而已。一般说来，高元音变化剧烈一些，涉及音位系统；低元音变化的幅度小一些，不涉及音位。上表中丙类韵母的两种变体在音值上的差异尤为突出，造成特殊的、成系列的“韵位交叉”现象。

2. 以上表格中乙类韵母的［ui］韵母就其本韵的发音来看和普通话的“uei”差不多，前后的高元音之间有一个舌位略低的过渡音。这个过渡音在变韵形式中就强化为一个可分辨的央中元音。［iu］韵母也是如此。

3. 高元音音位/i/、/u/、/y/作为韵尾只是指示了复韵母发音动程的终点，除非是特别强调地读单字音，一般说话时是不到位的。/y/作为韵头时唇形不很圆，从韵母表中可以看出介音［-i-］和［-y-］是互补分布的。

4. øy（oy）韵母在阴去、阳去调的主要元音开口度略大，也可以标为 ɔy。但为了与相应的鼻尾韵和塞尾韵在系统上对齐，仍写为 oy。

5. 连读中韵母的变化。

单字音的韵母有本韵音值与变韵音值的差异，同一韵母的字在阴平、阳平、阴上、阳入调读本韵音值，在阴去、阳去、阴入调读变韵音值。变韵音值分布在特定的调类，和特定的调值相联系。在连续的语流中，阴去、阳去、阴入调的字作为连读上字都要变调（见“连读变调说明”），连读变调之后，它们都改变成本韵音值。例如：

记 kei^{213}　记忆 $ki^{52}ei^{21}$　故 kou^{213}　故此 $ku^{52}zy^{33}$

店 $tai\eta^{213}$　店头 $tei\eta^{55}nau^{53}$　顺 $sou\eta^{242}$　顺风 $su\eta^{55}xu\eta^{55}$

（三）声调

福州话有 7 个单字声调：

阴平 55　东该灯风通开天春

阳平 52　门龙牛油铜皮糖红

阴上 33　懂古鬼九统苦讨草买老$_{文}$五$_{文}$有$_{文}$

阴去 213　冻怪半四痛快寸去乱$_{白}$树$_{白}$

阳去 242　卖路硬乱$_{文}$洞地饭树$_{文}$老$_{白}$五$_{白}$有$_{白}$动罪近后

阴入 24　谷百搭节急拍塔切刻

阳入 5　六麦叶月毒白盒罚

说明：

1. 阴平调是高平调，记为 55。
2. 阳平调是高降调，记为 52。
3. 阴上调是中平调，末了略微下降，记为 33。
4. 阴去调是低降升调，记为 213。
5. 阳去调是升降调，升和降两部分的音强比较均衡，记为 242。
6. 阴入调音节以喉塞尾收束，但促而不短，是个明显的中升调。
7. 阳入调是一个典型的高短促调，与阴平调的调值其实只有舒促之别。

（四）连读变调说明

福州话的词语连读时一般都要发生变调。连读变调总的规律是连读上字以下字的调类为条件发生调值的变化，连读变调语段的末一音节的声调保持不变。

读轻声的后附性的句法成分不与其他词语组合成连调组，叠音字组也不同于普通的两字组变调规律。

连读变调的调值有五种，其五度值分别为：55、52、33、21、24。前3种调值与单字音的阴平、阳平、阴上相同，是因连读而发生的调位替换。后两种调值我们姑且分别称为变降调和变升调。请看表5，表中的数字表示前字调值。

表5 福州话二字组连读变调规律表

后字＼前字	阴平 55	阳平 52	阴上 33	阴去 213	阳去 242	阴入 24	阳入 5
阴平 55	—	—	52	52	52	52	—
阳平 52	55	33	33	21	21	21	33
阴上 33	21	21	24	55	55	55	21
阴去 213	55	55	52	52	52	52	55
阳去 242	55	55	52	52	52	52	55
阴入甲 24	21	21	24	55	55	55	21
阴入乙 24	55	55	52	52	52	52	55
阳入 5	55	33	33	21	21	21	33

说明：

1. 表中可以看出，按上下字各七个调类全排列共得49种连读二字组。其中上字保持原调值的只有“阴平＋阴平”“阴平＋阳平”和“阴平＋阳入”3种。

2. 阴入字作为连读上字分化成甲乙两类，甲类的变调规律与阴上相同；阳入字作为连读上字的变调规律与阳平相同。由于塞音韵尾的存在，入声字变调后的调值与舒声字仍有细微差别。入声字总的说来，变调后音节末的喉塞音减弱，音节的时间值有所延长，但这一变化并不是绝对的。既与个人的发音习惯有关，也与词语的性质有关。日常生活中的习用词语的喉塞韵尾比较弱，甚至脱落。连读上字是入声字，下字的声母发生类化音变是上字的喉塞音韵尾脱落的明确标记。喉塞音韵尾越弱，音节的时间值越长。

3. 阴入字乙类的变调规律与阴平、阴去、阳去相同。乙类字较少，属于白读音层次，连读变调的同时喉塞音韵尾脱落，并使下字声母类化。可以说这一部分入声字在连读的层次上已经舒声化了。较早时期的福州话入声韵分为“－k、－ʔ”两套，现在已经合并。阴入字在连读变调中表现出来的甲乙两类的区别正是早期两套入声韵的区别。

4. 二字组连读变调的规律可以进一步概括为三组。上字原调为阴平、阴去、阳去和阴入（乙）为一组，上字原调阴上和阴入（甲）为一组，上字原调阳平、阳入为另一组（这一组在下字为阳平、阳入时实际上调值比阴上的“33”略高）。同组的字作为连读上字调值相同。请看表6。

表6　福州话二字组连读变调举例

阴平＋阴上［55－52 33］	仙女 sieŋ ny	清楚 tsʰiŋ nzu
阴平＋阴去［55－52 213］	青菜 tsʰaŋ nzai	车票 tsʰia βiu
阴平＋阳去［55－52 242］	医院 i ieŋ	司令 sy leiŋ
阴平＋阴入［55－52 24］	中国 tyŋ ŋuoʔ	工作 køyŋ nzauʔ
阳平＋阴平［52－55 55］	农村 nuŋ tsʰouŋ	红军 øyŋ ŋuŋ
阳平＋阳平［52－33 52］	银行 ŋyŋ ŋouŋ	油瓶 iu βiŋ
阳平＋阴上［52－33 33］	洋伞 yoŋ naŋ	皮袄 pui o
阳平＋阴去［52－21 213］	皇帝 xuoŋ na	男界 naŋ ŋai
阳平＋阳去［52－21 242］	名字 miaŋ nzei	黄豆 uoŋ nau
阳平＋阴入［52－21 24］	油漆 iu zeiʔ	团结 tʰuaŋ kieʔ
阳平＋阳入［52－33 5］	牛肉 ŋu nyʔ	同学 tuŋ xouʔ
阴上＋阴平［33－21 55］	火车 xui zia	广东 kuoŋ nøyŋ
阴上＋阳平［33－21 52］	海棠 xai louŋ	酒瓶 tsiu βiŋ
阴上＋阴上［33－24 33］	火腿 xui løy	手表 tsʰiu βiu
阴上＋阴去［33－55 213］	广告 kuoŋ ŋɔ	解放 kai uoŋ
阴上＋阳去［33－55 242］	子弹 tsi laŋ	口号 kʰeu ɔ
阴上＋阴入［33－55 24］	粉笔 xuŋ meiʔ	请客 tsʰiaŋ kʰaʔ
阴上＋阳入［33－21 5］	补药 puo yoʔ	宝石 po luoʔ
阴去＋阴平［213－55 55］	汽车 kʰi zia	绣花 siu xua
阴去＋阳平［213－55 52］	带鱼 tai ŋy	太平 tʰai βiŋ
阴去＋阴上［213－52 33］	报纸 po zai	政府 tsiŋ ŋu
阴去＋阴去［213－52 213］	唱戏 tsʰuoŋ xie	世界 sie kai
阴去＋阳去［213－52 242］	贵重 kui tøyŋ	孝顺 xau louŋ
阴去＋阴入［213－52 24］	教室 kau leiʔ	爱国 ai kuoʔ

续表

阴去 + 阳入 [213 - 55 5]	化学 xua ouʔ	炸药 tsa yoʔ
阳去 + 阴平 [242 - 55 55]	电光 tieŋ ŋuoŋ	大衣 tuai i
阳去 + 阳平 [242 - 55 52]	豆油 tau iu	地图 ti lu
阳去 + 阴上 [242 - 52 33]	代表 tai βiu	市长 ts^{h}i luoŋ
阳去 + 阴去 [242 - 52 213]	饭店 puoŋ naiŋ	夏至 xa zei
阳去 + 阳去 [242 - 52 242]	电话 tieŋ ŋua	护士 xu løy
阳去 + 阴入 [242 - 52 24]	电压 tieŋ ŋaʔ	盗窃 to ts^{h}ieʔ
阳去 + 阳入 [242 - 55 5]	大学 tai ouʔ	上热 suoŋ ieʔ
阴入甲 + 阴平 [24 - 21 55]	国家 kuoʔ ka	插秧 ts^{h}aʔ ouŋ
阴入甲 + 阳平 [24 - 21 52]	鲫鱼 tsiʔ ŋy	铁门 t^{h}ieʔ muoŋ
阴入甲 + 阴去 [24 - 55 213]	发票 xuaʔ p^{h}iu	节气 tseiʔ k^{h}ei
阴入甲 + 阳去 [24 - 55 242]	博士 pouʔ søy	发现 xuaʔ xieŋ
阴入甲 + 阴入 [24 - 55 24]	节约 tsieʔ yoʔ	出国 ts^{h}uʔ kuoʔ
阴入甲 + 阳入 [24 - 21 5]	职业 tsiʔ ŋieʔ	发育 xuaʔ yʔ
阴入乙 + 阴平 [24 - 55 55]	客厅 k^{h}a liaŋ	拍针 p^{h}a tseiŋ
阴入乙 + 阳平 [24 - 55 52]	桌前 to leiŋ	借钱 tsuo tsieŋ
阴入乙 + 阴上 [24 - 52 33]	壁裡 pia lie	索尾 so mui
阴入乙 + 阴去 [24 - 52 213]	百姓 pa laŋ	尺寸 ts^{h}uo zauŋ
阴入乙 + 阳去 [24 - 52 242]	桌下 to a	压被 ta βui
阴入乙 + 阴入 [24 - 52 24]	客鹊 k^{h}a zuoʔ	角色 kyo laiʔ
阴入乙 + 阳入 [24 - 55 5]	郭宅 kuo laʔ	拍杂 p^{h}a zaʔ
阳入 + 阴平 [5 - 55 55]	石灰 uo ui	读书 t^{h}øyʔ tsy
阳入 + 阳平 [5 - 33 52]	杂粮 tsaʔ nuoŋ	学堂 xouʔ touŋ
阳入 + 阴上 [5 - 33 33]	秫米 su mi	药水 yo zui
阳入 + 阴去 [5 - 21 213]	白菜 pa zai	习惯 siʔ kuaŋ
阳入 + 阳去 [5 - 21 242]	学问 xouʔ ouŋ	服务 xuʔ ou
阳入 + 阴入 [5 - 21 24]	合法 xaʔ xuaʔ	及格 kiʔ kaʔ
阳入 + 阳入 [5 - 33 5]	毒药 tuʔ yoʔ	实习 siʔ siʔ

（五）老男和青男在音系上的主要区别

青男单字区分 [n -] 声母和 [l -] 声母。这是一部分普通话水平较高的年轻人的语音特点，除个别例外，分类规律跟普通话相同。

闽侯话

一　调查点概况

闽侯县属福州市辖县，东邻罗源县、福州市辖区，西接闽清县，南接永泰县、福清市，北部与古田县交界。东经 118°51′—119°25′，北纬 25°47′—26°37′。本调查点为县政府所在地甘蔗街道。

截至 2015 年底，本县人口约 66 万人。全县以汉族为主，还有畲族、苗族、壮族等少数民族。闽侯大湖六锦畲族有一千多人，说闽侯话和畲语，喜欢对歌。闽侯南通古城苗族有几百人，说闽侯话和苗语，爱唱苗歌。闽侯话属于闽东方言。闽侯地形狭长，内部口音略有差异，主要分为：①青口、祥谦、尚干一带，口音比较接近长乐口音，也受福清方言的影响，使用人口占闽侯总人口的 30%—40%。②南通、上街、南屿一带，与福州城区口音接近，使用人口占 20% 左右。③甘蔗、荆溪、白沙、竹岐一带比较复杂，沿江部分的口音以城区甘蔗口音为代表，靠山部分的口音受永泰、闽清影响较大，使用人口占 20%—30%。④大湖一带，人口分散，口音更接近福州晋安区的口音，使用人口占 5% 左右。

当地的方言曲艺和地方戏主要是评话、闽剧，当地的许多老百姓，特别是年龄较长的人，很喜欢评话和闽剧。

闽侯话是 2015 年福建省语保点。由福建师范大学教师陈芳全程记录整理。

二　方言发音人概况

方言老男黄德浓，汉族，1946 年 11 月出生于闽侯县甘蔗镇，并长期生活于此。中专文化程度。已退休。

方言青男林杰，汉族，1988 年 9 月出生于闽侯县甘蔗镇。大学本科文化程度。就职于闽侯邮政局。

方言老女林兰娇，汉族，1954 年 5 月出生于闽侯县甘蔗镇。小学文化程度。

方言青女洪慧，汉族，1954 年 5 月出生于闽侯县甘蔗镇。中专文化程度。就职于闽侯荆溪中心幼儿园。

口头文化发音人有姜碧榕（女）、王秋怡（女）、黄德浓、林兰娇（女）、林仁灿，都是甘蔗街道人。

地普发音人有黄德浓、姜碧榕（女）、林仁灿，都是甘蔗街道人。

三　闽侯话音系

（一）声母

闽侯话有 14 个声母（包括零声母）：

表 1　闽侯话声母表

p 八兵爬病飞$_{白}$肥饭	p^h派片蜂	m 麦明味$_{白}$问$_{白}$	
t 多东甜毒竹茶事$_{白}$	t^h讨天张抽拆柱$_{白}$	n 脑南年泥老蓝连路软	
ts 资早租酒字全柱$_{文}$争装纸主书	ts^h刺草寸清贼抄初床车春手		θ 坐丝三酸想祠谢事$_{文}$山双船顺十城
k 高九共权县	k^h开轻	ŋ 熬月	x 飞$_{文}$风副好灰响云$_{白}$
∅ 味$_{文}$问$_{文}$热活安温王云$_{文}$用药			

说明：

1. 舌尖前音声母［ts ts^h］与齐齿呼、撮口呼韵母相拼时发生腭化，腭化的程度因人而异。但舌尖擦音［s］与齐齿呼、撮口呼韵母相拼时不发生腭化。由于不构成音位上的区别，本音系都记成［ts ts^h s］。

2. 声母［x］受其后韵母洪细不同的影响，位置略有变化。拼前高元音开头的韵母时，部位前移，靠近舌面中部；而与后低元音相拼时，近于小舌音或喉音。

3. ［s］声母的读法呈现个人差异。本次调查的老男读音接近［s］，但和普通话［s］的发音方法略有不同：普通话的［s］是擦音，发音舌尖接近上齿背，气流摩擦而出；而老男的发音并不是标准的［s］，舌尖轻轻抵住上齿背，气流除阻而出，发音方法与边音相似。

4. ［n］在单字调中和［l］互为自由变体，都记成［n］。但在连读音变中，［n］和［l］互为条件变体，变化规律详见连读变调规律。连读音变的［l］不是真正的边音，发音时舌尖与上齿龈后部的接触既松又短，轻轻顺势一弹而已。我们把这个音处理为/n/音位的一个变体。这样，/n/音位就概括了［n］和［l］两个变体，它们做单字音声母时是自由替换的自由变体，作为连读下字的声母时是以上字收尾音为条件的条件变体。

5. 零声母音节在音节开头有轻微的喉塞音［ʔ］。

6. ［β z nz］不是独立的声母，它们以上字韵尾为条件，只出现在后字声母的连读音变中，因此不在音系中标明。［z］是声母［ts tsʰ］阴声韵后类化的形式，发音部位很松，有时只是一个半元音，部位也不易确定，只有在强调发音时，才具备典型的浊音性质。［nz］则是［ts tsʰ］阳声韵后类化的形式，受前字鼻韵尾的影响，鼻音和擦音结合成一个辅音，发成“鼻擦音”。

（二）韵母

闽侯话有55个韵母：

表2 闽侯话韵母表之一

	i 米丝飞$_{文}$	u 苦	y 猪雨师$_{文}$
a 快$_{白}$茶牙师$_{白}$饱	ia 写	ua 瓦	
e 排鞋	ie 戏		
o 歌宝		uo 过靴	yo 桥
ø 初			
ɔ 靠告			
	iu 笑油	ui 开$_{白}$赔飞$_{白}$鬼	
ai 开$_{文}$		uai 坐对快$_{文}$	
ei 试$_{白}$二			
au 豆走$_{白}$			
eu 走$_{文}$			

续表

ou 五			
oy 短$_{白}$			
øy 试$_{文}$			
	iŋ 心深新灯$_{白}$升星兄$_{文}$	uŋ 滚春云东$_{文}$	yŋ 根$_{白}$
aŋ 南山病	iaŋ 争$_{白}$兄$_{白}$	uaŋ 半短$_{文}$官横	
aiŋ 硬			
eiŋ 灯$_{文}$争$_{文}$	ieŋ 盐年		
ouŋ 根$_{文}$糖床讲		uoŋ 权王	yoŋ 响
ɔuŋ 寸			
oyŋ 粽送			
øyŋ 双东$_{白}$用			
	iʔ 直	uʔ 木	yʔ 熟
aʔ 盒塔鸭辣白$_{白}$	iaʔ 杂	uaʔ 法活刮$_{文}$	
	ieʔ 接热节$_{文}$		
ɔʔ 托$_{白}$			
øʔ 咳			
oʔ 学$_{白}$		uoʔ 月郭国绿局	yoʔ 药尺
eiʔ 十急七一橘白$_{文}$锡			
ɔuʔ 刮$_{白}$骨托$_{文}$			
ouʔ 出学$_{文}$谷			
øyʔ 六			
oyʔ 壳北			

说明：

1. 根据此次调查的材料，老男的韵母系统共有 55 个韵母。这是按照韵母的实际读法计算的。不过，闽侯话的韵母音值和声调有密切的配合关系。各韵母在阴平、阳平、阴上、阳入是一种音值，称为“本韵”；在阴去、阳去、阴入是另一种音值，称为“变韵”。相配的本韵和变韵构成一个韵位，即我们所谓的一个韵母。如果把本韵和变韵合并为一个韵母的话，根据此次调查的材料，闽侯话就只有 45 个韵母。我们没有记出每个韵母的变韵。部分韵母的松音不具有区别音位的价值，根据音位互补原则仅记本韵，而变韵不在音系中体现。比如，与 iu 相对的变韵 iou，与 ui 相对的变韵 uei，等等，都不记变韵，只记本韵。而部分韵母的变韵具有区别音位的价值，根据对立性原则，记出这些韵母的变韵。

依照陈泽平《福州方言研究》的分类，将闽侯 45 个韵母分为甲、乙、丙三类。

表 3　闽侯话韵母表之二

	甲				乙		丙	
开尾韵及元音尾韵	a	e	o(ɔ)	ø	au	ai		
	家	街蟹	哥告	初	交	该		
	ia	ie				uai	i(ei)	
	写	鸡				拜	机器	
	ua		uo		eu	ui	u(ou)	
	瓜		靴		条	龟柜	孤故	
			yo		iu 修袖		y(øy)	oy
			桥				居锯	衰
塞尾韵	aʔ		oʔ(ɔʔ)	øʔ				
	盒		学索	咳				
	iaʔ	ieʔ					iʔ(eiʔ)	eiʔ(aiʔ)
	额	接					直踢	择得
	uaʔ		uoʔ				u(ouʔ)	ouʔ(ɔuʔ)
	法		月				服福	鹤骨
			yoʔ				y(øyʔ)	øyʔ(oyʔ)
			药				赎宿	读北

续表

	甲				乙	丙	
鼻尾韵	aŋ						
	甘						
	iaŋ	ieŋ				iŋ(eiŋ)	eiŋ(aiŋ)
	惊	肩				真进	针硬
	uaŋ		uoŋ			uŋ(ouŋ)	ouŋ(ɔuŋ)
	官		光			笋顺	装壮
			yoŋ			yŋ(øyŋ)	øyŋ(oyŋ)
			响			拥用	工共

这里需要关注的是丙类韵母，每个韵母的括号中都记出相应的变韵音值（oy的变韵音值是uai，并入乙类韵母，不再重复记录）。这些韵母的本韵和变韵的差别并不只是音值的松紧与高低，而是变韵发生了裂变。特别值得关注的是丙类的鼻音尾韵和塞音尾韵。靠左一列韵母的变韵音值实际上与靠右一列韵母的本韵音值相同，造成特殊的、成系列的“韵位交叉”现象，从而有了区别音位的价值，略举数例加以说明：

滴 teiʔ≠德 taiʔ　谷 kouʔ≠骨 kɔuʔ　证 tseiŋ≠赠 tsaiŋ　供 køyŋ≠共 koyŋ

另外，因为丙类中的o音位包括o和ɔ两个变体，所以甲类中的o和oʔ的变韵ɔ和ɔʔ也相应记出。变韵的ɔ和ɔʔ，相比本韵而言，开口度明显加大。

2. a的开口度略小。

3. e的开口度略大。

4. oyʔ、oyŋ中的o开口度偏大。

5. ouŋ在阴平、阳平、阴上中的读音近于oŋ。

6. eiŋ在阴平、阳平、阴上中的读音近于eŋ。

（三）声调

闽侯话有7个单字声调（不包括轻声）：

阴平 55　东该灯风通开天春白$_{白}$

阳平 53　门龙牛油铜皮糖红

阴上 33　懂古鬼九统苦讨草买老$_{文}$

阴去 212　冻怪半四痛快寸去

阳去 242　卖路硬乱洞地饭树老$_{白}$五有$_{白}$动罪近后

阴入 24　谷搭节急塔切刻

阳入 5　六麦叶月毒白$_{文}$盒罚

说明：

1. 阴平调是高平调。有时读为略上升的调型，近于 45。

2. 阳平调是高降调，记成 53。当音长读得较长时，下降的幅度可能加大。

3. 阴上调的调尾微降，近于 32。

4. 阴去调是个低降升调，但下降的部分是调值的主体，只在音节末了轻轻向上挑起，在实际语流中常常丢失升尾，变成一个低降调。

5. 阳去调是升降调，升和降两部分的音强比较均衡。

6. 阴入调喉塞音清晰，但促而不短，是个明显的中升调。

7. 阳入调是一个典型的高短促调，与阴平调的调值其实只有舒促之别。

（四）闽侯话的连读变调

闽侯话的词语连读时，前字一般都会发生变调。连读变调总的规律是连读上字以下字的调类为条件发生调值的变化，连读变调语段的末一音节的声调一般不变。读轻声的后附性句法成分不参与其他词语组合成连调组，叠音字组也不同于普通的两字组变调规律。

闽侯话连读变调的调值有五种，其五度值分别为 55、53、33、21、24。其中 55、33 调值与单字音的阴平、阴上相同或相近，53 调接近单字调的阳平调。

闽侯话二字组连读变调规律如下表：

表 4　闽侯话二字组连读变调表

前字＼后字	阴平 55	阳平 53	阴上 33	阴去 212	阳去 242	阴入 24	阳入 5
阴平 55	—	33	53	53	53	53	33
阳平 53	33	33	33	21	21	21	33
阴上 33	21	21	24	55	55	55	21
阴去 212	55	55	53	53	53	53	33
阳去 242	55	33	53	53	53	53	33
阴入 24（甲）	21	21	—	5	5	5	21
阴入 24（乙）	55	33	53	53	53	53	33

续表

前字＼后字	阴平 55	阳平 53	阴上 33	阴去 212	阳去 242	阴入 24	阳入 5
阳入 5（甲）	3	3	3	21	21	21	3
阳入 5（乙）	55	33	53	53	53	53	55

说明：

1. 前字为阴入调和阳入调时连读变化分为甲乙两类，这与闽侯话历史上的 -ʔ 和 -k 两类韵尾有关。甲类连读时前字的塞尾仍然存在，发音短促，偶尔也可能读成舒声。乙类连读时前字的塞尾已经消失，读成舒声，但变调后的调值与舒声字仍有细微差别，调值较短。入声字在前字发生变调时，是否保留塞尾，既与个人的发音习惯有关，也与词语的性质有关。一般而言，日常生活中的习用词语的喉塞尾比较弱，甚至脱落。连读上字是入声字时，下字的声母发生类化音变是上字的喉塞音韵尾脱落的明确标记。喉塞音韵尾越弱，音节的时间值越长。

2. 阴去字作为连读下字有时调尾不再上扬，近于 21。

表 5　闽侯话二字组连续变调举例

阴平 + 阳平［55 - 33 53］	梳头 sø lau	塕尘$_{灰尘}$uŋ niŋ	番薯 xuaŋ ny
阴平 + 阴上［55 - 53 33］	开水 k^hai zy	花蕾 xua lui	猪母$_{母猪}$ty mo
阴平 + 阴去［55 - 53 212］	今旦$_{今天}$kiŋ naŋ	天气 t^hieŋ ŋei	中昼$_{中午}$touŋ nau
阴平 + 阳去［55 - 53 242］	冰箸 piŋ tøy	冰雹 piŋ p^hau	髆后$_{背后}$$p^h$iaŋ ŋau
阴平 + 阴入［55 - 53 24］	猪血 ty xaiʔ	冬节$_{冬至}$tøyŋ nzaiʔ	猪角 ty koyʔ
阴平 + 阳入［55 - 33 5］	生日 saŋ niʔ	黄历$_{历书}$uoŋ niʔ	山药 saŋ yoʔ
阳平 + 阴平［53 - 33 55］	棉花 mieŋ ŋua	洋灰$_{水泥}$yoŋ ŋui	暝晡$_{夜晚}$maŋ muo
阳平 + 阳平［53 - 33 53］	眉毛 mi mo	塍塍$_{田埂}$$ts^h$eiŋ ŋiŋ	洋麻$_{芝麻}$yoŋ mua
阳平 + 阴上［53 - 33 33］	猴囝$_{猴子}$kau iaŋ	年尾 nieŋ mui	苹果 piŋ kuo
阳平 + 阴去［53 - 21 212］	芹菜 k^hyŋ zai	塗浆$_{泥}$$t^h$u tsuoŋ	明旦 meiŋ naŋ
阳平 + 阳去［53 - 21 242］	黄豆 uoŋ nau	时候 si au	塍豆$_{蚕豆}$$ts^h$ieŋ nau
阳平 + 阴入［53 - 21 24］	磁铁 tsy lieʔ	头发 t^hau uoʔ	菩萨 pu laʔ
阳平 + 阳入［53 - 33 5］	蝴蝶 xu lieʔ	毛笔 mo βeiʔ	茶箬$_{茶叶}$ta luoʔ
阴上 + 阴平［33 - 21 55］	水沟 tsy kau	火烌$_{灰}$xui u	火烟$_{烟}$xui iŋ

续表

阴上 + 阳平［33 – 21 53］	本钱 puoŋ nzieŋ	以前 i seiŋ	往年 uoŋ nieŋ
阴上 + 阴上［33 – 24 33］	水果 tsy uo	冷水 neiŋ nzy	李团 ni iaŋ
阴上 + 阴去［33 – 55 212］	火炭$_{\text{炭}}$xui t^{h}aŋ	底势$_{\text{里面}}$tie nie	柳树 niu zeu
阴上 + 阳去［33 – 55 242］	手电 ts^{h}iu tieŋ	以后 i xau	煮饭$_{\text{做饭}}$tsy puoŋ
阴上 + 阴入［33 – 55 24］	水窟$_{\text{水坑儿}}$tsy k^{h}ɔuʔ	犬角$_{\text{公狗}}$k^{h}eiŋ koyʔ	几隻$_{\text{几个}}$kui zieʔ
阴上 + 阳入［33 – 21 5］	扁肉 pieŋ nyʔ	手镯 ts^{h}iu loʔ	满月 muaŋ ŋuoʔ
阴去 + 阴平［212 – 55 55］	半晡$_{\text{傍晚}}$puaŋ muo	刺瓜$_{\text{黄瓜}}$ts^{h}ie ua	
阴去 + 阳平［212 – 55 53］	算盘 souŋ muaŋ	半暝$_{\text{半夜}}$puaŋ maŋ	菜头$_{\text{萝卜}}$ts^{h}ai lau
阴去 + 阴上［212 – 53 33］	厝底$_{\text{家里}}$ts^{h}uo lie	扫帚 sa iu	粪倒=$_{\text{垃圾}}$puŋ no
阴去 + 阴去［212 – 53 212］	扫厝$_{\text{扫地}}$sau ts^{h}uo	对面 toy meiŋ	面布$_{\text{毛巾}}$miŋ muo
阴去 + 阳去［212 – 53 242］	看病 k^{h}aŋ paŋ	百五$_{\text{一百五十}}$pa ŋou	炮仗$_{\text{鞭炮}}$p^{h}au luoŋ
阴去 + 阴入［212 – 53 24］	教室 kau leiʔ	澈洁$_{\text{干净}}$t^{h}a aiʔ	钢笔 kouŋ meiʔ
阴去 + 阳入［212 – 33 5］	正月 tsiaŋ ŋuoʔ	喙舌$_{\text{舌头}}$ts^{h}y lieʔ	
阳去 + 阴平［242 – 55 55］	被单 p^{h}ui laŋ	地方 ti uoŋ	右边 iu βeiŋ
阳去 + 阳平［242 – 33 53］	大门 tuai muoŋ	石头 suo lau	老蛇$_{\text{蛇}}$nau lie
阳去 + 阴上［242 – 53 33］	地震 ti tsiŋ	遏雨$_{\text{下雨}}$toŋ ŋy	大水$_{\text{洪水}}$tuai zy
阳去 + 阴去［242 – 53 212］	饭店 puoŋ naiŋ	上昼$_{\text{上午}}$suoŋ nau	尿燥$_{\text{尿布}}$niu sɔ
阳去 + 阳去［242 – 53 242］	字运 tsi ouŋ	现在 xieŋ nzai	外号$_{\text{绰号}}$ŋui ɔ
阳去 + 阴入［242 – 53 24］	第一 te ei	脰骨$_{\text{脖子}}$ta ouʔ	解八$_{\text{知道}}$e paiʔ
阳去 + 阳入［242 – 33 5］	闹热$_{\text{热闹}}$nau ieʔ	旧历$_{\text{阴历}}$ku liʔ	大麦 tuai maʔ
阴入甲 + 阴平［24 – 21 55］	发烧 xuaʔ siu		
阴入甲 + 阳平［24 – 21 53］	腹脐 puʔ sai	出来 ts^{h}uʔ li	
阴入甲 + 阴去［24 – 5 212］	出去 ts^{h}uʔ k^{h}uo		
阴入甲 + 阳去［24 – 5 242］	割釉$_{\text{割稻}}$kaʔ teu	喝市=$_{\text{打喷嚏}}$xaʔ ts^{h}ei	
阴入甲 + 阴入［24 – 5 24］	叔伯 tsyʔ pa	拾刷$_{\text{收拾}}$k^{h}aʔ sɔuʔ	
阴入甲 + 阳入［24 – 21 5］	出力 ts^{h}uʔ niʔ	乞食$_{\text{乞丐}}$k^{h}øyʔ sieʔ	

续表

阴入乙 + 阴平 [24 – 55 55]	拍批$_{\text{打扑克}}$pʰa pʰie	拍针$_{\text{打针}}$pʰatseiŋ	
阴入乙 + 阳平 [24 – 33 53]	借条 tsuo teu		
阴入乙 + 阴上 [24 – 53 33]	隻把 tsie βa		
阴入乙 + 阴去 [24 – 53 212]	拍算 pʰa lɔuŋ		
阴入乙 + 阳去 [24 – 53 242]	百五 pa ŋou		
阴入乙 + 阴入 [24 – 53 24]	澈洁 tʰa aiʔ		
阴入乙 + 阳入 [24 – 33 5]	拍石 pʰa suoʔ		
阳入甲 + 阴平 [5 – 3 55]	蜜蜂 miʔ pʰuŋ	辣椒 naʔ tsiu	目珠$_{\text{眼睛}}$møyʔ tsiu
阳入甲 + 阳平 [5 – 3 53]	日头 niʔ tʰau	木头 muʔ tʰau	食能 = $_{\text{吃奶}}$sieʔ neiŋ
阳入甲 + 阴上 [5 – 3 33]	栗子 niʔ tsi	木耳 mu mi	折本$_{\text{亏本}}$sieʔ puoŋ
阳入甲 + 阴去 [5 – 21 212]	特意 teiʔ ei		
阳入甲 + 阳去 [5 – 21 242]	学校 xouʔ xau	蜀万$_{\text{一万}}$suoʔ uaŋ	
阳入甲 + 阴入 [5 – 21 24]	合适 xaʔ seiʔ	目汁$_{\text{眼泪}}$møyʔ tsaiʔ	蜀百$_{\text{一百}}$suoʔ paʔ
阳入甲 + 阳入 [5 – 3 5]	实习 siʔ siʔ	食药$_{\text{吃药}}$sieʔ yoʔ	
阳入乙 + 阴平 [5 – 55 55]	白花 pa ua	蜀千$_{\text{一千}}$suo zieŋ	
阳入乙 + 阳平 [5 – 33 53]	石榴 suo liu	核桃 xouʔ tʰo	
阳入乙 + 阴上 [5 – 53 33]	白酒 pa ziu	麦稿$_{\text{麦秸}}$maʔ ko	
阳入乙 + 阴去 [5 – 53 212]	白菜 pa zai		
阳入乙 + 阳去 [5 – 53 242]	绿豆 nuo lau		
阳入乙 + 阴入 [5 – 53 24]	白鸽 pa aʔ		
阳入乙 + 阳入 [5 – 55 5]	食力 sie niʔ		

（五）老男和青男在音系上的主要区别

老男和青男的发音略有不同，声、韵、调多存在音色的细微差异。音系上的主要区别是韵母音类略有不同。老男和青男都有单韵母 o 和 ø，但复韵母的构成存在差异。复韵母的差异中，鼻音尾韵、入声韵的对应整齐，和元音韵的对应并不整齐。

1. 元音韵：

老男 yo 桥/青男 yø 桥

老男 oy 短$_{白}$/青男 øy 短$_{白}$

2. 鼻音尾韵：

老男 yoŋ 响/青男 yøŋ 响

3. 入声韵：

老男 yoʔ 药尺/青男 yøʔ 药尺

长乐话

一　调查点概况

长乐区是福州市辖区，位于福州市境东部沿海。东临东海，西接仓山区、闽侯县，南接福清市、平潭县，北部与马尾区、连江县交界。东经 119°23′—119°59′，北纬 25°40′—26°04′。本调查点为区政府所在地吴航街道。

截至 2017 年底，全区总人口 73.66 万人。以汉族聚居为主，也有少量满、畲、壮等少数民族人口。少数民族都说汉语。本区的汉语有几种不同的方言，其中最主要的是长乐本地话，这属于以福州话为代表的闽东方言系统，其内部分歧不大，以吴航街道、航城街道话为代表，通行长乐等地。本地人感到与吴航口音差别比较明显的有梅花镇、漳港街道、江田镇的大祉村和首祉村，其实这些地方只是在个别韵母、调值、变调及用词上有差异。除了长乐话，长乐市航城街道琴江村（其前身是清雍正七年建立的“三江口水师旗营”），较老的村民说的是北方方言。玉田镇西埔村菱角自然村的居民则说闽南话，松下镇松下村人说话带福清口音。不过，这些点的居民都会听、会说长乐话。

本区的地方曲艺主要有闽剧、评话。

长乐话是 2017 年国家语保点。由福建师范大学教师陈瑶全程记录整理。

二　方言发音人概况

方言老男黄发祥，汉族，1949 年 8 月出生于长乐吴航街道，在当地读中小学，1970—1973 年到闽清县上山下乡，大专文化程度。已退休。

方言青男郑剑锋，汉族，1985 年 8 月出生于长乐吴航街道。大学本科文化程度。就职于长乐广播电台。

方言老女郑凤萍，汉族，1952 年 11 月出生于长乐吴航街道。高中文化程度。已退休。

方言青女陈钦，汉族，1983年10月出生于长乐吴航街道。中专文化程度。就职于长乐市教育局。

口头文化发音人有郑晓旭（女）、林依平（以上吴航街道）、徐赛华（女）、林支球（以上航城街道）。

地普发音人有郑晓旭（女）、林依平、高东生，都是吴航街道人。

三 长乐话音系

（一）声母

长乐话有14个声母（包括零声母）：

表1 长乐话声母表

p 八兵爬病飞$_{白}$肥饭	p^h 派片蜂	m 麦明味$_{有\sim}$问$_{白}$	
t 多东甜毒竹茶事$_{\sim计}$	t^h 讨天张抽拆柱$_{白}$	n 脑南年泥老蓝连路软	
ts 资早租酒字全柱$_{文}$争装纸主书	ts^h 刺草寸清贼抄初床车春手		s 坐丝三酸想祠谢事$_{故\sim}$山双船顺十城
k 高九共权县	k^h 开轻	ŋ 熬月	x 飞$_{文}$风副好灰响云
∅ 味$_{\sim精}$问$_{文}$热活安温王用药			

说明：

1. [n－] 和 [l－] 混同，但绝大多数口头单字音中只有 [n－] 声母，而无 [l－] 声母。而在语流中作为连读下字的声母是以上字收尾音为条件而分读为 [n－] 和 [l－]。据此，本音系单字一律记为 [n－]。

2. 舌尖前音声母 [ts ts^h] 与齐齿呼、撮口呼韵母相拼时发生腭化，腭化的程度因人而异。但舌尖擦音 [s] 与齐齿呼、撮口呼韵母相拼时一般不发生腭化。由于不构成音位上的区别，本音系都记成 [ts ts^h s]。

3. 声母 [x] 具体发音部位与所拼合的韵母洪细相关。拼前高元音开头的韵母时，部位前移到舌面中部；而与后低元音相拼时，是一个小舌音或喉音。

（二）韵母

长乐话有 58 个韵母：

表 2　长乐话韵母表之一

	i 米丝飞文	u 苦五文初文	y 猪雨师文
a 茶牙快白饱白师白	ia 写	ua 瓦	
œ 初白			
ɔ 靠			
e 排鞋	ie 戏		
o 歌宝		uo 过靴	yo 桥
	iu 笑油	ui 开白赔飞白鬼	
ai 开文		uai 坐对快文	
ei 试二			
		uoi 螺	
au 饱文豆走逃跑	iau 灶		
eu 走~狗			
ou 五白			
øy 遇			
	iŋ 心深新升星兄文	uŋ 滚春云东文	yŋ 根白
aŋ 南山病	iaŋ 争白兄白	uaŋ 半短官横	
	ieŋ 盐年		
		uoŋ 权王	yoŋ 响
aiŋ 硬			
eiŋ 灯争文			
auŋ 寸			
ouŋ 根文糖床讲			
øyŋ 双东白用			
oyŋ 洞			
	iʔ 直	uʔ 物	yʔ 熟
aʔ 盒塔鸭辣白白	iaʔ 杂	uaʔ 法活刮文	
œʔ 咳			

续表

ɔʔ 托$_{白}$			
eʔ 渍	ieʔ 接热节$_{文}$		
oʔ 学$_{白}$		uoʔ 月郭国尺绿局	yoʔ 药
aiʔ 贴八节$_{白}$色			
eiʔ 十急七一橘白$_{文}$锡			
auʔ 刮$_{白}$骨托$_{文}$			
ouʔ 出学$_{文}$谷			
øyʔ 六			
oyʔ 壳北			

说明：

1. 本音系韵母表有 58 个韵母，这是按照韵母的实际读法计算的。不过，作为闽东方言的长乐话其韵母音值与声调有密切关系。各韵母在阴平、阳平、上声、阳入是一种音值，称为“本韵”，在阴去、阳去、阴入是另一种音值，称为“变韵”。如果把本韵和变韵合并为一个韵母的话，长乐话是 47 个韵母。为更好地分析长乐话韵母变韵的类型和特点，我们把长乐话韵母分为甲、乙、丙三类。

表 3　长乐话韵母表之二

	甲				乙		丙	
开尾韵及元音尾韵	a	e	o（ɔ）	œ	au	ai		
	茶	排	宝报	初	豆	海		
	ia	ie			iau	uai	i（ei）	
	写	戏			灶	对	米二	
	ua		uo		eu	ui	u（ou）	
	瓜		靴		条	鬼	苦裤	
			yo		iu	uoi	y（øy）	
			桥		油	雷	猪遇	

续表

	甲				乙	丙	
塞尾韵	aʔ	eʔ	oʔ（ɔʔ）	œʔ			
	盒		落索	咳			
	iaʔ	ieʔ				iʔ（eiʔ）	eiʔ（aiʔ）
	额	接				直急	择得
	uaʔ		uoʔ			uʔ（ouʔ）	ouʔ（auʔ）
	法		月			服福	鹤各
			yoʔ			yʔ（øyʔ）	øyʔ（oyʔ）
			药			玉菊	六北
鼻尾韵	aŋ						
	南						
	iaŋ	ieŋ				iŋ（eiŋ）	eiŋ（aiŋ）
	惊	肩				真进	针硬
	uaŋ		uoŋ			uŋ（ouŋ）	ouŋ（auŋ）
	官		光			滚棍	床蒜
			yoŋ			yŋ（øyŋ）	øyŋ（oyŋ）
			响			巾供	东洞

长乐话的变韵是在特殊调值的作用下韵母音值的改变，这种变化出现在所有的韵母上，只是程度不同而已。一般说来，高元音变化剧烈一些，涉及音位系统；低元音变化的幅度小一些，不涉及音位。以上甲、乙、丙三类韵母中丙类韵母的两种变体在音值上的差异尤为突出，造成特殊的、成系列的“韵位交叉”现象，从而有了区别音位的价值，现略举数例加以说明：

滴 teiʔ^{24} ≠德 taiʔ^{24}　　谷 kuʔ^{24} ≠骨 kauʔ^{24}　　证 tseiŋ^{21} ≠赠 tsaiŋ^{21}

送 souŋ^{21} ≠算 sauŋ^{21}　　众 tsøyŋ^{21} ≠粽 tsoyŋ^{21}

甲类韵母中本韵与变韵的差异尚不明显，属于开口度大小的差异。

2. 以上表格中乙类韵母的 ui 韵母就其本韵的发音来看和普通话的“uei”差不多，前后的高元音之间有一个舌位略低的过渡音。这个过渡音在变韵形式中就强化为一个可分辨的央中元音。iu 韵母的本韵也有一个过渡音，在其变韵形式中这个过渡音强化为韵腹，是一个不圆唇的央元音，和普通话的“iou”韵母的韵腹不同。

3. 高元音音位/i/，/u/，/y/作为韵尾只是指示了复韵母发音动程的终点，除非是特别强调地读单字音，一般说话时是不到位的。/y/作为韵头时唇形不很圆，从韵母表中可以看出介音［-i-］和［-y-］是互补分布的。

4. ui、iu 两个韵母、属于阴去、阳去、阳平调的字，前一个音是主要元音。在读本调时，主要元音拉长。

5. yo、yoŋ 中的［o］实际发音比标准元音［o］发音舌位略靠前，也可记为［ø］。

（三）声调

长乐话有 7 个单字声调（不包括轻声）：

阴平 55　东该灯风通开天春

阳平 53　门龙牛油铜皮糖红

阴上 22　懂古鬼九统苦讨草买老$_{文}$五$_{文}$有$_{文}$

阴去 21　冻怪半四痛快寸去乱$_{杂乱}$树$_{白}$

阳去 242　卖路硬乱$_{动\sim}$洞地饭树$_{文}$老$_{白}$五$_{白}$有$_{白}$动罪近后

阴入 24　谷百搭节急拍塔切刻

阳入 5　六麦叶月毒白盒罚

说明：

1. 阴平调是高平调。有时读为略上升的调型，近于 45。

2. 阳平调是高降调，我们记成 53。当音长读得较长时，下降的幅度可能加大。

3. 阴上调是低平调，阴去调是低降调。阴上调和阴去调听感上较为接近，但阴去调下降的部分是调值的主体。

4. 阳去调是升降调，升和降两部分的音强比较均衡。

5. 阴入调音节以喉塞尾收束，结尾很干净、清晰，但促而不短，是个明显的中升调。

6. 阳入调是一个典型的高短促调，与阴平调的调值其实只有舒促之别。

（四）连读变调说明

长乐话的词语连读时，非末音节一般都会发生变调，可是当词语语素结合不紧或慢说时非末音节也可能不变调。

长乐话连读变调主要规律有：

1. 连读二字组的后字一律不变调。前字变调以后字的调类为条件。

2. 前字为阴去、阳去、阴入乙，二字组模式相同。

3. 较早时期的长乐话入声韵分为［-k、-ŋ］两套，现在已经合并。然而作为连读上字其变化规律被分化成甲乙两类。这正是两套入声韵的区别。其中阴入甲类的变调规律与阴上相同。阴入字乙类的变调规律与阴去、阳去相同。乙类字较少，属于白读音层次。

4. 阴入甲和阳入作为二字组前字，可能仍保持喉塞尾，这种情况下，变调55或为短促的5，如阳入本调。

表4　长乐话两字组连读变调表

	阴平 55	阳平 53	阴上 22	阴去 21	阳去 242	阴入 24	阳入 5
阴平 55	—	22	53	53	53	53	22
阳平 53	55	22	22	22	22	22	22
阴上 22	—	—	24	55	55	55	—
阴去 21	55	55	53	53	53	53	55
阳去 242	55	55	53	53	53	53	55
阴入甲 24	22	22	—	55	55	55	22
阴入乙 24	55	55	53	53	53	53	55
阳入甲 5	55	22	22	22	22	22	22
阳入乙 5	55	22	53	53	53	53	22

表5　长乐话两字组连读变调举例

阴平+阳平［55-22 53］	塕尘 uŋ niŋ	收成 siu iŋ	清明 $ts^hiŋ$ miŋ
阴平+阴上［55-53 22］	开水 k^hai zui	萵笋 uo luŋ	花蕾 xua lui
阴平+阴去［55-53 21］	中昼 touŋ nau	今旦 kiŋ naŋ	天气 $t^hieŋ$ k^hei
阴平+阳去［55-53 242］	冰雹 piŋ p^hau	乡下 xyoŋ ŋa	金豆 kiŋ nau
阴平+阴入［55-53 24］	冬节 tøyŋ nzaiʔ	猪角 ty koyʔ	蝙蝠 pieŋ ŋouʔ
阴平+阳入［55-22 5］	正月 tsiaŋ ŋuoʔ	山药 saŋ yoʔ	公历 kuŋ niʔ

续表

阳平+阴平［53－55 55］	洋灰 yoŋ ŋui	雷公 nuoi uŋ	涂浆 tʰu tsuoŋ
阳平+阳平［53－22 53］	洋油 yoŋ ŋiu	前年 seiŋ nieŋ	年头 nieŋ tʰau
阳平+阴上［53－22 22］	洪水 xuŋ nzui	年尾 nieŋ mui	悬顶 ke leiŋ
阳平+阴去［53－22 21］	明旦 miŋ naŋ	柴块 tsʰia luoi	油菜 iu zai
阳平+阳去［53－22 242］	辰候 seiŋ ŋau	蚕豆 tsʰieŋ nau	银杏 ŋyŋ xaiŋ
阳平+阴入［53－22 24］	磁铁 tsy lieʔ	蝴蝶 xu lieʔ	头发 tʰau uoʔ
阳平+阳入［53－22 5］	茶箬 ta nuoʔ	横直 xuaŋ tiʔ	
阴上+阴上［22－24 22］	冷水 neiŋ nzui	犬牯 kʰeiŋ ku	水果 tsui kuo
阴上+阴去［22－55 21］	柳树 niu ziu	韭菜 kiu zai	礼拜 ne βuai
阴上+阳去［22－55 242］	以后 i xau	手电 tsʰiu tieŋ	煮饭 tsy puoŋ
阴上+阴入［22－55 24］	水窟 tsui kʰauʔ	几隻 kui zieʔ	
阴去+阴平［21－55 55］	半晡 puaŋ puo	菜瓜 tsʰai kua	叫更 kiu uaŋ
阴去+阳平［21－55 53］	半暝 puaŋ maŋ	菜头 tsʰəi lau	灶前 tsəu leiŋ
阴去+阴上［21－53 22］	冻水 tuŋ nzui	厝底 tsʰuo lie	粪桶 puŋ nøyŋ
阴去+阴去［21－53 21］	唱戏 tsʰuoŋ ŋie	放屁 puŋ pʰui	
阴去+阳去［21－53 242］	做旱 tso aŋ	菜豆 tsʰai lau	看病 kʰaŋ paŋ
阴去+阴入［21－53 24］	做脾 tso pʰeiʔ	钢笔 kouŋ meiʔ	跳索 tʰiu sɔʔ
阴去+阳入［21－55 5］	化学 xua xouʔ		
阳去+阴平［242－55 55］	地方 ti uoŋ	汗衫 xaŋ naŋ	被单 pʰui laŋ
阳去+阳平［242－55 53］	现时 xieŋ si	化脓 xua løyŋ	豆油 tau iu
阳去+阴上［242－53 22］	地震 ti tsiŋ	下底 a le	遏雨 touŋ ŋy
阳去+阴去［242－53 21］	病泻 paŋ nia	下昼 a lau	尿燥 niu lɔ
阳去+阳去［242－53 242］	字运 tsi ouŋ	豆腐 ta au	獪受 me siu
阳去+阴入［242－53 24］	獪八 me βaiʔ	脰脖 təu uoʔ	解八 e paiʔ
阳去+阳入［242－55 5］	旧历 ku liʔ	做木 tso muʔ	大麦 tuəi maʔ
阴入甲+阴平［24－22 55］	结婚 kieʔ xuoŋ	喫亏 kʰiʔ kʰui	出丧 tsʰuʔ souŋ
阴入甲+阳平［24－22 53］	鲫鱼 tseiʔ ŋy	腹脐 puʔ sai	食暝 sieʔ maŋ

续表

阴入甲＋阴去［24－55 21］	发票 xuoʔ p^hiu	节气 tsaiʔ k^hei	
阴入甲＋阳去［24－55 242］	发现 xua xieŋ	割釉 kaʔ tiu	托运 t^houʔ ouŋ
阴入甲＋阴入［24－55 24］	节约 tsieʔ yoʔ	出国 tsouʔ kuoʔ	
阴入甲＋阳入［24－22 5］	乞食 k^hyʔ sieʔ	铁实 t^hieʔ siʔ	
阴入乙＋阴平［24－55 55］	客厅 k^haʔ t^hiaŋ	拍针 p^haʔ tseiŋ	百三 paʔ saŋ
阴入乙＋阳平［24－55 53］	桌前 tɔʔ seiŋ	拍寒 p^haʔ kaŋ	客房 k^haʔ puŋ
阴入乙＋阴上［24－53 22］	壁里 pieʔ li	食早 sie tsia	隻把 tsie βa
阴入乙＋阴去［24－53 21］	百姓 pa laŋ	拍算 p^ha lauŋ	
阴入乙＋阳去［24－53 242］	铁硬 t^hieʔ ŋaiŋ	百五 pa ŋou	
阴入乙＋阴入［24－53 24］	客鹊 k^ha zuoʔ		
阴入乙＋阳入［24－55 5］	拍杂 p^haʔ tsiaʔ		
阳入＋阴平［5－55 55］	落身 no liŋ	读书 t^høy tsy	拍批 p^ha p^hie
阳入＋阳平［5－22 53］	石头 suo lau	昨暝 suoʔ maŋ	核桃 xouʔ t^ho
阳入＋阳入［5－22 5］	昨日 suoʔ niʔ	食药 sieʔ yoʔ	
阳入甲＋阴上［5－22 22］	玉米 ŋyʔ mi	药水 yoʔ tsui	麦稿 maʔ ko
阳入甲＋阴去［5－22 21］	食菜 sieʔ ts^hai	食昼 sieʔ lau	
阳入甲＋阳去［5－22 242］	蜀万 suo uaŋ	学校 xouʔ xau	
阳入甲＋阴入［5－22 24］	蜀百 suoʔ βaʔ	及格 kiʔ kaʔ	
阳入乙＋阴上［5－53 22］	白酒 pa ziu	折本 sieʔ puoŋ	目滓 mei tsai
阳入乙＋阴去［5－53 21］	白菜 pa zai		
阳入乙＋阳去［5－53 242］	绿豆 nuo lau		
阳入乙＋阴入［5－53 24］	合适 xaʔ seiʔ	白鸽 pa aʔ	

（五）老男和青男在音系上的主要区别

1. 老男异读比较丰富，部分字的文读音是青男所没有的。例如：

	树	去	柱	来	外
老男	$ts^hiu^{21}_{白}$/$søy^{242}_{文}$	$k^hɔ^{21}_{白}$/$k^høy^{21}_{文}$	$t^hiu^{242}_{白}$/$tsøy^{242}_{文}$	$ni^{53}_{白}$/$nai^{53}_{文}$	$ŋie^{242}_{白}$/$ŋui^{242}_{文}$
青男	ts^hiu^{21}	$k^hɔ^{21}$	t^hiu^{242}	ni^{53}	$ŋie^{242}$

2. 老男和青男音系的差别主要表现在韵母，且一般多表现在音值的差异上。

（1）青男音系中 ai、au、iau、aŋ 中的韵尾［i］、［u］、［ŋ］在属于阴去、阳去、阳平调的字后弱化，致使这几个韵母在听感上近于［a］，但跟单元音韵母 a 并不混同。

（2）青男音系 ia、iaŋ 韵母中的［a］，其发音特征是沿着前元音线一路下拉，在［e］、［a］元音之间的位置结束，可以严式标为 iæ，但在属于阴去、阳去调时则是一个较为标准的 iᴀ（如“下、夜”）。我们在这里统一记为 ia。

（3）青男音系中 ua 韵母在喉牙音声母条件下部分字有一个自由变体 uɔ，例如：“瓜、花、化”发音人认为均有 uɔ 和 ua 两读。

（4）青男音系中 uoi 在属于阳平调的字里，音值近于［ɔi］，且只有 loi 一个音节；而在属于阴平、上声调的字里其音值则近于［uoi］，［ɔi］与［uoi］在音系中互补分布，因为这一韵母所辖例字很少，所以统一处理为 uoi。

连江话

一　调查点概况

连江县属福州市辖县，位于闽江口北岸。东临东海，西接闽侯县，南接福州晋安区、马尾区，北部与罗源县交界。东经119°17′—120°31′，北纬26°07′—26°27′。本调查点为县政府所在地凤城镇。

本县人口57.1万，其中汉族人口571078人，占总人口97.88%；有16个少数民族，人口计12340人，占总人口2.12%，其中畲族1.2万人，分布在全县19个乡镇，占总人口2.10%。连江县畲族与汉族往来时讲连江话或普通话，本族内部交际时讲畲语，是福建畲语中的“连罗”片，语音、词汇、语法系统均不同程度受到当地汉语方言的影响。

连江话属于闽语闽东方言。连江话以城关话为代表，在全县范围内通行。连江话内部差异不大，只有北部的小沧、蓼沿、丹阳、马鼻等乡镇的一些村庄紧邻罗源县，那里的连江话受罗源话影响较多。连江县西南部、南部、东南部的小沧、潘渡、敖江、琯头等乡镇的部分村庄紧邻福州市，这些地方的连江话受福州话影响较大。城郊玉山村有数百人说闽南话；敖江镇北岳村和凤尾村王家墩也有闽南话方言岛，大约有四五百人，目前，这些人中的老年人内部交际时仍旧使用闽南话，年轻人已不会说闽南话了。

当地的曲艺有闽剧。

连江话是2015年福建省语保点。由福建师范大学教师陈瑶全程记录整理。

二　方言发音人概况

方言老男周新，汉族，1949年5月出生于连江县凤城镇。在当地读中小学，1977—1979年就读于宁德师范学校，中专文化程度。已退休。

方言青男游开兴，汉族，1981年11月出生于连江县凤城镇。中专文化程度。

就职于连江县官坂小学。

方言老女陈妹金，汉族，1954 年 9 月出生于连江县凤城镇。中专文化程度。已退休。

方言青女吴岸芳，汉族，1980 年 11 月出生于连江县凤城镇。大学本科文化程度。就职于连江县江南乡政府。

口头文化发音人有陈妹金（女）、黄宜萍（女）、赵仲健、莫丽英（女），都是凤城镇人。

地普发音人有潘伯农、孙梅熙、孙仁明，都是凤城镇人。

三 连江话音系

（一）声母

连江话有 14 个声母（包括零声母）：

表 1 连江话声母表

p 八兵爬病飞$_{\text{白}}$肥饭	p^h 派片蜂	m 麦明味$_{\text{有～}}$问$_{\text{白}}$	
t 多东甜毒装$_{\text{白}}$竹茶事$_{\text{～计}}$	t^h 讨天张抽拆柱$_{\text{白}}$	n 脑南年泥老蓝连路软	
ts 资早租酒字全柱$_{\text{文}}$争装$_{\text{文}}$纸主书	ts^h 刺草寸清贼抄初床车春手		s 坐丝三酸想祠谢事$_{\text{故～}}$山双船顺十城
k 高九共权县	k^h 开轻	ŋ 熬月	h 飞$_{\text{文}}$风副好灰响云
ø 味$_{\text{～精}}$问$_{\text{文}}$热活安温王用药			

说明：

1.［n－］和［l－］混同，但绝大多数口头单字音中只有［n－］声母，而无［l－］声母。而在语流中作为连读下字的声母是以上字收尾音为条件而分读为［n－］和［l－］。据此，本音系一律记为［n－］，就是说，/n/音位包括了［n］和［l］两个变体。

2. 舌尖前音声母［ts ts^h］与齐齿呼、撮口呼韵母相拼时发生腭化，腭化的程度因人而异。但舌尖擦音［s］与齐齿呼、撮口呼韵母相拼时不发生腭化。由于不构成音位上的区别，本音系都记成［ts ts^h s］。

3. 声母［h］的发音部位靠前，也可记成［x］。实际上，其具体发音部位与所拼合的韵母洪细相关。拼前高元音开头的韵母时，部位前移到舌面中部；而与后低元音相拼时，是一个小舌音或喉音。

（二）韵母

连江话有 59 个韵母：

表 2　连江话韵母表之一

	i 米丝飞$_{文}$	u 苦	y 猪雨师$_{文}$
a 茶牙饱$_{白}$师$_{白}$	ia 写	ua 瓦	
ɛ 快$_{白}$			
ɔ 靠			
e 排鞋	ie 戏		
ø 初			yø 桥
o 歌宝		uo 过靴	
	iu 笑油	ui 开$_{白}$飞$_{白}$鬼	
ai 开$_{文}$		uai 快$_{文}$	
ɔi 坐对		uoi 赔	
ei 试二			
au 豆走$_{逃跑}$	iau 灶		
eu 走$_{\sim读}$			
ou 五			
øy 短$_{白}$			
	iŋ 心 深 新 灯$_{白}$ 升 星兄$_{文}$	uŋ 滚春云东$_{文}$	yŋ 根$_{白}$
aŋ 南山病	iaŋ 争$_{白}$兄$_{白}$	uaŋ 半短$_{文}$官横	
	ieŋ 盐年		
			yøŋ 响

续表

oŋ 根$_{文}$糖床讲		uoŋ 权王	
aiŋ 硬			
eiŋ 灯$_{文}$争$_{文}$			
ɔuŋ 寸			
ouŋ 吨冻			
ɔyŋ 粽			
øyŋ 双东$_{白}$用			
	iʔ 直	uʔ 木	yʔ 熟
aʔ 盒塔鸭辣白$_{白}$	iaʔ 额	uaʔ 法活刮$_{文}$	
	ieʔ 接热节$_{文}$		yeʔ 药尺
øʔ□ [k^høʔ^{13}]$_{丢弃}$			
oʔ 学$_{白}$托$_{白}$		uoʔ 月郭国绿局	
aiʔ 贴八节$_{白}$色			
eiʔ 十急七一橘白$_{文}$锡			
auʔ 刮$_{白}$骨托$_{文}$			
ouʔ 出学$_{文}$谷			
øyʔ 六			
oyʔ 壳北			

说明：

1. 本音系韵母表有59个韵母，这是按照韵母的实际读法计算的。不过，连江话韵母音值与声调具有密切关系。部分韵母（例见下文表格）在阴平、阳平、阴上、阳入是一种音值，称为“本韵”，在阴去、阳去、阴入是另一种音值，称为“变韵”。还有部分韵母（如“iu/ieu、ui/uoi”）在阴平、阴上是一种音值，在阳平、阴去、阳去是另一种音值。如果把本韵和变韵合并为一个韵母的话，连江话是45个韵母。为更好地分析连江韵母变韵的类型和特点，我们参照陈泽平《福州方言研究》把连江韵母也分为甲、乙、丙三类。

表 3 连江话韵母表之二

	甲				乙		丙	
开尾韵及元音尾韵	a	e（ε）	o	ø	ai	au		
	家	街蟹	哥	初	该	交		
	ia	ie			uai	eu	i（ei）	
	写	鸡			拜	条	机器	
	ua		uo		ui（uoi）		u（ou）	
	瓜		靴		龟柜		孤故	
				yø	iu（ieu）		y（øy）	øy（ɔi）
				桥	修袖		居锯	衰坐
塞尾韵	aʔ		oʔ	øʔ				
	盒		学					
	iaʔ	ieʔ					iʔ（eiʔ）	eiʔ（aiʔ）
	额	接					直踢	择得
	uaʔ		uoʔ				uʔ(ouʔ)	ouʔ(auʔ)
	法		月				服福	鹤各
		yeʔ					yʔ(øyʔ)	øyʔ(ɔyʔ)
		药					赎宿	读北
鼻尾韵	aŋ							
	甘							
	iaŋ	ieŋ					iŋ（eiŋ）	eiŋ（aiŋ）
	惊	肩					真进	针硬
	uaŋ		uoŋ				uŋ(ouŋ)	oŋ(ɔuŋ)
	官		光				笋顺	装壮
				yøŋ			yŋ(øyŋ)	øyŋ(ɔyŋ)
				砖			拥用	工共

连江话的变韵是在特殊调值的作用下韵母音值的改变，这种变化出现在所有

的韵母上，只是程度不同而已。一般说来，高元音变化剧烈一些，涉及音位系统；低元音变化的幅度小一些，不涉及音位。以上甲、乙、丙三类韵母中丙类韵母的两种变体在音值上的差异尤为突出，造成特殊的、成系列的“韵位交叉”现象；而甲类韵母中除了 e 与变体 ɛ 的音值差异较为明显外，其他本韵与变韵的差异尚不明显，属于开口度大小的差异，例如老男 o（包括 oʔ）韵母本韵和变韵的音值差异就很小，因此我们在音系中不体现其本韵和变韵的音值差异；乙类韵母中 ui 韵和 iu 在阳平、阴去、阳去调中分别衍生 o 和 e，特别是在阳去调这种衍生的音听感上更为明显。

2. øy 的变体 ɔi 中的韵尾实际上只是指示了发音动程的终点，即便是单念作为韵尾也是较为含糊的，也可记成 ɔy。

3. yeʔ 的 e 比标准元音［e］唇形略圆。

（三）声调

连江话有 7 个单字声调（不包括轻声）：

阴平 55　　东该灯风通开天春

阳平 51　　门龙牛油铜皮糖红

阴上 33　　懂古鬼九统苦讨草买老“古老”义有～线

阴去 212　　冻怪半四痛快寸去乱野～树栽～

阳去 242　　卖路硬乱～七八糟洞地饭树～人老“年老”义五有～无动罪近后

阴入 13　　谷百搭节急拍塔切刻

阳入 5　　六麦叶月毒白盒罚

说明：

1. 阴上调的调尾微降，近于 32。

2. 阴去调是个低降升调，下降的部分是调值的主体，只在音节末了轻轻向上挑起，可是连读位于后字位置时常常丢失升尾，变成一个低降调。

3. 阳去调是个升降调，升和降两部分的音强比较均衡。

4. 阴入调喉塞尾较弱，且时长不短，是个明显的低升调。

5. 阳入调是一个典型的高短促调，与阴平调的调值其实只有舒促之别。

（四）连读变调说明

连江话的词语连读时，非末音节一般都会发生变调（可是当词语语素结合不紧或慢说时非末音节不变调）。连读变调总的规律是连读上字以下字的调类为条件发生调值的变化，连读变调语段的末一音节的声调一般不变。读轻声的后附性句法成分不参与其他词语组合成连调组，叠音字组也不同于普通的两字组变调规律。

连读变调的调值有六种，其值分别为55、51、33、21、13、24。其中55、51、33、13调值与单字音的阴平、阳平、阴上、阴入相同，21和24是变调后出现的新的调值。

连江话二字组连读变调规律如下表：

表4　连江话两字组连读变调表

前字＼后字	阴平55	阳平51	阴上33	阴去212	阳去242	阴入13	阳入5
阴平55	—	33	51	51	51	51	33
阳平51	21	21	21	21	21	21	33
阴上33	21	21	24	55	55	55	21
阴去212	55	33	51	51	51	51	33
阳去242	55	21	21	21	21	21	33
阴入甲13	55	33	51	51	51	51	33
阴入乙13	21	21	—	55	55	55	33
阳入甲5	33	33	33	21	21	21	33
阳入乙5	55	21	51	51	21	51	33

说明：

1. 前字为阴入调和阳入调时连读变化分为甲、乙两类，这与连江等闽东方言历史上的-ʔ和-k两类韵尾有关。历史上韵尾为-ʔ的字，按甲类规律变调，历史上韵尾为-k的字，按乙类规律变调。乙类连读前字一般还保留韵尾，发音较为短促，但韵尾已与-ʔ尾并无音位意义上的区别。甲类连读前字若与后字结合紧密，则韵尾丢失，与非入声字类同，若与后字结合松散，则保留-ʔ尾，发音短促，与入声乙类字类同。

2. 由于塞音韵尾的存在，入声字变调后的调值与舒声字仍有细微差别，但总的来说，入声字变调后音节末位的喉塞音减弱，音节的时间值有所延长，但这一变化并不是绝对的。既与个人的发音习惯有关，也与词语的性质有关。一般而言，日常生活中的习用词语的喉塞尾比较弱，甚至脱落。

3. 阴去字作为连读下字有时调尾不再上扬，近于21。

表 5　连江话两字组连读变调举例

阴平 + 阳平［55 – 33 51］	番藷 huaŋ ny	坳尘 uŋ niŋ	清明 tsʰiŋ miŋ
阴平 + 阴上［55 – 51 33］	沙母 sai βo	溪团 kʰe iaŋ	开水 kʰai ʒy
阴平 + 阴去［55 – 51 212］	今旦 kiŋ naŋ	天气 tʰieŋ ŋei	当昼 toŋ nau
阴平 + 阳去［55 – 51 242］	番柿 huaŋ kʰei	冰雹 piŋ pʰau	乡下 hyøŋ ŋa
阴平 + 阴入［55 – 51 13］	青甲 =tsʰiaŋ ŋaʔ	冬节 tøyŋ ʒaiʔ	家雀 ka ʒiaʔ
阴平 + 阳入［55 – 33 5］	摸脉 muo maʔ	新历 siŋ niʔ	山药 saŋ ŋyeʔ
阳平 + 阴平［51 – 21 55］	旁边 poŋ mieŋ	洋灰 yøŋ ŋui	暝晡 maŋ muo
阳平 + 阳平［51 – 21 51］	年头 nieŋ tʰau	塍塍 tsʰeiŋ ŋiŋ	洋油 yøŋ ŋieu
阳平 + 阴上［51 – 21 33］	苹果 piŋ kuo	年尾 nieŋ mui	城底 siaŋ nie
阳平 + 阴去［51 – 21 212］	油菜 iu ʒai	堤坝 tʰi pa	明旦 miŋ naŋ
阳平 + 阳去［51 – 21 242］	黄豆 uoŋ nau	辰候 seiŋ ŋau	蚕豆 tsʰieŋ nau
阳平 + 阴入［51 – 21 13］	磁铁 tsy lieʔ	雷霎 nai liaʔ	松柏 syŋ maʔ
阳平 + 阳入［51 – 33 5］	黄历 uoŋ niʔ	萝卜 na βuʔ	蒲蝶 pu lieʔ
阴上 + 阴平［33 – 21 55］	滚汤 kuŋ noŋ	水沟 tsy kau	火烌 hui u
阴上 + 阳平［33 – 21 51］	尾梨 mui li	往年 uoŋ nieŋ	早头 tsia lau
阴上 + 阴上［33 – 24 33］	水果 tsy uo	老虎 na u	老鼠 nau tsʰy
阴上 + 阴去［33 – 55 212］	煮配 tsy pʰuoi	紫菜 tsie ʒai	起厝 kʰi tsʰuo
阴上 + 阳去［33 – 55 242］	煮饭 tsy puoŋ	以后 iheu	手电 tsʰiu tieŋ
阴上 + 阴入［33 – 55 13］	水窟 tsy kʰauʔ	喜鹊 hi tsʰyeʔ	掌甲 tsieŋ ŋaʔ
阴上 + 阳入［33 – 21 5］	扁肉 pieŋ nyʔ	手镯 tsʰiu loʔ	
阴去 + 阴平［212 – 55 55］	灶刀 tsau lo	半晡 puaŋ puo	正边 tsiaŋ meiŋ
阴去 + 阳平［212 – 33 51］	喙皮 tsʰui βuoi	灶前 tsau leiŋ	剃头 tʰie lau
阴去 + 阴上［212 – 51 33］	厝底 tsʰuo lie	露水 nu tsy	喙齿 tsʰui i
阴去 + 阴去［212 – 51 212］	祭墓 tsie muo	对面 tøy eiŋ	面布 miŋ muo
阴去 + 阳去［212 – 51 242］	相貌 syøŋ mau	做旱 tso aŋ	菜豆 tsʰai tau
阴去 + 阴入［212 – 51 13］	钢笔 koŋ meiʔ	祭桌 ki loʔ	跳索 tʰiu soʔ
阴去 + 阳入［212 – 33 5］	做十 tso seiʔ	正月 tsiaŋ ŋuoʔ	喙舌 tsʰui ʒieʔ

续表

阳去＋阴平［242－55 55］	被单 pʰui taŋ	汗衫 haŋ naŋ	妹夫 mui u
阳去＋阳平［242－21 51］	大门 tuai βuoŋ	豉油 si ieu	
阳去＋阴上［242－21 33］	地震 ti tsiŋ	遢雨 toŋ y	下底 a le
阳去＋阴去［242－21 212］	尿布 niu βuo	上昼 syøŋ nau	下昼 a lau
阳去＋阳去［242－21 242］	寺庙 si mieu	雺雾 muo ou	现在 hieŋ ʒai
阳去＋阴入［242－21 13］	两隻 naŋ ʒieʔ	解八 e paiʔ	
阳去＋阳入［242－33 5］	闹热 nau ieʔ	大麦 tui βaʔ	二十 ni leiʔ
阴入甲＋阴平［13－55 55］	窟窿 kʰøy løyŋ	拍针 pʰaʔ tseiŋ	
阴入甲＋阳平［13－33 51］	烛油 tsuoʔ iu		
阴入甲＋阴上［13－51 33］	隻把 tsie βa	木耳 muʔ mi	
阴入甲＋阴去［13－51 212］	拍算 pʰa lɔuŋ	桌屜 to tʰɛ	擘喙 pa ʒuoi
阴入甲＋阳去［13－51 242］	百五 pa ŋou	多号 to o	澈洁 tʰa eiʔ
阴入甲＋阴入［13－51 13］	客鹊 kʰaʔ tsʰyeʔ		
阴入甲＋阳入［13－33 5］	出月 tsʰuʔ ŋuoʔ	百日 paʔ niʔ	
阴入乙＋阴平［13－21 55］	插秧 tsʰiaʔ oŋ	出丧 tsʰuʔ soŋ	
阴入乙＋阳平［13－21 51］	额头 ŋia lau		
阴入乙＋阴去［13－55 212］	发颤 huaʔ tsieŋ	七寸 tsʰiʔ tsʰɔuŋ	
阴入乙＋阳去［13－55 242］	割釉 kaʔ tieu	一定 iʔ teiŋ	
阴入乙＋阴入［13－55 13］	腹脊 puʔ tsiaʔ		
阴入乙＋阳入［13－33 5］	出力 tsʰuʔ niʔ		
阳入甲＋阴平［5－33 55］	蜀千 suo tsʰieŋ	目珠 me tsiu	
阳入甲＋阳平［5－33 51］	石榴 sye liu	食暝 sie maŋ	
阳入甲＋阴上［5－33 33］	食早 sie tsia	白果 pa kuo	麦稿 maʔ ko
阳入甲＋阴去［5－21 212］	白菜 pa ʒai	白蔗 pa ʒia	食昼 sie tau
阳入甲＋阴入［5－21 13］	白鸽 pa aʔ	蜀百 suo paʔ	
阳入乙＋阴平［5－55 55］	蜜蜂 miʔ pʰuŋ	日中 niʔ toŋ	辣椒 naʔ tsiu
阳入乙＋阳平［5－21 51］	日头 niʔ tʰau	核桃 houʔ tʰo	

续表

阳入乙+阴上［5-51 33］	栗子 niʔ tsi	翼膀 siʔ poŋ	褥囝 yʔ kiaŋ
阳入乙+阴去［5-51 212］	合算 haʔ sɔuŋ	特意 teiʔ ei	
阳入乙+阴入［5-51 13］	蜡烛 naʔ tsuoʔ		
阳入+阳去［5-21 242］	绿豆 nuo lau	蜀万 suo uaŋ	麦豆 ma lau
阳入+阳入［5-33 5］	食力 sia liʔ		

（五）老男和青男在音系上的主要区别

1. 声母的差别

（1）老男和青男在声母系统上的区别主要体现在古泥、来母上。老男系统中［n-］和［l-］混同，但绝大多数口头单字音中只有［n-］声母，而无［l-］声母。而青男偶能区分［n-］和［l-］，但大部分时候不能区分，单字音中以读［n-］为主。因为［n-］和［l-］声母在青男的单字音中偶尔能区别意义，所以本次描写连江青男音系时将［n-］和［l-］都体现在声母表中。

（2）在青男的口语中，部分字的声母只有连读后的读音，不能读单字音。因此记单字音时偶尔只能体现一定语言环境下的连读音。例如："监"一读为［$aŋ^{21}$］（太监）应该就是取连字组零声母。

2. 韵母的差别

老男和青男韵母系统的主要差别体现在本韵和变韵的音值差异上，青男本韵和变韵之间的音值差异与老男相比则较为明显，即青男的变韵主元音开口度比老男变韵的主元音开口度大。

（1）e 的变韵 æ 开口度比标准元音 ɛ 明显要大，比老男同等音韵地位的韵母开口度也大，因为老男 e 的变韵记为 ɛ，为了体现这种代际差异本书把青男音系中 e 的变韵记为 æ。

（2）老男 y 的变韵是 øy，相应地，入声 yʔ 的变韵是 øyʔ，阳声韵 yŋ 的变韵是 øyŋ；青男 y 的变韵是 oy，相应地，入声 yʔ 的变韵是 oyʔ，阳声韵 yŋ 的变韵是 oyŋ。

（3）老男 øy 的变韵是 ɔi，相应地，入声 øyʔ 的变韵是 ɔyʔ，阳声韵 øyŋ 的变韵是 ɔyŋ；青男 oy 的变韵是 ɔy，相应地，入声 oyʔ 的变韵是 ɔyʔ，阳声韵 oyŋ 的变韵是 ɔyŋ。

除了本韵和变韵音值差异程度不同外，青男韵母系统比老男韵母系统多了 ɔ（o 的变韵）、ɔʔ（oʔ 的变韵）、iau（如"料 $liau^{242}$"）三个韵母。

罗源话

一 调查点概况

罗源县属福州市辖县，位于福建省东北沿海。东邻霞浦县，西接闽侯县，南接福州晋安区、长乐区，北部与古田县、宁德蕉城区交界。东经 119°07′—119°54′，北纬 26°23′—26°39′。本调查点为县政府所在地凤山镇。

本县人口截至 2016 年 26.65 万人，其中以汉族为主，约占总人口的 92%，少数民族以畲族为主，散布于全县各乡镇畲族聚居村落，约占总人口的 8%。罗源畲族内部讲罗源畲话，使用人口约 2 万。罗源话属于闽方言闽东片侯官小片，分布在罗源各乡镇，使用人口 26 万多人，为本地通用方言。罗源话以城关话为代表，通行于全县各乡村。罗源话在县境内比较一致，只有靠近邻县的一些乡村因受邻县方言的影响，跟城关话有某些差别，主要是语音差异，少数词语也有差别。其中，受邻县方言影响较明显的有：①中房乡的满厝、林家、百丈、王沙等村受宁德话影响。②霍口乡的瑯坑、长丰、香岭、黄鹤、罗溪等村受古田话影响。③松山乡的巽屿、北山等村受连江话影响。

当地流行的地方戏剧种为闽剧，用闽东方言福州腔演唱。另外，畲族有畲歌，用畲话演唱。

罗源是 2018 年国家语保点，由福建师范大学教师黄涛全程记录整理。

二 方言发音人概况

方言老男郑灼安，汉族，1958 年 3 月出生于凤山镇，中专文化程度。已退休。

方言青男陈鑫，汉族，1985 年 1 月出生于凤山镇，中专文化程度。自由职业。

方言老女阮小娟，汉族，1956 年 12 月出生于凤山镇，中专文化程度。已退休。

方言青女郑苏虹，汉族，1983 年 5 月出生于凤山镇，大学本科文化程度。就职于罗源县碧里中心小学。

口头文化发音人有沈静远（女）、阮小娟（女）、陈赟（以上均凤山镇人）、游锦爱（女，洪洋乡）、吴艳（女，白塔乡）。

地普发音人有吴艳（女，白塔乡）、黄艳（凤山镇）、游锦爱（女，洪洋乡）。

三　罗源话音系

（一）声母

罗源话有 15 个声母（包括零声母）：

表 1　罗源话声母表

p 八兵爬病飞$_{白}$肥饭$_{白}$	p^h派片蜂	m 麦明味$_{白}$问$_{白}$		
t 多东甜毒竹茶事$_{白}$	t^h讨天张抽$_{白}$拆柱	n 脑南年泥软	l 老蓝连路	
ts 资早租酒清$_{白}$字全争装纸主书	ts^h 刺草寸清$_{文}$贼抽$_{文}$抄初床春车手			θ 坐丝三酸想祠谢事$_{文}$山双船顺十城
k 高九共$_{白}$权县	k^h开轻	ŋ 熬月		x 飞$_{文}$风副饭$_{文}$好灰响云$_{白}$
Ø 味$_{文}$问$_{文}$热共$_{文}$活安温王云$_{文}$用药				

说明：

1. ［ts、ts^h］和普通话相比，发音时略松，与齐齿呼、撮口呼韵母相拼时，发音部位后移，腭化为舌叶音［tʃ、$tʃ^h$］或舌面前音［tɕ、$tɕ^h$］。［ts］、［tʃ］、［tɕ］与［ts^h］、［$tʃ^h$］、［$tɕ^h$］不区别意义，统一记作［ts］、［ts^h］。

2. ［θ］并不是标准的齿间音，发音时舌尖置于上齿背，气流在舌间与上齿的缝隙中通过，产生摩擦。

3. ［x］与后低元音相拼时，实际发音部位靠后，与齐、撮二呼相拼时，部位靠前。

4. 零声母在发单字音或处于连续语段的开头位置时，前面常伴有喉塞音，但不构成音位区别。

5. 声母类化：在连续的语流中，上字的声母不变，连读下字的声母以上字韵母的类别为条件发生有规律的变化，如下表所示：

表2　罗源话声母类化规律

原声母	元音韵后	鼻音尾韵后
p p^h	β	m
t t^h θ	l	n
ts ts^h	ʒ	nz
k k^h h Ø	Ø	ŋ
m n ŋ l	不变	不变

说明：

声母类化不涉及发音部位。受前字韵尾影响，后字声母变为原发音部位的一个松的、含混的浊化音。

［β z nz］不是独立的声母，它们以上字韵尾为条件，只出现在后字的连读音变中，因此不在音系中标明。［β］是双唇浊擦音，在发音的一瞬间双唇可能轻微接触，但双唇相触的滞留时间短暂，没有形成塞音阻滞气流的效果，因而不分析为双唇浊塞音；［ʒ］是［ts ts^h］这两个声母在上字阴声韵的条件下类化产生的同部位浊音，发音部位很松，对气流的节制作用微弱，在极端松弛的发音时，只是一个半元音，部位也不易确定，只有在强调发音时，才具备浊音性质；［nz］则是［ts］、［ts^h］两个声母在上字为阳声韵的条件下的类化形式。连读上字的鼻音韵尾发完后没有除阻，而是直接把口腔阻塞部位前移到发下字声母［ts］或其腭化形式的位置，随即在除阻时带出一个很松的浊擦音。由于同部位的鼻音和擦音结合紧密，实际上只有一个发音过程，可以处理为一个辅音。

声母类化主要发生在元音韵和鼻音尾韵之后。在入声韵之后，不发生类化是常例。罗源方言入声韵韵母历史上分为 -ʔ 和 -k 两种韵尾，其中 -ʔ 尾较弱，有时连读后与元音韵无异，处于 -ʔ 韵尾之后的后字声母，有时也会发生类化，类化规律与阴声韵相同。

在前字韵尾和后字声母合适的情况下，声母类化的发生不一定是强制的。声母类化的本质是一种连读音变，发生在语流中结合较紧的音节之间。

（二）韵母

罗源话有47个韵母（包括声化韵）：

表3 罗源话韵母表

	i 米丝试二飞$_{文}$	u 苦五	y 猪雨师$_{文}$
a 茶牙饱$_{白}$师$_{白}$	ia 写	ua 瓦	
ɛ 排鞋快$_{白}$	ie 戏		
œ 初			yø 桥
ɔ 歌宝饱$_{文}$		uo 过靴	
o 坐			
	iu 笑油	ui 快$_{文}$ 赔 开$_{白}$ 飞$_{白}$ 鬼短$_{白}$	
ai 开$_{文}$			
au 豆走$_{白}$			
ey 愁			
øy 对走$_{文}$			
ŋ 唔			
	iŋ 心 深 新 灯$_{白}$ 升 星兄$_{文}$	uŋ 滚春云$_{白}$东$_{文}$	yŋ 根$_{白}$云$_{文}$ 用
aŋ 南山争$_{白}$病	iaŋ 兄$_{白}$	uaŋ 半短$_{文}$官横	
ɛŋ 灯$_{文}$硬争$_{文}$	ieŋ 盐年		
œŋ 东$_{白}$			yøŋ 响双
ɔŋ 寸糖床		uoŋ 权根$_{文}$王讲	
	iʔ 急七一橘直锡	uʔ 出谷	yʔ 竹
aʔ 盒塔鸭辣白$_{白}$	iaʔ 食	uaʔ 法活刮$_{文}$	
ɛʔ 啪	ieʔ 接十热节$_{文}$		
œʔ 抾			yøʔ 药尺
ɔʔ 托$_{白}$学$_{白}$		uoʔ 月郭国绿局	
eiʔ 贴八节$_{白}$色白$_{文}$			

续表

ouʔ 刮$_{白}$骨托$_{文}$学$_{文}$			
øyʔ 壳北六			

说明：

1. 韵母［ɛ］、［ɛŋ］、［ɛʔ］中的 ɛ 发音时开口度略小，实际音值是［ᴇ］。

2. 韵母［œ］、［œŋ］、［œʔ］中的 œ 发音时开口度略小，实际音值介于［œ］和［ø］之间。

3. 韵母［ɔ］、［ɔŋ］、［ɔʔ］中的 ɔ 发音时开口度略小，实际音值介于［ɔ］和［o］之间。

4. 韵母［i］、［iŋ］、［iʔ］中的 i 发音时略松，实际音值是［ɪ］。

5. 韵母［øy］中的 ø，实际发音开口度略大，介于 ø 和 œ 之间，有时甚至接近 œ。

6. 韵母［ey］中的 e，实际发音略靠后，介于圆唇和不圆唇之间，y 尾短而弱。

7. ［a］舌位比标准元音略后，尤其是在［u］音前舌位更靠后，近于［ɑ］。

8. 韵母［iaʔ］中的 a，非对比状态下实际发音往往开口度略小，接近 æ 甚至 ɛ，但在与 ieʔ 对比时开口度较大。

9. 与普通话相比，处于介音位置的 i、u 并不弱，未必是真正的介音。

10. 与普通话相比，元音韵尾和鼻音韵尾都显弱，元音韵尾往往只表示舌位运动的方向，变韵中表现得尤为明显，详见后文“其他主要音变规律”中对变韵的说明。

11. 变韵：

在罗源方言中，“变韵”现象较为明显地出现在带有韵尾的部分韵母上。同一韵的韵母在阴平、阴上、阴去调是一种音值，为“本韵”，在阳平、阳去调是另一种音值，为“变韵”。变韵是在读单字音或该音节处于语流末字时才出现的，若处于连读前字的位置上，一般仍为本韵的实际音值。

其中，元音韵尾 i、u 实际上只显示舌位运动方向，在本韵中，韵尾的实际发音是 ɪ、ʊ，在变韵中，舌位运动的终点距离 i、u 更远，ai 韵母变韵的实际音值接近 aɛ，ui 韵母变韵的实际音值接近 ue，au 韵母变韵的实际音值接近 ɑɔ。阳声韵的变韵主要体现为鼻化韵。由于变韵在连读时，往往还原为本韵，我们统一按本韵进行记录。

表 4 罗源话韵母的变韵

元音韵尾	本韵	ai	au	iu	ui			
	变韵	a^{i}	a^{u}	io^{u}	ue^{i}			
鼻音韵尾	本韵	aŋ	ɛŋ	œŋ	ɔŋ	iŋ	uŋ	yŋ
	变韵	a^{ŋ}	ɛ^{ŋ}	œ^{ŋ}	ɔ^{ŋ}	i^{ŋ}	u^{ŋ}	y^{ŋ}
	本韵	iaŋ	ieŋ	yøŋ	uoŋ	uaŋ		
	变韵	ia^{ŋ}	ie^{ŋ}	yø^{ŋ}	uo^{ŋ}	ua^{ŋ}		

（三）声调

罗源话有 7 个单字声调：

阴平 42　　东该灯风通开天春

阳平 31　　门龙牛油铜皮糖红

阴上 21　　懂古鬼九统苦讨草买老$_{\text{文}}$

阴去 35　　冻怪半四痛快寸去

阳去 34　　卖路硬乱洞地饭树老$_{\text{白}}$五有动罪近后

阴入 2　　谷百搭节急拍塔切刻

阳入 52　　六麦叶月毒白盒罚

说明：

1. 阴平调［42］起初平缓，末尾下降，降尾往往也较低，调型接近［442］或［441］，但整体上看，略高于阳平，我们统一记为［42］。

2. 阳平［31］与阴上［21］较为接近，阳平调起点略高于阴上，起初平缓，调型接近［331］；阴上记为［21］，起点的实际音值比 2 略高，与阳平起点相差不足一度。

3. 阴去［35］起始有一定的下降趋势，调型接近［325］。

4. 阳去［34］前面较平，末尾有轻微上升，调型接近［334］。

5. 阴入［2］短促且略微有下降趋势。

6. 阳入［52］短促且有明显的下降趋势，但偶受韵母影响降尾不那么明显。

（四）连读变调

罗源方言的连读变调比较丰富，在二字组中，一般是连读前字以后字的调类为条件发生调值的变化。

表5　罗源话二字组连读变调表

前字＼后字		阴平42	阳平31	阴上21	阴去35	阳去34	阴入2	阳入52
阴平42		21	22	23	22	22	22	21
阳平31		44	21	22	21	21	21	44
阴上21		—	44	53	44	44	44	—
阴去35		44	53	44	53	53	53	44
阳去34		44	21	22	21	21	21	44
阴入2	甲	44	53	44	53	53	53	44
	乙	44	44	44	44	44	44	44
阳入52	甲	44	21	22	21	21	21	44
	乙	44	22	22	22	22	22	44

说明：

1. 除“阴上＋阴平”“阴上＋阳入”无明显变调、“阴上＋阴上”是后字调值发生改变以外，其他调类组合都是前字调值发生改变。

2. 调值的变化除“阴平＋阴上”中的前字比较特殊以外，其他都可归结为高平44、低平22、高降53、低降21四种。入声字如果不考虑韵尾的变化，仅从音高来看，也是这四种变调调值。

3. 从五度记录法上看，变调所形成的高降调53与阴平调42很相近，但实际不同。阴平调时长较长，降势起初缓和，末尾处略陡；变调中的高降调，起调较之阴平调更高，下降在更短的时间内完成，降势均衡且陡峭。变调所形成的低降调21与阴上21非常接近。

4. 连读前字为阴入调和阳入调时，连读变调分为两类，这与罗源方言历史上存在－ʔ和－k两类韵尾有关。历史上不同韵尾的字按不同的规律发生连读变调，－ʔ韵尾字按甲类发生变调，－k韵尾字按乙类发生变调。但就目前的共时平面看，这种分派也许已经不太严格，甚至出现了同一个字在不同词中按不同类别规律发生变调的情况。

5. 入声字作连读前字时还涉及韵尾是否保留的问题，这既与历史上的韵尾有关，也与前后字之间的结合紧密程度有关。历史上的－k韵尾字绝大多数保留韵尾，发音较为短促，与后字间留有一定的停顿间隔。历史上的－ʔ韵尾字，有时与后字结合相对较松，之间留有一定的停顿间隔，发音显得短促，有时与后字结合非常紧密，二者间不存在停顿间隔，前字韵尾也不留痕迹，类似于元音韵字。由于调值的模式是一致的，在本表中，我们暂且忽略韵尾的差异，统一记作 44 或 22。在词句记音时，我们根据发音的实际情况，把前字保留韵尾时略短的变调记为 4 或 2。

表 6　罗源话二字组连读变调举例

阴平 + 阴平 ［42 – 21 42］	街中 kɛ luoŋ	书包 tsy βau
阴平 + 阳平 ［42 – 22 31］	梳头 θœ lau	猪油 ty iu
阴平 + 阴上 ［42 – 23 21］	猪母 ty mɔ	骹肚 k^{h}a lu
阴平 + 阴去 ［42 – 22 35］	天气 t^{h}ieŋ k^{h}i	栽菜 tsai ts^{h}ai
阴平 + 阳去 ［42 – 22 34］	番柿 xuaŋ k^{h}i	鸡卵 kie lɔŋ
阴平 + 阴入 ［42 – 22 2］	冬节 tøŋ nzeiʔ	亲戚 ts^{h}iŋ nziʔ
阴平 + 阳入 ［42 – 21 52］	新历 θiŋ liʔ	生日 θaŋ niʔ
阳平 + 阴平 ［31 – 44 42］	刣猪 t^{h}ai ty	头梳 t^{h}au ðœ
阳平 + 阳平 ［31 – 21 31］	鱼鳞 ŋy liŋ	行棋 kiaŋ ki
阳平 + 阴上 ［31 – 22 21］	棉袄 mieŋ ŋ	朋友 peŋ ŋiu
阳平 + 阴去 ［31 – 21 35］	油菜 iu ʒai	芹菜 k^{h}yŋ ʒai
阳平 + 阳去 ［31 – 21 34］	徒弟 tu lɛ	皮卵 p^{h}ui lɔŋ
阳平 + 阴入 ［31 – 21 2］	头发 t^{h}au uoʔ	菩萨 pu laʔ
阳平 + 阳入 ［31 – 44 52］	农历 nyŋ liʔ	蝴蝶 xu lieʔ
阴上 + 阳平 ［21 – 44 31］	水塍 tsy ʒeŋ	剪头 tseŋ t^{h}au
阴上 + 阴上 ［21 21 – 53］	老鼠 lɔ ʒy	水果 tsy uo
阴上 + 阴去 ［21 – 44 35］	短裤 tui u	煮配 tsy p^{h}ui
阴上 + 阳去 ［21 – 44 34］	手电 ts^{h}iu tieŋ	保护 pɔ xu
阴上 + 阴入 ［21 – 44 2］	水窟 tsy k^{h}ouʔ	好乇 xɔ nɔʔ
阴去 + 阴平 ［35 – 44 42］	菜刀 ts^{h}ai lɔ	唱歌 ts^{h}yøŋ kɔ
阴去 + 阳平 ［35 – 53 31］	剃头 t^{h}ie lau	算盘 θɔŋ muaŋ
阴去 + 阴上 ［35 – 44 21］	粪桶 puŋ nœŋ	数码 θu ma

续表

阴去+阴去［35－53 35］	对面 tøy miŋ	做梦 tsɔ mœŋ
阴去+阳去［35－53 34］	看病 kʰaŋ paŋ	做事 tsɔ lai
阴去+阴入［35－53 2］	碎乇 tsʰøy nɔʔ	教室 kau liʔ
阴去+阳入［35－44 52］	正日 tsiaŋ niʔ	做十 tsɔ lieʔ
阳去+阴平［34－44 42］	被单 pʰui laŋ	汗衫 xaŋ naŋ
阳去+阳平［34－21 31］	二胡 ni u	大门 tui muoŋ
阳去+阴上［34－22 21］	麵粉 mieŋ ŋuŋ	遏雨 tɔŋ ŋy
阳去+阴去［34－21 35］	尿布 niu βuo	事计 tai ie
阳去+阳去［34－21 34］	字运 tsi uŋ	寺庙 θi miu
阳去+阴入［34－21 2］	自杀 tsy laʔ	样式 yøŋ niʔ
阳去+阳入［34－44 52］	旧历 ku liʔ	闹热 nau ieʔ
阴入甲+阴平［2－44 42］	伯公 pa uŋ	百花 pa ua
阴入甲+阳平［2－53 31］	烛油 tsuo iu	借钱 tsyø tsieŋ
阴入甲+阴上［2－44 21］	霍口 kʰuo au	壁虎 pia u
阴入甲+阴去［2－53 35］	拍算 pa lɔŋ	澈布 tʰa βuo
阴入甲+阳去［2－53 34］	侧面 tsʰei mieŋ	尺二 tsʰyø ni
阴入甲+阴入［2－53 2］	客鹊 kʰa ʒyøʔ	桌角 tɔ øyʔ
阴入甲+阳入［2－44 52］	百日 pa niʔ	尺六 θyø løyʔ
阴入乙+阴平［2－44 42］	结婚 kie xuoŋ	铁钉 tʰie tiŋ
阴入乙+阳平［2－44 31］	腹脐 pu θai	发型 xua xiŋ
阴入乙+阴上［2－44 21］	竹团 ty kieŋ	鸭母 a mɔ
阴入乙+阴去［2－44 35］	出世 tsʰu θie	七寸 tsʰi tsʰɔŋ
阴入乙+阳去［2－44 34］	割釉 ka tɪu	角度 køy tu
阴入乙+阴入［2－44 2］	七角 tsʰi køyʔ	腹脊 pu tsiaʔ
阴入乙+阳入［2－44 52］	八十 peʔ θeʔ	出力 tsʰu liʔ
阳入甲+阴平［52－44 42］	白花 pa ua	桌关 tɔ uaŋ
阳入甲+阳平［52－21 31］	石榴 θyø liu	额头 ŋia lau

续表

阳入甲 + 阴上 ［52 - 22 21］	白酒 pa ʒiu	索尾 θɔ mui
阳入甲 + 阴去 ［52 - 21 35］	白菜 pa ʒai	白布 pa βuo
阳入甲 + 阳去 ［52 - 21 34］	绿豆 luo lau	学样 ɔ yøŋ
阳入甲 + 阴入 ［52 - 21 2］	白鸽 pa aʔ	白色 pa θeiʔ
阳入甲 + 阳入 ［52 - 44 52］	食力 θia liʔ	蜀箬 θyø nyøʔ
阳入乙 + 阴平 ［52 - 44 42］	蜜蜂 mi pʰuŋ	辣椒 la tsiu
阳入乙 + 阳平 ［52 - 22 31］	日头 ni tʰau	学堂 xou toŋ
阳入乙 + 阴上 ［52 - 22 21］	蚀本 θieʔ puoŋ	栗子 li tsi
阳入乙 + 阴去 ［52 - 22 35］	客气 kʰei kʰi	绝对 tsuo tøy
阳入乙 + 阳去 ［52 - 22 34］	烈士 lie θy	热饭 ie puoŋ
阳入乙 + 阴入 ［52 - 22 2］	合适 xaʔ θiʔ	蜡烛 laʔ tsuoʔ
阳入乙 + 阳入 ［52 - 44 52］	日历 iʔ leʔ	实习 θi θiʔ

（五）老男和青男在音系上的主要区别

青男与老男相比，青男缺少 o 韵和 ey 韵。o 韵字并入 ɔ 韵，ey 韵字并入 øy 韵。

福清话

一　调查点概况

福清市属福州市代管市，位于福州市境南部。东邻平潭岛，西接莆田市涵江区，南临福清湾，北部与永泰县、闽侯县、福州市长乐区交界。东经119°3′—119°40′，北纬25°18′—25°52′。本调查点为县政府所在地玉屏街道。

截至2017年人口136万，其中以汉族为主，达134万多人，约占总人口的98.7%。少数民族约1.6万人，占总人口1.3%。少数民族中畲族人口最多，达五千人以上，居住在一都乡的东山村、宏路镇的棋山村、三山镇的钟厝村及江阴半岛的部分地区，畲族内部讲畲话，对外讲福清话。福清话属于闽方言闽东片侯官小片，分布在福清全境，为本地通用方言。

福清当地的曲艺主要有闽剧，一般以福州腔演唱。

福清话是2018年国家语保点，由福建师范大学教师黄涛全程记录整理。

二　方言发音人概况

方言老男王尾珠，汉族，1953年1月出生于玉屏街道，高中文化程度。已退休。

方言青男陈曦，汉族，1983年4月出生于玉屏街道，大学本科文化程度。就职于福清市广播电视台。

方言老女肖丽珍，汉族，1957年10月出生于玉屏街道，高中文化程度。已退休。

方言青女陈风，汉族，1985年4月出生于玉屏街道，大学本科文化程度。就职于福清文光学校。

口头文化发音人有陈风（女，玉屏街道）、薛茂金（龙山街道）、陈伟（东张镇）、宋国忠（玉屏街道）、郑清岁（一都镇）、陈明强（海口镇）。

地普发音人有陈明强（海口镇）、宋国忠（玉屏街道）、薛茂金（龙山街道）。

三　福清话音系

（一）声母

福清话有15个声母（包括零声母）：

表1　福清话声母表

p 八兵爬病飞白肥饭白	pʰ派片蜂	m 麦明味白问白		
t 多东甜毒竹茶事白	tʰ 讨天张抽拆柱白	n 脑南年泥软	l 老蓝连路	
ts 资早租酒字坐文全柱文争装纸主书	tsʰ 草寸刺清贼抄初床车春城白手			θ 坐白丝三酸想祠谢事文山双船顺十城文
k 高九共权县	kʰ开轻	ŋ 熬月		x 飞文风副饭文好灰响云白
∅ 味文问文热活安温王云文用药				

说明：

1. ［ts tsʰ］和普通话相比，发音时略松，与齐齿呼、撮口呼韵母相拼时，发音部位后移，腭化为舌叶音［tʃ tʃʰ］或舌面前音［tɕ tɕʰ］。［ts］、［tʃ］、［tɕ］与［tsʰ］、［tʃʰ］、［tɕʰ］不区别意义，统一记作［ts］、［tsʰ］。

2. ［θ］并不是标准的齿间音，发音时舌尖置于上齿背，气流在舌间与上齿的缝隙中通过，产生摩擦。

3. ［x］发音部位与韵母洪细有关，拼洪音时略靠后，拼细音时带腭化色彩。

4. 零声母前带轻微的喉塞音［ʔ］。

5. 声母的连读音变。福清方言在连读中，上字的声母不变，下字的声母受上字韵尾的影响产生变化。变化的规律见表2。

表2 福清话声母类化表

原声母	阴声韵后	阳声韵后
p p^h	β	m
t t^h θ	l	n
ts ts^h	ʒ	nz
k k^h h ø	ø	ŋ
l	不变	n
m n ŋ l	不变	不变

［β ʒ nz］不是独立的声母，它们以上字韵尾为条件，只出现在后字的连读音变中，因此不在音系中标明。［β］是双唇浊擦音，在发音的一瞬间双唇可能轻微接触，但双唇相触的滞留时间短暂，没有形成塞音阻滞气流的效果，因而不分析为双唇浊塞音；［z］是［ts ts^h］这两个声母在上字阴声韵的条件下类化产生的同部位浊音，发音部位很松，对气流的节制作用微弱，在极端松弛的发音时，只是一个半元音，部位也不易确定，只有在强调发音时，才具备浊音性质；［nz］则是［ts］、［ts^h］两个声母在上字为阳声韵的条件下的类化形式。连读上字的鼻音韵尾发完后没有除阻，而是直接把口腔阻塞部位前移到发下字声母［ts］或其腭化形式的位置，随即在除阻时带出一个很松的浊擦音。由于同部位的鼻音和擦音结合紧密，实际上只有一个发音过程，可以处理为一个辅音。

（二）韵母

福清话有64个韵母（包括声化韵 ŋ）：

表3 福清话韵母表之一

	i 米丝飞$_{文}$	u 苦	y 猪雨师$_{文}$
a 茶牙师$_{白}$饱$_{白}$白$_{白}$	ia 写锡$_{白}$	ua 瓦	
æ 快$_{白}$			
ɛ 排鞋	ie 戏		
œ 告			
ɔ 坐$_{文}$			

续表

ø 初			
o 歌宝饱$_{文}$学$_{白}$	io 桥药	uo 过靴绿$_{白}$局	
	iu 油	ui 开$_{白}$赔飞$_{白}$鬼	
ai 开$_{文}$		uai 快$_{文}$	
ɐi 对坐$_{白}$		uɐi 贝	
		uɔi 卫	
ei 试二			
oi 短$_{白}$		uoi 灰	
au 豆走$_{白}$			
æu 凑	iɐu 笑		
	iɛu 幼		
eu 走$_{文}$	ieu 烧		
ou 五			
øy 锯			
ŋ 唔			
	iŋ 心深新灯$_{白}$升星兄$_{文}$	uŋ 滚春云$_{白}$东$_{文}$	yŋ 根$_{白}$云$_{文}$
aŋ 南山争$_{白}$病$_{白}$	iaŋ 兄$_{白}$	uaŋ 半短$_{文}$官横	
ɛŋ 硬			
œŋ 送			
ɔŋ 寸			
eŋ 灯$_{文}$争$_{文}$病$_{文}$	ieŋ 盐年		
øŋ 双东$_{白}$用			
oŋ 根$_{文}$糖床讲	ioŋ 响	uoŋ 权王	
	iʔ 直	uʔ 木	yʔ 绿$_{文}$
aʔ 盒塔鸭辣	iaʔ 摘	uaʔ 法活刮$_{文}$	
ɛʔ 贴八节$_{白}$北$_{文}$色			

续表

œʔ 壳北$_{白}$			
ɔʔ 刮$_{白}$骨托			
eʔ 十急七一橘白$_{文}$尺$_{文}$锡$_{文}$	ieʔ 接热节$_{文}$		
øʔ 六			
oʔ 出学$_{文}$谷	ioʔ 尺$_{白}$	uoʔ 月郭国	

说明：

1. 福清话的韵母系统存在“变韵”现象，本音系韵母表设立 64 个韵母，这是参考实际音值进行“韵位”分合处理后的数量。在福清话中，历史上同韵的例字，其韵母音值与声调有密切关系，各韵在阴平、阳平、阴上、阳入是一种音值，称为“本韵”，在阴去、阳去、阴入是另一种音值，称为“变韵”。本韵与变韵最主要的表现形式是：在本韵中，主元音的开口度相对较小，在变韵中，对应主元音的开口度相对较大。因此，也将其称为“紧韵”和“松韵”。如果把本韵（紧韵）和变韵（松韵）合并为一个韵母的话，可归并为 46 个韵母，如表 4 所示。

表 4　福清话韵母表之二

	甲	乙	丙
阴声韵	a 家嫁	ai　au　uai 台　交　怀	
	ia　ie　io 赊　鸡　桥	eu/æu　iu/iɛu　ieu/iɐu 条料　油秀　表笑	i/ei　ɛ/æ 机记　溪蟹
	ua　uo 瓜　靴	oi/ɐi　ui/uɔi　uoi/uɐi 衰坐　开岁　灰贝	u/ou　o/ɔ 孤固　哥告
			y/øy　ø/œ 猪箸　初鑢

续表

	甲	乙	丙
入声韵	aʔ 合		
	iaʔ ieʔ ioʔ 食 设 约		iʔ/eʔ eʔ/ɛʔ 直滴 十色
	uaʔ uoʔ 罚 国		uʔ/oʔ oʔ/ɔʔ 毒督 滑骨
			yʔ/øʔ øʔ/œʔ 俗宿 墨角
阳声韵	aŋ 山		
	iaŋ ieŋ ioŋ 惊 边 香		iŋ/eŋ eŋ/ɛŋ 心信 灯店
	uaŋ uoŋ 弯 饭		uŋ/oŋ oŋ/ɔŋ 军棍 酸算
			yŋ/øŋ øŋ/œŋ 斤近 东冻

甲类韵母和乙类韵母中的 ai、au、uai 也存在变韵现象，例如：ie 韵的变韵实际音值接近［iɛ］，uo 韵的变韵实际音值接近［uɔ］；但其差异相对其他韵母而言略小，我们暂以本韵进行记录。丙类韵母中的入声韵和阳声韵，由于松紧韵的变化，已经造成了特殊的、成系列的"韵位交叉"现象。

2. 韵母的连读音变：福清话在连读中，下字韵母不发生变化。上字韵母，逢阴平、阳平、阴上、阳入四调类的，也不发生音变；上字逢阴去、阳去、阴入三调类（变韵）的，韵母随着字调发生相应的变化，即变为相应的紧韵。一个字读紧韵还是读变韵，一是取决于该字的单字调类，二是取决于连读时的位置和变调情况。上字单字调若是紧韵韵母，连读中不发生变化；上字单字调若是变韵韵母，连读中一般变为紧音韵母。例如：

气 $k^{h}ei^{21}$　　气球 $k^{h}i^{44}kiu^{44}$　　兔 $t^{h}ou^{21}$　　兔团 $t^{h}u^{51}iaŋ^{31}$

趁 $t^{h}eŋ^{21}$　　趁机 $t^{h}iŋ^{44}ki^{51}$　　动 $toŋ^{42}$　　动作 $tuŋ^{21}nzɔʔ^{2}$

3. i、u、y 等韵尾指示了舌位运动方向，往往并不到位。oi 的韵尾介于 i 和 y 之间。在阳去调中，阳声韵的韵尾往往较弱。

4. io、ioŋ、ioʔ 中的介音［i］，发音不稳定，有时是［y］。

5. 本次调查中方言老男属老派读音，《戚林八音》中的秋、烧二韵不混同，杯、辉二韵也不混同，例如：修 θiu^{53} ≠烧 θieu^{53}；辉 hui^{53} ≠灰 huoi^{53}。目前多数人秋烧二韵已混同、杯辉二韵也已混同。

（三）声调

福清话有 7 个声调：

阴平 53	东该灯风通开天春麦白$_{白}$
阳平 44	门龙牛油铜皮糖红
阴上 31	懂古鬼九统苦讨草买老$_{文}$有$_{文}$
阴去 21	冻怪半四痛快寸去饭$_{文}$树$_{白}$百$_{白}$
阳去 42	卖路硬乱洞地饭$_{文}$树$_{白}$老$_{白}$五有$_{白}$动罪近后
阴入 2	谷百$_{文}$搭节急哭拍塔切刻
阳入 5	六叶月毒白$_{文}$盒罚

说明：

1. 阴上［31］不太稳定，有时降幅略小，近［32］。

2. 阴入［2］并不十分短促。

3. 阳入［5］带有降尾，近［53］，与阴平调相比更为短促，且带有喉塞尾。

4. 福清话声调与古平、上、去、入四声有较整齐的对应关系，依古音声母分为阴阳两类。全浊上归阴去，次浊上分归阴上和阳去，一般白读阳去，文读阴上。部分古入声字失去喉塞尾读同阴声韵字，其中古清入字读阴去调；古浊入字读阴平调。

（四）连读变调说明

福清话的连读变调总规律是连读上字以下字的调类为条件发生调值的变化，连读变调语段的末一音节的声调一般保持不变。

连读变调的调值有五种，其五度值分别为：53、44、21、2、5、34，前五种调值与单字音的阴平、阳平、阴去、阴入、阳入相同，是因连读而发生的调位替换；最后一种调值姑且称为变升调。

福清话的二字组连读变调规律如下表所示：

表5　福清话二字组连读变调规律表

后字 前字		阴平53	阳平44	阴上31	阴去21	阳去42	阴入2	阳入5
阴平53	甲－来自古清平	44	44	44　53	34	34	34	44
	乙－来自古入声	44	44	44	21	44	21	44
阳平44		—	—	—	21	—	21	—
阴上31		21	21　34	21　53	34	34	34	21
阴去21		44	44	53	53	53	53	44
阳去42		44	44	44	21	44	21	44
阴入2		5	5	5	5	5	5	5
阳入5		—	—	2	2	2	2	—

说明：

1. 阴平的变调有两种，一是来源于古清平字，一是来源于古入声字。

2. 在两字组里，除阴上外，一般都是前字变调，后字不变调。阴上作为前字，与所有的调类组合都变调，作为后字，与阴平、阴上组合时可变可不变，例如“姜［kyoŋ^{53}］”和“母［mo^{31}］”组合为“姜母［kioŋ^{44}mo^{53}］”；“鸟［tseu^{31}］”和“团［kiaŋ^{31}］”组合为“鸟团［tseu^{21}iaŋ^{53}］”；阴上作为后字与其他调类组合不变调。

3. 变调后的调值，虽记成和单字调同样的数值，却略有不同。如“往年［uoŋ^{21}nieŋ^{44}］”，这里的21比阴去的起点略高一些；“看病［k^{h}aŋ^{53}paŋ^{42}］”，这里的53降幅并没有阴平那么大。

4. 读轻声的后附性的句法成分不与其他词语组合时，声调变得又短又轻，我们记成轻声调，如“其［kei^{0}］”“蜀［θyo^{0}］”等。

5. 叠音字组也不同于普通的二字组变调规律。

表6　福清话二字组连读变调举例

阴平（甲）＋阴平［53－44 53］	街中 ke loŋ	书包 tsy βau
阴平（甲）＋阳平［53－44 44］	梳头 θø lau	猪油 ty iu
阴平（甲）＋阴上［53－44 31］	猪母 ty mo	骹肚 k^{h}a lu
［53－44 31－53］	姜母 kioŋ mo	猪团 ty iaŋ

续表

阴平（甲）+阴去［53－34 21］	天气 t^hieŋ k^hei	栽菜 tsai ts^hai
阴平（甲）+阳去［53－34 42］	番柿 xuaŋ k^hei	鸡卵 kie lɔŋ
阴平（甲）+阴入［53－34 2］	冬节 tøŋ nzɛʔ	亲戚 ts^hiŋ nzeʔ
阴平（甲）+阳入［53－44 5］	新历 θiŋ leʔ	生日 θaŋ niʔ
阴平（乙）+阴平［53－44 53］	药膏 io ko	
阴平（乙）+阳平［53－44 44］	石榴 θio liu	
阴平（乙）+阴上［53－44 31］	药水 io ʒui	
阴平（乙）+阴去［53－21 21］	食昼 θia lau	
阴平（乙）+阳去［53－44 42］	绿豆 luo lau	
阴平（乙）+阴入［53－21 2］	白色 pa lɛʔ	
阴平（乙）+阳入［53－44 5］	白读 pa løʔ	
阳平+阴去［44－21 21］	油菜 iu ʒai	无面 mo meŋ
阳平+阴入［44－21 2］	头发 t^hau uoʔ	菩萨 pu laʔ
阴上+阴平［31－21 53］	舞狮 u θai	手巾 ts^hiu yŋ
阴上+阳平［31－21 44］	水田 tsui ʒeŋ	剪头 tseŋ t^hau
阴上+阴上［31－21 31］ ［31－21 31－53］	老鼠 lo ʒy 鸟团 tseu iaŋ	洗齿 θe k^hi 尾首 mui lau
阴上+阴去［31－34 21］	短裤 toi ou	煮配 tsy p^huɐi
阴上+阳去［31－34 42］	手电 ts^hiu lieŋ	保护 po xou
阴上+阴入［31－34 2］	水窟 tsui k^hɔʔ	尾叔 mui ʒøʔ
阴上+阳入［31－21 5］	扁食 pieŋ niʔ	满月 muaŋ ŋuoʔ
阴去+阴平［21－44 53］	菜刀 ts^hai lo	唱歌 ts^hioŋ ko
阴去+阳平［21－44 44］	灶前 tsau leŋ	剃头 t^hie lau
阴去+阴上［21－53 31］	粪桶 puŋ nøŋ	裤筒 k^hu løŋ
阴去+阴去［21－53 21］	对面 toi meŋ	做梦 tso mœŋ
阴去+阳去［21－53 42］	看病 k^haŋ paŋ	做事 tso lai
阴去+阴入［21－53 2］	碎乇 ts^hoi nɔʔ	教室 kau leʔ
阴去+阳入［21－44 5］	正月 tsiaŋ ŋuoʔ	做十 tso θeʔ

续表

阳去＋阴平［42－44 53］	被单 p^{h}ui laŋ	汗衫 xaŋ naŋ
阳去＋阳平［42－44 44］	二胡 ni u	大门 tua muoŋ
阳去＋上声［42－44 31］	麺粉 mieŋ ŋuŋ	遢雨 toŋ ŋy
阳去＋阴去［42－21 21］	尿布 nieu βuo	事计 tai ie
阳去＋阳去［42－44 42］	字运 tsi ɔŋ	寺庙 θi miɐu
阳去＋阴入［42－21 2］	后叔 au ʒøʔ	样式 yoŋ nzeʔ
阳去＋阳入［42－44 5］	旧历 ku leʔ	闹热 nau ieʔ
阴入＋阴平［2－5 53］	结婚 kieʔ xuoŋ	铁钉 t^{h}ieʔ tiŋ
阴入＋阳平［2－5 44］	腹脐 puʔ θai	发狂 xuaʔ kuoŋ
阴入＋上声［2－5 31］	鲫板 tsiʔ peŋ	竹团 tyʔ kiaŋ
阴入＋阴去［2－5 21］	柏树 p^{h}eʔ ts^{h}iɛu	出葬 ts^{h}uʔ tsɔŋ
阴入＋阳去［2－5 42］	割釉 kaʔ tiɛu	角度 køʔ tu
阴入＋阴入［2－5 2］	七角 ts^{h}iʔ køʔ	八帖 peʔ t^{h}ɛʔ
阴入＋阳入［2－5 5］	拾什 k^{h}aʔ θiʔ	八十 peʔ θeʔ
阳入＋阴平［5 53］	食药 θiaʔ io	蜜蜂 miʔ p^{h}uŋ
阳入＋阳平［5 44］	日头 niʔ t^{h}au	学堂 xoʔ toŋ
阳入＋上声［5－2 31］	蚀本 θieʔ puoŋ	翼鼓 θiʔ ku
阳入＋阴去［5－2 21］	日昼 niʔ tau	十顿 θeʔ tɔŋ
阳入＋阳去［5－2 42］	烈士 lieʔ θøy	热饭 ieʔ puoŋ
阳入＋阴入［5－2 2］	合适 xaʔ θeʔ	蜡烛 laʔ tsuoʔ
阳入＋阳入［5 5］	日历 niʔ leʔ	逐日 tøʔ niʔ

（五）老男和青男在音系上的主要区别

1. 青男一些古去声字阴阳两类有互混现象，如“试”混入阳去，“芋”混入阴去。

2. 与老男相比，《戚林八音》中的秋、烧二韵已混同，杯、辉二韵也已混同，例如：修 θiu^{53} = 烧 θiu^{53}；辉 hui^{53} = 灰 hui^{53}。

平潭话

一　调查点概况

平潭原为福州市辖县，后改制为省属直管综合试验区。全境为多港湾岛屿，东临台湾海峡，西接福清市，南接莆田秀屿区，北部与福州长乐区交界。东经119°30′—120°10′，北纬25°15′—25°45′。本调查点为试验区中心潭城镇。

平潭约有人口44万，其中汉族约43万，回族约9千人。平潭无少数民族语言。丁姓回族文化习俗实际已与汉族无异。平潭通行平潭话，平潭话与福清话相似，同属闽东方言片。平潭方言除了新老派的差别外，城区和各小岛的口音也略有差别。平潭还有小片方言岛，包括南海乡朝屿岛、塘屿岛的莆田话，流水镇后田村、中楼乡韩厝、澳前镇大礵下、龙王头等村的闽南话。总体来看，平潭讲闽南话、莆仙话的范围越来越小，会讲的人越来越少。

当地的曲艺有用方言说唱的闽剧、词明戏、莆仙戏。平潭闽剧团于1943年建团。词明戏包括伬唱、评话、排子、布袋戏，以及平讲、渔歌、神灵戏。这些演出形式大多流行于20世纪五六十年代到七八十年代。现在很少演出。莆仙戏大多在南海乡讲莆仙话的村里演出。

平潭话是2018年国家语保点。由福建师范大学教师陈芳全程记录整理。

二　方言发音人概况

方言老男陈平恩，汉族，1952年3月出生于潭城镇，中专文化程度。已退休。

方言青男杨旭辉，汉族，1991年9月出生于潭城镇，大学本科文化程度。就职于平潭澳前镇中心小学。

方言老女汪梅玲，汉族，1963年11月出生于潭城镇，高中文化程度。已退休。

方言青女曹樱子，汉族，1993 年 4 月出生于潭城镇。大学本科文化程度。就职于平潭实验小学。

口头文化发音人有陈欲魁、丁真闻（女）、汪梅玲（女）、王惠平（女），都是潭城镇人。

地普发音人有汪梅玲（女）、王惠平（女）、陈欲魁，都是潭城镇人。

三　平潭话音系

（一）声母

平潭话有 14 个声母（包括零声母）：

表 1　平潭话声母表

p 八兵爬病飞$_{白}$肥饭$_{白}$	p^h派片蜂	m 麦明味$_{白}$问$_{白}$		
t 多东甜毒竹茶事$_{白}$	t^h讨天张抽拆柱$_{白}$			l 脑南年泥老蓝连路软
ts 资早租酒字全柱$_{文}$争装纸主书	ts^h刺草寸清贼抄初床车春手		θ 坐丝三酸想祠谢事$_{文}$山双船顺十城	
k 高九共权县	k^h开轻	ŋ 熬月	x 飞$_{文}$风副饭$_{文}$好灰响云$_{白}$	
Ø 味$_{文}$问$_{文}$热活安温王云$_{文}$用药				

说明：

1. 声母［ts ts^h］与齐齿呼、撮口呼韵母相拼时，发音部位后移，腭化为舌面前音［tɕ $tɕ^h$］。两组声母不对立，一律记成［ts ts^h］。

2. 平潭话［n］［l］在单字音中已经混同，本次调查在齐撮呼韵母前读［n］的频次相对较高，一律记成［l］。

3. ［θ］声母的读法呈现个人差异，有些人倾向于读［θ］，有些人的读音接近于［s］。本次调查的老男读音接近［θ］，和普通话［s］的发音方法略有不同：普通话的［s］是擦音，发音舌尖接近上齿背，气流摩擦而出；而平潭话的［θ］，舌尖轻轻抵住上齿背，气流除阻而出，发音方法与边音相似。［θ］与齐齿呼、撮口呼韵母相拼时，发音部位后移，腭化为舌面前音［ç］。两组声母不对立，一律记成［θ］。

4. 声母［x］具体发音部位与所拼合的韵母洪细相关。与齐齿呼、撮口呼韵母相拼时略带腭化色彩，近于舌面音［ç］。

5. 零声母音节发单字音或处在连续语段的开头位置时，前面有一个轻微的喉塞音［ʔ］，但不构成音位的区别。

6. ［ŋ］发音部位略靠前。

7. ［β z ð］不是独立的声母，它们以上字韵尾为条件，只出现在后字声母的连读音变中，因此不在音系中标明。

（二）韵母

平潭话有65个韵母：

表2　平潭话韵母表之一

	i 米丝飞$_{\text{文}}$	u 苦初$_{\text{文}}$	y 猪雨师$_{\text{文}}$
	ɪ 试二	ʊ 裤	ʏ 住
a 茶牙师$_{\text{白}}$饱白$_{\text{白}}$	ia 写锡$_{\text{白}}$	ua 瓦	
æ 快$_{\text{白}}$			
ɛ 排鞋	ie 戏		
œ 告			
ɔ 托$_{\text{白}}$			
ø 初$_{\text{白}}$			
o 歌五宝学$_{\text{白}}$		uo 过靴郭绿	yo 桥药尺约$_{\text{白}}$
	iu 油	ui 开$_{\text{白}}$赔飞$_{\text{白}}$鬼	
ai 开$_{\text{文}}$		uai 快$_{\text{文}}$	
		uoi 贝	
au 豆走$_{\text{白}}$			
ɛu 料			
eu 走$_{\text{文}}$	ieu 笑		

续表

ɔy 坐对			
oy 短白			
	iŋ 心深新升星兄文	uŋ 滚春云白东文	yŋ 根白云文
	ɪŋ 浸	ʊŋ 顺	ʏŋ 近
aŋ 南山争白病	iaŋ 兄白	uaŋ 半短文官横	
ɛŋ 硬	ieŋ 盐年		
œŋ 送			
ɔŋ 寸			
øŋ 双东白用			
oŋ 根文糖床讲		uoŋ 权王	yoŋ 响
eiŋ 灯争文			
	iʔ 直	uʔ 木	yʔ 育
	ɪʔ 急七一橘锡文	ʊʔ 福	ʏʔ 菊
aʔ 盒塔鸭辣	iaʔ 额	uaʔ 法活刮文	
ɛʔ 贴八节白北色			
œʔ 壳			
ɔʔ 刮白骨托文			
eʔ 十白文	ieʔ 接热节文		
øʔ 六			
oʔ 出学文谷		uoʔ 月国局	yoʔ 约文

说明：

1. 闽东方言存在系统的调类分韵现象。历史来源一致的字音（以 a 为主要元音的韵母除外）按调类分化成紧韵和松韵。阴平、阳平、阴上、阳入读紧韵，阴去、阳去、阴入读相对的松韵。

配对的松紧韵包括：（“/”前代表的是紧音，“/”后代表的是松音。）

i/ɪ　u/ʊ　y/ʏ　o/ɔ　ø/œ　ɛ/æ　eu/ɛu　oy/ɔy　iu/ieu　ui/uoi

iŋ/ɪŋ　eiŋ/ɛŋ　uŋ/ʊŋ　oŋ/ɔŋ　yŋ/ʏŋ　øŋ/œŋ

iʔ/ɪʔ　eʔ/ɛʔ　uʔ/ʊʔ　oʔ/ɔʔ　yʔ/ʏʔ　øʔ/œʔ

按照松音、紧音配对的方式，平潭话的韵母可以排列为表3。

表3　平潭话韵母表之二

阴声韵	a 家	au　eu/ɛu 交　条	
	ia　ie 骑　鸡	ai　uai 台　怀	i/ɪ　ɛ/æ 机/记　溪/蟹
	ua　uo 瓜　靴	oy/ɔy 衰/坐	u/ʊ　o/ɔ 孤/固　哥/靠
	yo 桥	iu/ieu　ui/uoi 油/秀　灰/岁	y/ʏ　ø/œ 猪/箸　初/告
入声韵	aʔ 合		
	iaʔ　ieʔ 揭　设		iʔ/ɪʔ　eʔ/ɛʔ 直/滴　十/色
	uaʔ　uoʔ 罚　国		uʔ/ʊʔ　oʔ/ɔʔ 毒/督　滑/骨
	yoʔ 约		yʔ/ʏʔ　øʔ/œʔ 俗/宿　墨/角
阳声韵	aŋ 山		
	iaŋ　ieŋ 惊　边		iŋ/ɪŋ　eiŋ/ɛŋ 心/信　灯/店
	uaŋ　uoŋ 弯　饭		uŋ/ʊŋ　oŋ/ɔŋ 军/棍　酸/算
	yoŋ 香		yŋ/ʏŋ　øŋ/œŋ 斤/近　东/冻

2. 高元音音位 i、u、y 作为韵尾只指示复韵母发音动程的终点，除非特别强调地读单字音，一般说话时是不到位的。y 作为韵头时唇形不很圆，从韵母表中可以看出是和介音［-i-］和［-y-］互补分布的。

3. ua 等韵母中的 a 舌位比标准元音略后。韵母 uai 的实际发音近于 uɐi。

4. 韵尾 ŋ 发音部位略靠前。

5. 韵母 ɪʔ/ɪŋ 实际发音时近于 ɪiʔ/ɪiŋ。

（三）声调

平潭话有 7 个声调（不包括轻声）：

阴平 51　　东该灯风通开天春白$_{白}$

阳平 44　　门龙牛油铜皮糖红

阴上 31　　古鬼九统苦讨草买老$_{文}$有$_{文}$

阴去 21　　冻怪半四痛快寸去饭$_{文}$树$_{白}$百拍

阳去 42　　卖路硬乱洞地饭$_{白}$树$_{文}$老$_{白}$五有$_{白}$动罪近后

阴入 2　　谷搭节急塔切刻

阳入 5　　六麦叶月毒白$_{文}$盒罚

说明：

1. 阴平调是高降调，记成 51。

2. 阳平调是高平调，起点略比阴平低，记成 44。

3. 阴上调是中降调，略长，记成 31。

4. 阴去调是低降调，调尾略长，重读时，收尾处略上扬，记成 21。

5. 阳去调是中降调，非对比的情况下，与阴平调很相似，记成 42。

6. 阴入是低短促调，起点略低，音长比阳入略长，结尾的喉塞音明显。

7. 阳入调是一个典型的高短促调，结尾干净、清晰。

8. 部分入声字舒化（其中一些字音常在连读中舒化），古清音声母入声字舒化后归入阴去 21，古浊音声母入声字舒化后归入阴平 51。

（四）连读变调说明

平潭话的词语连读时一般都要发生变调。前字变调是主要规律，连读上字以下字的调类为条件发生调值的变化，连读变调语段的末一音节的声调保持不变。

阴上作为后字，与阴平、阴上组合时可变可不变，例如“姜［kyoŋ^{53}］”和“母［mo^{32}］”组合为“姜母［kyoŋ^{44}mo^{53}］”；“鸟［tseu^{32}］”和“团［kiaŋ^{32}］”组合为“鸟团［tseu^{21}iaŋ^{53}］”；阴上作为后字与其他调类组合不变调。

读轻声的后附性的句法成分不与其他词语组合成连调组，叠音字组也不同于普通的二字组变调规律。

连读变调的调值有五种，其五度值分别为：51、44、21、2、5、35，前五种调值与单字音的阴平、阳平、阴去、阴入、阳入相同，是因连读而发生的调位替换；最后一种调值姑且称为变升调。

表4　平潭话二字组连读变调规律表

前字＼后字	阴平 51	阳平 44	阴上 31	阴去 21	阳去 42	阴入 2	阳入 5
阴平（甲）51	44	44	44	35	35	35	44
阴平（乙）51（来源于古入声字）	44	44	44	21	44	21	44
阳平 44	—	—	—	21	—	21	—
阴上 31	21	21	21	35	35	35	21
阴去 21	44	44	51	51	51	51	44
阳去 42	44	44	44	21	44	21	44
阴入 2	5	5	5	5	5	5	5
阳入 5	—	—	2	2	2	2	—

概括来看，平潭话两字组的变调规律主要有：

1. 前字阴平，后字阴平、阳平、阴上、阳入时，前字变为44调；后字是阴去、阳去、阴入时，前字变成35调。但古入声来源的阴平，前字变作21调或44调不定。为了下文举例方便，临时把前一类阴平字命名为阴平甲，后一类阴平字命名为阴平乙。

2. 前字阳平，后字是阴去、阴入时，前字声调变为21调；后字是其他声调时，前字声调不变。

3. 前字阴上，后字是阴平、阳平、阴上、阳入时，前字声调变为21调。后字是阴去、阳去、阴入时，前字声调变为35调。

4. 前字阴去，后字是阴平、阳平、阳入时，前字声调变为44调。后字是阴上、阴去、阳去、阴入时，前字声调变为51调。

5. 前字阳去，后字是阴平、阳平、阴上、阳去、阳入时，前字声调变为44

调。后字是阴去、阴入时，前字声调变为 21 调。

6. 前字阴入，后字不论什么声调，前字一律变为 ʔ5 调。

7. 前字阳入，后字是阴平、阳平、阳入时，前字不变调，只是塞音韵尾比读单字音时稍弱一些。后字是阴上、阴去、阳去、阴入时，前字声调变为 ʔ2 调。

有些字音在语流中，声调变得又短又轻，我们记成轻声调，如我［ŋua^{0}］，蜀［θyo^{0}］等。

变调后的调值，虽记成和单字调同样的数值，却略有不同。如“往年［uoŋ^{21}lieŋ^{44}］”，这里的 21 比阴去的起点略高一些；“看病［khaŋ^{51}paŋ^{42}］”，这里的 51 降幅并没有阴平那么大。

表 5　平潭话二字组连读变调举例

阴平甲			
阴平 + 阴平［51 – 44 51］	山坑山谷 θaŋ kʰaŋ	街中街道 kɛ loŋ	香菇 xyoŋ ŋu
阴平 + 阳平［51 – 44 44］	芝麻 tsie mua	埇尘灰尘 uŋ niŋ	清明 tsʰiŋ miŋ
阴平 + 阴上［51 – 44 31］	溪团溪 kʰɛ iaŋ	开水 kʰai zui	悬顶上面 kɛ liŋ
阴平 + 阴去［51 – 35 21］	天气 tʰieŋ kʰe	乌暗阴 u aŋ	杉树 θaŋ nieu
阴平 + 阳去［51 – 35 42］	乡下 xyoŋ ŋa	骿后 pʰiaŋ ŋau	豌豆 uaŋ nau
阴平 + 阴入［51 – 35 2］	冬节冬至 tøŋ nɛʔ	猪角种猪 ty œʔ	鸡角公鸡 kie œʔ
阴平 + 阳入［51 – 44 5］	新历阳历 θiŋ eʔ	生日 θiaŋ liʔ	
阴平乙			
阴平 + 阴平［51 – 44 51］	药膏 yo ko		
阴平 + 阳平［51 – 44 44］	石头 θyo lau	石榴 θyo liu	
阴平 + 阴上［51 – 44 31］	药水 yo zui		
阴平 + 阴去［51 – 21 21］	麦片 ma pʰieŋ	白露 pa lo	
阴平 + 阳去［51 – 44 42］	白豆黄豆 pa lau	绿豆 luo lau	
阴平 + 阴入［51 – 21 2］	白色 pa ðæʔ	绿色 luo ðæʔ	
阴平 + 阳入［51 – 44 5］	白读 pa løʔ		

续表

阳平+阴去［44－21 21］	煤炭 mui laŋ	明旦$_{\text{明天}}$maŋ naŋ	松柏$_{\text{松树}}$θyŋ ma
阳平+阴入［44－21 2］	磁铁 tsy t^{h}ieʔ	头发 t^{h}au uoʔ	菩萨 pu ðaʔ
阴上+阴平［31－21 51］	好天$_{\text{晴天}}$xɔ lieŋ	火烟$_{\text{烟}}$xui iŋ	滚汤$_{\text{开水}}$kuŋ noŋ
阴上+阳平［31－21 44］	往年 uoŋ lieŋ	紫匏$_{\text{茄子}}$tsie βu	尾梨$_{\text{荸荠}}$mui li
阴上+阴上［31－21 31］	水果 tsui kuo	李团$_{\text{李子}}$li iaŋ	鸟团$_{\text{鸟儿}}$tseu iaŋ
阴上+阴去［31－35 21］	礼拜$_{\text{星期天}}$lɛ βai	柳树 liu zieu	草厝$_{\text{茅屋}}$ts^{h}au zuo
阴上+阳去［31－35 42］	保佑 po ʊ	纸鹞$_{\text{风筝}}$tsia lieu	起动$_{\text{谢谢}}$k^{h}i lœŋ
阴上+阴入［31－35 2］	水窟$_{\text{水坑儿}}$sui k^{h}ɔʔ	水笔$_{\text{毛笔}}$tsui βɪʔ	尾叔$_{\text{排行最小的叔父}}$mui zʏʔ
阴上+阳入［31－21 5］	小麦 θieu maʔ	扁食$_{\text{馄饨}}$pieŋ niʔ	酒席 tsui ðiʔ
阴去+阴平［21－44 51］	菜汤 tsai t^{h}oŋ	菜猪$_{\text{公猪}}$ts^{h}ai ly	饲猪$_{\text{喂猪}}$ts^{h}i ly
阴去+阳平［21－44 44］	去年 k^{h}yo lieŋ	菜头$_{\text{萝卜}}$ts^{h}ai lau	觑牛$_{\text{放牛}}$ts^{h}y ŋu
阴去+阴上［21－51 31］	露水$_{\text{露}}$lo zui	凊水$_{\text{凉水}}$ts^{h}iŋ nui	厝底$_{\text{家里}}$ts^{h}uo lɛ
阴去+阴去［21－51 21］	对面 toi meiŋ	扫厝$_{\text{扫地}}$θau zuo	粪索$_{\text{垃圾}}$puŋ nɔ
阴去+阳去［21－51 42］	看病 k^{h}aŋ paŋ	做旱$_{\text{旱}}$tso aŋ	巷弄$_{\text{胡同}}$xœŋ œŋ
阴去+阴入［21－51 2］	过失 kuo ðɪʔ	教室 kau ðɪʔ	钢笔 koŋ mɪʔ
阴去+阳入［21－44 5］	正月 tsiaŋ ŋuoʔ	做木$_{\text{做木工}}$tso muʔ	
阳去+阴平［42－44 51］	电灯 tieŋ leiŋ	铰刀$_{\text{剪子}}$ka lo	汗衫$_{\text{衬衫}}$xaŋ naŋ
阳去+阳平［42－44 44］	后年 au lieŋ	大门 tua muoŋ	汤匙 t^{h}oŋ nie
阳去+阴上［42－44 31］	遏雨$_{\text{下雨}}$toŋ ŋy	地震 ti tsiŋ	下底$_{\text{下面}}$a lɛ
阳去+阴去［42－21 21］	上昼$_{\text{上午}}$θyoŋ nau	下昼$_{\text{下午}}$a lau	位处$_{\text{地方}}$ui ts^{h}ʏ
阳去+阳去［42－44 42］	字运$_{\text{运气}}$tsi ʊŋ	豆腐 ta ʊ	鸡卵$_{\text{鸡蛋}}$kie lɔŋ
阳去+阴入［42－21 2］	样式 yoŋ ðɪʔ	自杀 tsy ðaʔ	后叔$_{\text{继父}}$au zʏʔ
阳去+阳入［42－44 5］	旧历$_{\text{阴历}}$ku leʔ	后日$_{\text{后天}}$au liʔ	大麦 tua maʔ
阴入+阴平［2－5 51］	结婚 kieʔ xuoŋ	乞食$_{\text{乞丐}}$k^{h}yʔ θia	铁钉 t^{h}ieʔ tiŋ
阴入+阳平［2－5 44］	腹脐$_{\text{肚脐}}$puʔ θai	割膣 kaʔ ts^{h}eiŋ	
阴入+阴上［2－5 31］	鲫板$_{\text{鲫鱼}}$tsiʔ peiŋ	虱母$_{\text{虱子}}$θeʔ mo	夹团$_{\text{背心}}$kaʔ kiaŋ
阴入+阴去［2－5 21］	出葬 ts^{h}uʔ tsɔŋ	卜＝暗$_{\text{傍晚}}$puʔ aŋ	

续表

阴入+阳去［2-5 42］	角度 køʔ tu	绰号 ts^{h}yoʔ xɔ	割粙$_{割稻}$kaʔ tieu
阴入+阴入［2-5 2］	七角 ts^{h}iʔ kʏʔ	出发 ts^{h}u xua	
阴入+阳入［2-5 5］	八十 peʔ θeʔ	发热$_{发烧}$xuaʔ ieʔ	特地$_{故意}$teʔ tiʔ
阳入+阴平［5-5 51］	辣椒 laʔ tsiu	蜜蜂 miʔ p^{h}uŋ	目珠$_{眼睛}$meʔ tsiu
阳入+阳平［5-5 44］	日头$_{太阳}$liʔ t^{h}au	核桃 xoʔ t^{h}o	学堂$_{学校}$xoʔ toŋ
阳入+阴上［5-2 31］	折本 θieʔ puoŋ	翼股$_{翅膀}$θiʔ ku	
阳入+阴去［5-2 21］	客气 k^{h}eʔ k^{h}ei	十顿 θeʔ tɔŋ	
阳入+阳去［5-2 42］	烈士 lieʔ θøy	热饭 ieʔ puoŋ	
阳入+阴入［5-2 2］	合适 xaʔ θɪʔ	合作 xaʔ tsɔʔ	
阳入+阳入［5-5 5］	日历 liʔ leʔ	逐日$_{每天}$tøʔ liʔ	立$^=$目$_{人殓}$liʔ møʔ

（五）老男和青男在音系上的主要区别

平潭老男和青男的声、韵、调的音类基本相同，音系大体一致。但在具体的音类和音值上，存在一些差异。主要表现在声母部分。青男的不少字音正在发生变化，如：老男 n/l 不分；青男 n/l 总体也不分，但受普通话的影响，有些字音 n/l 能清楚区分。［θ］声母的读法也呈现个人差异，老男青男都倾向于读［θ］，但老男发的［θ］，舌尖轻轻抵住上齿背，气流除阻而出，发音方法与边音相似；而青男发的［θ］，更明显是齿间音。再如：老男声母［x］具体发音部位与所拼合的韵母洪细相关；与齐齿呼、撮口呼韵母相拼时略带腭化色彩，近于舌面音［ç］；青男的腭化程度更明显。另外，韵母部分的松紧音，老男的对立更明显。

永泰话

一　调查点概况

永泰县属福州市辖县，位于福州市西部。东临福清市，西接尤溪县、德化县，南接仙游县、莆田涵江区，北部与闽侯县、闽清县交界。东经 118°23′—119°12′，北纬 25°39′—26°05′。本调查点位于县政府驻地樟城镇。

截至 2017 年人口 38.5 万，除汉族外，另有畲、壮等 13 个民族，分布在 2 个镇 19 个乡。畲族人口在 100 人以上的有 16 个村，畲语点主要分布于富泉、岭路、清凉等乡镇。永泰话有永福音和嵩口音之别。嵩口音主要分布嵩口镇及其附近的村落。其他的大部分区域均为永福音。永福音和嵩口音在声调方面区别较大。除阳入调相同外，其余各调均不同。具体如下（前为永福音，后为嵩口音）：阴平 44－322，阳平 353－44，阴上 31－324，阴去 21－332，阳去 242－213，阴入 ʔ3－ʔ4。另外，嵩口音中阴入的一部分字（即在分 ʔ 尾和 k 尾两套韵母中读 ʔ 尾的，如：百、柏、剥、粟、借、郭等）并入阴去调。县内除永泰话之外，另有兴化话点，分布于葛岭、城峰、岭路、赤锡、梧桐及嵩口等乡镇的个别乡村；闽清话点，分布于红星乡、葛岭乡、丹云乡等乡镇的部分村落。

本县主要通行的是闽剧，是福州方言说唱的曲艺。民间歌谣主要有“盘诗”。盘诗，亦称对歌或山歌，流行范围很广，尤其是偏僻山区，几乎成为群众主要娱乐形式。明清以来，“兴化诗”由莆田、仙游传入，后又被当地口音同化，渐而演变为“永福诗”，诗本多已散失，老年人时有传唱。

永泰话是 2018 年国家语保点。由闽江学院教师唐若石全程记录整理。

二　方言发音人概况

方言老男张智雄，汉族，1956 年 4 月出生于永泰县城峰镇。大专文化程度。1976 年 12 月—1980 年 1 月在漳州参军，复员后回永泰县工作。2002 年 8 月在永泰县总工会工作至2016年4月退休。

方言青男林伟，汉族，1989年2月出生于樟城镇，大专文化程度。在杨梅社区工作至今。

方言老女张琼，汉族，1959年7月出生于樟城镇，大专文化程度。已退休。

方言青女林敏真，汉族，1991年9月出生于樟城镇，大学本科毕业后在永泰城南小学附属幼儿园工作至今。

口头文化发音人有张挺秀（女）、蔡月香（女）、林陞、梁鸿燊（以上均樟城镇）、张秀�（女，城峰镇）、柯观生（洑口乡）、叶玉华（女，梧桐镇）。

地普发音人有江爱萍（女）、张维钦、陈明，均为樟城镇人。

三 永泰话音系

（一）声母

永泰话有15个声母（包括零声母）：

表1 永泰话声母表

p 八兵爬病飞$_{白}$肥饭	p^h派片蜂	m 麦明味$_{文}$问$_{白}$		
t 多东甜毒竹茶事$_{白}$	t^h讨天张抽拆柱$_{白}$	n 脑南年泥软		l 老蓝连路
ts 资早租酒清$_{白}$字坐$_{文}$全柱$_{文}$争装纸主书	ts^h刺草寸清$_{文}$贼抄初床车春手		s 坐$_{白}$丝三酸想祠谢事$_{文}$山双船顺十城	
k 高久共权县	k^h开轻	ŋ 熬月	h 飞$_{文}$风副好灰响云	
Ø 味$_{白}$问$_{文}$热活安温王用药				

说明：

1. 鼻音n、边音l有明显对立。如：南$naŋ^{353}$≠蓝$laŋ^{353}$。这与福州话鼻音边音自由变读的情况有所不同。

2. 舌尖前音ts、ts^h、s与齐齿呼、撮口呼韵母相拼时接近于舌面音，但由于舌尖前音与舌面音没有对立，是互补关系，故全部记为舌尖前音。

3. h 为喉音，但与前高元音组合时舌位前移至舌根近 x。如：非 xi^{44}、费 xie^{21}、虚 xy^{44}。由于不构成音位对立，所以把 x 处理成 h 的音位变体。

4. 零声母发音时有轻微的喉塞音，如：安 ʔaŋ^{44}。但不与零声母构成音位对立，处理成音位变体。

（二）韵母

永泰话有 54 个韵母：

表 2　永泰话韵母表

	i 米丝飞$_{文}$	u 苦	y 猪雨师$_{文}$
a 茶牙快$_{白}$师$_{白}$饱$_{白}$	ia 写	ua 瓦	
ɛ 排鞋	ie 戏		
œ 告			
ɔ 坐$_{文}$			
ø 驴			
o 歌宝饱$_{文}$			
		uo 过靴	yo 桥
ai 开$_{文}$师$_{白}$		uai 快$_{文}$	
ɔi 坐$_{白}$对		uoi 开$_{白}$赔飞$_{白}$鬼	
ei 试二			
au 豆走$_{白}$	iau 料愁		
ou 五	iou 笑走$_{文}$油		
øy 锯遇			
	iŋ 心深新灯$_{白}$升星兄$_{文}$	uŋ 滚春云东$_{文}$	yŋ 根$_{白}$
aŋ 南山争$_{白}$病$_{白}$	iaŋ 兄$_{白}$	uaŋ 半短官横	
	ieŋ 盐年		
		uoŋ 权王	yoŋ 响
aiŋ 硬			
eiŋ 灯$_{文}$争$_{文}$病$_{文}$			

续表

ɔyŋ 铜梦送			
øyŋ 双东白用			
ɔuŋ 寸糖床			
ouŋ 根文讲			
	iʔ 急七一橘直锡白	uʔ 出谷	yʔ 肉足
aʔ 盒塔鸭辣白白	iaʔ 擦	uaʔ 法活刮文	
ɛʔ 泥	ieʔ 接热节文		
øʔ（扔的意思）			
oʔ 托白学白		uoʔ 月郭国尺锡文绿局	yoʔ 药
eiʔ 贴十八节白北色白文			
øyʔ 壳六			
ouʔ 刮白骨托文学文			

说明：

1. 韵母按传统音韵学的方法分成阴声韵、阳声韵和入声韵三类。永泰话基本上完整地保持着切韵音系阴阳入三分的格局。韵尾类型和切韵音系有简单而整齐的对应关系。切韵的入声字在永泰话中都以喉塞音收尾，且都分布在阴入调和阳入调内。

2. 部分韵母在声调不同时有紧韵和松韵之别。其变化规律如下：部分单元音韵母遇阴去、阳去时读松韵母（o→ɔ、ø→œ、ɛ→a），高元音韵母遇阴去、阳去时读松韵母（i→ei、u→ou、y→øy、iŋ→eiŋ、uŋ→ouŋ、yŋ→øyŋ），阳声韵双韵尾韵母遇阳平、阴去、阳去时读松韵母（eiŋ→aiŋ、ouŋ→ɔuŋ、øyŋ→ɔyŋ）。永泰话松紧音韵母与声调的搭配关系如表3。

表3　永泰话松紧音韵母与声调的搭配关系

紧韵母	阴平 阳平 阴上	o	ø	ɛ	i	u	y	iŋ	uŋ	yŋ	阴平 阴上	eiŋ	ouŋ	øyŋ
松韵母	阴去 阳去	ɔ	œ	a	ei	ou	øy	eiŋ	ouŋ	øyŋ	阳平 阴去 阳去	aiŋ	ɔuŋ	ɔyŋ

3. ɛ 的变韵为 a，但开口度略小，接近于 æ。

4. 韵母 iu、ui 中有个轻微的流音，近于 o 或 e，因不构成音位对立，均记为 iou、uoi。

5. a 作单元音韵母和居于 ia、ai 中时舌位靠前为 a；居于后元音之前或后附后鼻音（ua、uai、au、aŋ、iaŋ、uaŋ、uaʔ）中时为舌位居中的 ᴀ；居于 iau 中时为 ɛ。由于不构成音位对立，这里均标记为 a。

6. 紧韵 o 与松韵 ɔ 互为变韵，但 o 韵字充当连读前字时均不变韵；ɔ 韵字遵从一般的变韵规律，遇阴平、阳平、阴上时变为 o。

（三）声调

永泰话有 7 个单字声调（不包括轻声）：

阴平 44　　东该灯风通开天春

阳平 353　　门龙牛油铜皮糖红

阴上 32　　懂古鬼九统苦讨草买老$_{\text{文}}$五$_{\text{文}}$有$_{\text{文}}$

阴去 21　　冻怪半四痛快寸去乱$_{\text{白}}$树$_{\text{白}}$

阳去 242　　卖路硬乱$_{\text{文}}$洞地饭树$_{\text{文}}$老$_{\text{白}}$五$_{\text{白}}$有$_{\text{白}}$动罪近后

阴入 3　　谷百搭节急哭拍塔切刻

阳入 5　　六麦叶月毒白盒罚

说明：

1. 与中古平上去入有较整齐的对应关系，又依古音声母的清浊分为阴阳两组。古浊上与浊去合并为阳去调。共有七个调类。

2. 古次浊上声文读归入阴上，白读归入阳去。如：有 iou^{32}文｜ou^{242}白；老 lo^{32}文｜lau^{242}白。

3. 阳平调 353 与阳去调 242 调型相似，均先升后降，但前者起点、终点和最高点均比后者略高，二者有明显对立。如：赔 puoi^{353} ≠背 puoi^{242}、围 uoi^{353} ≠胃 uoi^{242}、王 uoŋ^{353} ≠旺 uoŋ^{242}。

4. 阴去调 21 发音时略有延长，实际发音近于 211。

5. 阴上调 32 实际发音接近于 322，听感上与阴去调比较接近，但依然是对立的。如：纺 huoŋ^{32} ≠放 huoŋ^{21}、响 hyoŋ^{32} ≠向 hyoŋ^{21}。

6. 语流中可能出现轻声调，标记为“0”。

（四）两字组连读变调规律

永泰话的词语连读时除阴平外大部分要发生变调，但也有部分词语不变调，特别是前字是阴入调时。连读变调总的规律是：连读上字以下字的调类为条件发生调值变化，连读变调语段的末一个音节的声调基本保留不变（例外见下文说明）。变调后产生新调型：53、24。二字组变调规律如下表 4。

表 4 永泰话二字组连读变调规律表

前字＼后字	阴平 44	阳平 353	阴上 32	阴去 21	阳去 242	阴入 ʔ3	阳入 ʔ5
阴平 44	—	—	—	—	53	—	—
阳平 353	44	44	32 53	21	21	21	44
阴上 32	21	21	21 24	24 21	44	21 5	21
阴去 21	44	44	44	44 24	53	44	44
阳去 242	44	44	53	53	53	53 44	44
阴入 ʔ3	44	44	—	5 44	5	5 44	—
阳入 ʔ5	44	3 44	53	53	53	44 53	44

说明：

1. 同一表格中列示两种调值者表示可以出现两种变调情况。规律未明。这里据其常用度先列常见，后列不常见的。

2. 变调中的平调大部分近于 44（阴平），有时略低（如“阳平 + 阴平”、

“阳平＋阳平” 时)，近于33，由于不构成对立，均标记为44。

3. 入声前字分为两种情况：一部分入声前字，变调后音节末的喉塞音减弱，音节的时间值有所延长，混同于其他舒声调，这些舒声调的字有时甚至与下字组合产生声母类化现象；另一部分入声前字保留不变。二者规律未明。这或许与其早期的韵尾之不同有关，或者与词组的语法结构有关。为了规律的简明性，以上表格中入声字部分仅列出其可能的变调情况，不参与变调的暂不列示。

4. 若后字轻声，则前字不变调。如：病去 $paŋ^{242}ŋɔ^{0}$。

5. 三字组变调以第二字为枢纽，大致分为A、B两式：A式的变调规律是，第一字变为阴去调（21）（若首字为入声字一般读阴入调），第二字则以第三字为条件变调，变调读法与二字组相同。B式的变调规律是，前字以后字为条件变调。第三字规定第二字的变调，第二字的变调又规定第一字的变调，变调读法也与二字组相同。

表5　永泰话二字组连读变调举列

阴平＋阳去［44－53 242］	豇豆 kouŋ nau	乡下 hyoŋ ŋa
阳平＋阴平［353－44 44］	头梳 t^{h}au lø	尼姑 nɛ u
阳平＋阳平［353－44 353］	洋油 yoŋ ŋiou	祠堂 sy louŋ
阳平＋阴上［353－32 32］ ［353－53 32］	棉袄 mieŋ ŋo 悬顶 keiŋ leiŋ	钱纸 tsieŋ ʒai
阳平＋阴去［353－21 21］	平正 paŋ ʒiaŋ	猫利$_{猫}$ma nei
阳平＋阳去［353－21 242］	皮卵 p^{h}uoi lɔuŋ	银杏 ŋyŋ haiŋ
阳平＋阴入［353－21 3］	松柏 syŋ βaʔ	菩萨 phu laʔ
阳平＋阳入［353－44 5］	茶箬 ta nuoʔ	黄历 uoŋ liʔ
阴上＋阴平［32－21 44］	领巾 liaŋ ŋyŋ	倒边$_{左边}$to βeiŋ
阴上＋阳平［32－21 353］	水塍 tsuoi ʒaiŋ	尾梨$_{荸荠}$muoi li
阴上＋阴上［32－21 32］ ［32－24 32］	犬牯 k^{h}eiŋ ku 犬囝 k^{h}eiŋ ŋiaŋ	李囝 li iaŋ 老鼠 lo ts^{h}y
阴上＋阴去［32－24 21］ ［32－21 21］	起厝 k^{h}i ts^{h}uo 柳树 liou ʒiou	韭菜 kiou ʒai

续表

阴上＋阳去［32－44 242］	蚂蚁 ma ŋie	
阴上＋阴入［32－21 3］	几只 kuoi ʒieʔ	
阴上＋阳入［32－21 5］	煮食 tsy lieʔ	掌甲$_{指甲}$tsieŋ ŋaʔ
阴去＋阴平［21－44 44］	刺瓜 tsʰie kua	菜刀 tsʰai lo
阴去＋阳平［21－44 353］	菜头 tsʰai lau	灶前$_{厨房}$tsau laiŋ
阴去＋阴上［21－44 32］	面桶 miŋ nøyŋ	扫帚 sau ʒiou
阴去＋阴去［21－44 21］ ［21－24 21］	放昼 puŋ nau 做戏 tso hie	面布 miŋ muo
阴去＋阳去［21－53 242］	相貌 suoŋ mau	看病 kʰaŋ paŋ
阴去＋阴入［21－44 3］	跳索 tʰiou soʔ	
阴去＋阳入［21－44 5］	做十$_{做寿}$tso seiʔ	正月 tsiaŋ ŋuoʔ
阳去＋阴平［242－44 44］	被单 pʰuoi laŋ	汗巾$_{手绢}$kaŋ ŋyŋ
阳去＋阳平［242－44 353］	耳聋 ŋi løyŋ	老蛇 lau lie
阳去＋阴上［242－53 32］	病哑 paŋ ŋa	电火$_{手电}$tieŋ ŋuoi
阳去＋阴去［242－53 21］	病泻 paŋ sia	运气 uŋ kʰei
阳去＋阳去［242－53 242］	地道$_{地方}$ti lɔ	自尽 tsy tseiŋ
阳去＋阴入［242－53 3］ ［242－44 3］	汗褟 kaŋ ŋaʔ 第一 tɛ iʔ	脰骨$_{脖子}$tau uoʔ
阳去＋阳入［242－44 5］	闹热 nau ieʔ	后日 au niʔ
阴入＋阴平［3－44 44］	拍针 pʰa tseiŋ	
阴入＋阳平［3－44 353］	客遛 kʰa liou	
阴入＋阴去［3－5 21］ ［3－44 21］	出葬 tsʰuʔ tsɔuŋ 擘喙 pa tsʰuoi	
阴入＋阳去［3－5 242］	割釉 kaʔ tiou	
阴入＋阴入［3－5 3］ ［3－44 3］	拍折 pʰaʔ tsieʔ 客鹊 kʰa ʒuoʔ	
阳入＋阴平［5－44 44］	药汤 yo louŋ	日中$_{白天}$niʔ touŋ

续表

阳入+阳平［5－3 353］ ［5－44 353］	学堂 houʔ touŋ 石头 suo lau	核桃 houʔ t^ho
阳入+阴上［5－53 32］	白酒 pa iou	
阳入+阴去［5－53 21］	食昼 sie tau	
阳入+阳去［5－53 242］	绿豆 luo lau	麦豆$_{豌豆}$ ma lau
阳入+阴入［5－44 3］ ［5－53 3］	逐隻 tɔi tsieʔ 白鸽 pa aʔ	
阳入+阴入［5－44 5］	昨日 so niʔ	

（五）其他主要音变规律

音节连读时会产生声母类化现象，即：在连续的语流中，连读下字的声母以上字韵母的类别为条件发生有规律的变化（规律如表6）。类化中产生 β、ŋ 声母。暂不计入声母总数。

表6　永泰话声母类化表

前音节韵母 / 后音节变声 / 后音节声母	阴声韵 入声尾韵 （连读时丢失－ʔ）	阳声韵
p p^h	β	m
t t^h s	l	n
l		
ts ts^h	β	β、ŋ（个别）
k k^h h	ø	ŋ
ø	不变	

闽清话

一 调查点概况

闽清县属福州市辖县，位于福建省东南沿海、闽江口北岸。东邻闽侯县，西接南平延平区、尤溪县，南接永泰县，北部与古田县交界。东经 118°30′—119°01′，北纬 25°55′—26°33′，本调查点为县政府驻地梅城镇。

根据 2017 年资料，全县总人口 32.2 万人。其中少数民族有畲族 206 人，壮族 133 人。全县各乡镇主要通行闽清话，使用人口近 30 万人。

本县只有用福州话演唱的闽剧。

闽清话是 2015 年福建省语保点。由闽江学院教师蔡国妹全程记录整理。

二 方言发音人概况

方言老男李自求，汉族，1957 年 2 月出生于梅城镇。大专文化程度。1983 年起就职于闽清公安局至今。

方言青男陈彦淼，汉族，1985 年 10 月出生出于梅城镇。中专文化程度。在梅城镇工作至今。

方言老女姚淑萍，汉族，1946 年 1 月出生于梅城镇。初中文化程度。1977 年至 1982 年在漳州工作，1982 年底回闽清县城工作至退休。

方言青女姚丽荧，1988 年 2 月出生于梅城镇，大学毕业后回闽清工作至今。

口头文化发音人姚文飞，梅城镇人。

地普发音人有刘雪新（女，梅城镇）、张永毫（池园镇）、陈友荣（白樟镇）。

三 闽清话音系

（一）声母

闽清话有15个声母（包括零声母）：

表1 闽清话声母表

p 八兵爬病飞$_{白}$肥饭	p^h派片蜂	m 麦明问$_{白}$		
t 多东甜毒竹茶事$_{白}$	t^h 讨天张抽拆柱$_{白}$	n 脑南年泥软		l 老蓝连路
ts 资早租酒清$_{白}$字全柱$_{文}$争装纸主书	ts^h 刺草寸清$_{文}$贼抄初床车春手		s 坐丝三酸想祠谢事$_{文}$山双船顺十城	
k 高九共权县	k^h 开轻	ŋ 熬月	h 飞$_{文}$风副好灰响云	
Ø 味问$_{文}$热活安温王用药				

说明：

1. 鼻音n、边音l对立。如：南 $naŋ^{353}$ ≠蓝 $laŋ^{353}$。这与福州话鼻音边音自由变读之情况不同。

2. 舌尖前音ts、ts^h、s与齐齿呼、撮口呼韵母相拼时舌位略微后移，但并无腭化。

3. h为喉音，舌位靠后，但与前高元音组合时舌位前移至舌根近x。如：非 xi^{44}、费 xie^{21}、虚 xy^{44}。由于不构成音位对立，所以把x处理成h的音位变体。

4. 零声母发单字音或处于连读语段的开头位置时，有时有一个轻微的喉塞音，如：安 $ʔaŋ^{44}$。但不与零声母Ø构成音位对立。

5. 语流中产生新声母β、ʒ，是清辅音的同部位浊化现象。

（二）韵母

闽清话有55个韵母（包括变韵）：

表2 闽清话韵母表

	i 米丝飞$_{文}$	u 苦	y 猪雨师$_{文}$
a 茶牙师$_{白}$饱$_{白}$	ia 写	ua 瓦	
ɛ 快卖			
œ 驴			yø 桥尺
ɔ 歌宝饱$_{文}$		uo 过靴	
e 排鞋	ie 戏		
	iu 笑	ui 开$_{白}$赔飞$_{白}$鬼	
ai 开$_{文}$		uai 坐对快$_{文}$	
ei 试二			
øy 锯遇裕			
au 豆走$_{白}$	ieu 走$_{文}$		
ou 五$_{白}$			
	iŋ 心深新灯$_{白}$升星兄$_{文}$	uŋ 滚春云东$_{文}$	yŋ 根$_{白}$
aŋ 南山争$_{白}$病$_{白}$	iaŋ 兄$_{白}$	uaŋ 半短官	
ɛiŋ 硬层			
eiŋ 灯$_{文}$争$_{文}$病$_{文}$	ieŋ 盐年		
øyŋ 双东$_{白}$用			yøŋ 响
ɔyŋ 铜洞			
ɔuŋ 寸糖床			
ouŋ 根$_{文}$讲		uoŋ 权王	
	ik 急七一橘直锡	uk 出谷	yk 律熟
ak 盒塔鸭辣	iak 杂割	uak 法活刮$_{文}$	
eik 贴十八节$_{白}$北$_{文}$色	iek 接热节$_{文}$		
			yøk 绿
ouk 刮$_{白}$骨托$_{文}$学$_{文}$		uok 月郭国	

续表

aʔ 白$_{白}$		uaʔ 袜	
ɔʔ 托$_{白}$学$_{白}$		uoʔ 局	
	ieʔ 额		
			yøʔ 药
øyk 壳北$_{白}$六			

说明：

1. 韵母 ui 中间有个轻微的流音，近于 o 或 e，所以 ui 的实际音值近于 uoi 或 uei，因不构成音位对立，均记为 ui。

2. a 作单元音韵母和居于 ia、ai 中时舌位靠前为 a；居于后元音之前或后附后鼻音时为舌位居中的 ᴀ；居于 uai 中时为 ɛ。由于不构成音位对立，这里均标记为 a。

3. 入声韵尾有［-ʔ］、［-k］对立，如：食 sieʔ^{5} ≠舌 siek^{5}，玉 ŋuoʔ^{5} ≠月 ŋuok^{5}，郭 kuoʔ^{3} ≠国 kuok^{3}。原则上，以高元音［i、u、y］及［i、u、y］为韵尾的［ei、ou、øy］的入声字只有［-k］韵尾一读，其他入声字往往有［-ʔ］、［-k］对立。

4. 部分阴入白读已舒化为调值相近的阴去调（即［-ʔ^{3}］→［21］），但阳入白读依然保留［-ʔ］尾。如：烛 tsyø^{21}、客（白）k^{h}a^{21}、麦 paʔ^{5}、石（白）syøʔ^{5}。

5. 变韵。像福州市区话一样，闽清话韵母系统特别引人注目的是韵母音值与声调的密切关系。某些韵母在特定的声调上是一种音值，称为“本韵”或“紧韵”，在其他声调上是另一种音值，称为“变韵”或“松韵”。相配的本韵和变韵构成一个“韵位”。这个“韵位”的概念和一般所说的“韵母”是相当的，只是特别强调两种韵母音值的差异以及它们以声调为条件互相分布这一事实。这些变韵字即使在连读变调中亦不变回本韵，这点福州话有所不同。例外很少，如“地方”ti^{44}uoŋ^{44}中的“地”te^{242}在连读中变回 i 韵，疑是受福州城关话影响所致。

闽清话的韵位变体归纳如下：

（1）e 单元音韵母遇阴去、阳去时读松韵母 ɛ（e→ɛ）。但表示能愿的“解”、“𣍐”（不会）、“快”、“侪”（多义）变韵时有时为松音 a，疑受福州话影响所致。

（2）高元音韵母遇阴去、阳去时读松韵母（i→ei、u→ou、y→øy、iŋ→eiŋ、uŋ→ouŋ、yŋ→øyŋ）。

（3）元音尾韵带［-ŋ］尾韵母遇阳平、阴去、阳去时读松韵母（eiŋ→ɛiŋ、ouŋ→ɔuŋ、øyŋ→ɔyŋ）。

（4）入声韵均不变韵。

（三）声调

闽清话有 7 个单字声调（不包括轻声）：

阴平 44　　东该灯风通开天春

阳平 353　　门龙牛油铜皮糖红

阴上 32　　懂古鬼九统苦讨草买老$_{\text{文}}$五$_{\text{文}}$有$_{\text{文}}$

阴去 21　　冻怪半四痛快寸去树$_{\text{白}}$乱$_{\text{白}}$百$_{\text{白}}$拍

阳去 242　　卖路硬乱$_{\text{文}}$洞地饭树$_{\text{文}}$动罪近后老$_{\text{白}}$五$_{\text{白}}$有$_{\text{白}}$

阴入 3　　谷百$_{\text{文}}$搭节急哭塔切刻

阳入 5　　六麦叶月毒白盒罚

说明：

1. 阳平［353］与阳去［242］调型相似，均先升后降，但后者动程比前者更长一些。如：赔 pui^{353}≠背 pui^{242}、围 ui^{353}≠胃 ui^{242}、王 uoŋ^{353}≠旺 uoŋ^{242}。

2. 阴上［32］与阴去［21］均为降调，听感上比较接近，但依然是对立的。如：纺 huoŋ^{31}≠放 huoŋ^{21}、响 hyøŋ^{31}≠向 hyøŋ^{21}。

3. 阴去调［21］较为短促，但与入声调有别。

4. 阴入（［-ʔ^{3}］、［-k^{3}］）和阳入（［-ʔ^{5}］、［-k^{5}］）是典型的短促调。

5. 连读变调中产生升调［24］和降调［42］。

6. 语流中可能出现轻声调，标记为“0”。

（四）两字组连读变调规律

闽清话的词语连读时一般都要发生变调。连读变调总的规律是连读上字以下字的调类为条件发生调值的变化，连读变调语段的末一个音节的声调基本保留不变，只有少数词语变调（见表 3 中黑体字部分）。表中仅列前字调值（例外只有“阴上＋阴去→24＋42”，前后字均变调）。变调后产生新调型：42、24。

表3　闽清话两字组连读变调规律表

前字＼后字	阴平 44	阳平 353	阴上 32	阴去 21	阳去 242	阴入 3	阳入 5
阴平 44	—	—	42	42	42	—	—
阳平 353	44	32	32	21	21	21	44
阴上 32	21	21	24	**24　42**	24	24	21
阴去 21	44	44	42	42	42	—	44
阳去 242	44	44	42 44	42	42	42	44 21
阴入 -k3	—	—	—	—	—	—	—
阴入 -ʔ3	—	44	—	42	42	42	—
阳入 -k5	—	-k3	-k3	—	—	—	—
阳入 -ʔ5	44	44	42	42	42	42	—

说明：

1. 舒声韵字充当前字时，大部分字发生变调，但小部分不变调，这或许与词语结构类型有关。

2. 入声前字分为两种情况：①单字白读已舒化的入声字（阴入［-ʔ^{3}］→阴去［21］）的变调规律混同于相应的舒声韵。②［-ʔ］韵尾入声字一般不变调，小部分变调后音节末尾的喉塞音减弱，音节的时间值有所延长，与单字已舒化的入声前字的变调规律相同。③［-k］韵入声字基本不变调，但上字为阳入的［-k］尾字与阳平、阴上组合时有时变读为阴入［-k］尾字。

3. 表中若有两种调值，表示有两种变调情况，依常见度列举，规律未明。

4. 若后字轻声，则前字不变调。如：病去 paŋ^{242}ŋɔ^{0}。

5. 三字组变调以第二字为枢纽，大致分为 A、B 两式：A 式的变调规律是，第一字变为阴去调（21）（若首字为入声字一般读阴入调），第二字则以第三字为条件变调，变调读法与二字组相同。B 式的变调规律是，前字以后字为条件变调。第三字规定第二字的变调，第二字的变调又规定第一字的变调，变调读法也与二字组相同。两字组变调见表 4。

表4　闽清话两字组连读变调举例

阴平+阴上［44 -42 32］	欢喜 huaŋ ŋi
阴平+阴去［44 -42 21］	包菜 pau ʒai
阴平+阳去［44 -42 242］	师傅 sa au
阳平+阴平［353 -44 44］	棉花 mieŋ ŋua
阳平+阳平［353 -32 353］	池塘 tie lɔuŋ
阳平+阴上［353 -32 32］	朋友 pɛiŋ ŋiu
阳平+阴去［353 -21 21］	芹菜 k^hyŋ ʒai
阳平+阳去［353 -21 242］	名字 miaŋ ʒei
阳平+阴入［353 -21 3］	毛笔 mɔ βik
阳平+阳入［353 -44 5］	农历 nuŋ lik
阴上+阴平［32 -21 44］	好天 hɔ lieŋ
阴上+阳平［32 -21 353］	枕头 tsieŋ nau
阴上+阴上［32 -24 32］	老鼠 lɔ ts^hy
阴上+阴去［32 -24 21 -42］	姐妹 tsia mui
阴上+阳去［32 -24 242］	手电 ts^hiu lieŋ
阴上+阴入［32 -24 3］	几隻 kui ʒieʔ
阴上+阳入［32 -21 5］	煮食 tsy lieʔ
阴去+阴平［21 -44 44］	菜刀 ts^hai lɔ
阴去+阳平［21 -44 353］	去年 k^hɔ nieŋ
阴去+阴上［21 -42 32］	兔囝 t^hou iaŋ
阴去+阴去［21 -42 21］	碎做 ts^huai ʒɔ
阴去+阳去［21 -42 242］	教室 kau lik
阴去+阳入［21 -44 5］	做十 tsɔ seik
阳去+阴平［242 -44 44］	外甥 ŋie leiŋ
阳去+阳平［242 -44 353］	剃头 t^hie lau
阳去+阴上［242 -42 32］ ［242 -44 32］	地震 ti tsiŋ 旧底 ku le

续表

阳去+阴去［242－42 21］	饭店 puoŋ nɛiŋ
阳去+阳去［242－42 242］	寺庙 si miu
阳去+阴入［242－42 3］	自杀 tsy lak
阳去+阳入［242－44 5］ ［242－21 5］	闹热 nau iek 硬直 ŋɛiŋ nik
阴入+阳平［3－44 353］	昨年 sɔ nieŋ
阴入+阴去［3－42 21］	擘喙 pa ʒui
阴入+阳去［3－42 242］	客栈 k^{h}a ʒaŋ
阴入+阴入［3－42 3］	澈洁 t^{h}a eik
阳入+阳平［5－3 353］	学堂 houk tɔuŋ
阳入+阴上［5－3 32］	木耳 muk mi
阳入+阴平［ʔ5－44 44］	落身 lɔ liŋ
阳入+阳平［ʔ5－44 353］	石头 syø lau
阳入+阴上［ʔ5－42 32］	白酒 pa iu
阳入+阴去［ʔ5－42 21］	白菜 pa ʒai
阳入+阳去［ʔ5－42 242］	石磨 syø mɔ
阳入+阴入［ʔ5－42 3］	白鸽 pa ak

（五）其他主要音变规律

闽清话音节连读时会产生声母类化现象，即：在连续的语流中，连读下字的声母以上字韵母的类别为条件发生有规律的变化（规律见表5）。类化中产生β、ʒ声母，暂不计入声母总数。

表5　闽清话声母类化表

前音节韵母 / 后音节变声 / 后音节声母	阴声韵 入声尾韵（连读时丢失－ʔ）	阳声韵
p p^{h}	β	m
t t^{h} s	l	n
l	l	n

续表

<table>
<tr><th>前音节韵母
后音节变声
后音节声母</th><th>阴声韵
入声尾韵（连读时丢失 -ʔ）</th><th>阳声韵</th></tr>
<tr><td>ts ts^h</td><td>ʒ</td><td>ʒ</td></tr>
<tr><td>k k^h h</td><td>∅</td><td rowspan="2">ŋ</td></tr>
<tr><td>∅</td><td>不变</td></tr>
</table>

说明：

1. 入声字作为连读上字时，下字声母一般不类化，已舒化的入声字除外。

2. 由声母类化产生的几个辅音发音都是很松的，音色含混，可视为原声母的同音位浊化音。其中［β、ʒ］不是独立声母，它们以上字韵尾为条件，只出现在后字声母的连读音变中。

古田话

一　调查点概况

古田县属宁德市辖县，位于宁德市境西南部。西邻建瓯市、南平延平区，南接尤溪县、闽清县、闽侯县，北部与屏南县、宁德蕉城区交界。东经118°32′—119°24′，北纬26°16′—26°53′。本调查点为县政府驻地城关的城东、城西街道。

截至2018年底，全县户籍人口42.95万人，以汉族居多，畲族9000多人，回族近2000人，尚有壮、苗、彝、满、朝鲜、蒙古、高山、布依等少数民族。少数民族都说当地的汉语方言。古田城关话为本地普遍通用的方言；杉洋、大甲、鹤塘三个乡镇说宁德口音的大东话；黄田、水口、湾口等沿闽江的乡镇通行福州话和闽清话；凤都乡后溪、半山、小禄、洋后等自然村既说古田话，也说客家话，是双方言区。

地方戏剧种类为闽剧，公办闽剧团历史悠久，民间草根剧团众多，主要活动于各乡镇，春节期间演出频繁。

古田话是2015年福建省语保点，由福建教育学院教师李滨全程记录整理。

二　方言发音人概况

方言老男丁寿南，回族，1957年11月出生于城西街道。高中文化程度。已退休。

方言青男曾陈亮，汉族，1984年11月出生于城东街道。大专文化程度。就职于宁德市古田同春医药有限公司。

方言老女林素洁，汉族，1958年6月出生于城西街道。高中文化程度。已退休。

方言青女颜艳钦，汉族，1985年9月出生于城东街道。本科文化程度。就职于古田县公安局。

口头文化发音人有丁寿南（城西街道）、林素洁（女，城西街道）、颜艳钦（女，城东街道）。

地普发音人有陈惠玉（女，城东街道）、林素洁（女，城西街道）、周宝珠（女，城西街道）。

三　古田话音系

（一）声母

古田话有15个声母（包括零声母）：

表1　古田话声母表

p 八兵爬病飞$_{白}$肥饭	p^h派片蜂	m 麦明味问$_{白}$		
t 多东甜毒竹茶事$_{白}$	t^h 讨天张抽拆柱$_{白}$	n 脑南年泥软		l 老蓝连路
ts 资早租酒字坐$_{文}$全柱$_{文}$争装纸主书	ts^h 刺草寸清贼抄初床车春手		s 坐$_{白}$丝三酸想祠谢事$_{文}$山双船顺十城	
k 高九共权县	k^h开轻	ŋ 熬月	h 飞$_{文}$风副好灰响云	
ø 问$_{文}$热活安温王用药				

说明：

1. 零声母一般以轻微喉塞音［ʔ］开头，如“院”［$ieŋ^{24}$］的实际音值是［$ʔieŋ^{24}$］，但细音逢阴入时读［j］，例如“一”［ik^{2}］的实际音值为［jik^{2}］，“约”［$yøk^{2}$］的实际音值是［$jyøk^{2}$］。合口呼的零声母有时会出现［w］，比如“话”［ua^{24}］的实际音值是［wua^{24}］。

2. ［h］发音部位比标准位置略靠前，但比舌根音［x］略后。

3. 口语连读时声母发生音变，产生“β”“ʒ”“nz”三个新的声母，它们不是独立的声母，只出现在后字声母的连读音变中，因此不在音系中标明。

（二）韵母

古田话有 52 个韵母：

表 2　古田话韵母表

	i 米丝试二$_{文}$飞$_{文}$	u 苦五	y 猪雨师$_{文}$
a 茶牙师$_{白}$饱$_{白}$	ia 写	ua 瓦	
ɛ 排鞋快$_{白}$	ie 戏		
œ 初$_{白}$			yø 桥
ɔ 歌坐$_{文}$宝		uo 过靴	
	iu 油	ui 开$_{白}$鬼	
ai 开$_{文}$		uai 快$_{文}$	
ei 妹$_{文}$呸嘿			
oi 坐$_{白}$对短$_{白}$		uoi 赔飞$_{白}$	
au 饱$_{文}$豆走$_{白}$			
eu 走$_{文}$	ieu 笑		
	iŋ 心深新灯$_{白}$升星兄$_{白}$	uŋ 滚春云东$_{文}$	yŋ 根$_{白}$用
aŋ 二$_{白}$南山争$_{白}$病	iaŋ 兄$_{文}$	uaŋ 半短$_{文}$官横	
eiŋ 灯$_{文}$硬争$_{文}$	ieŋ 盐年		
		uoŋ 权王	yøŋ 响
ouŋ 根$_{文}$寸糖床讲			
øyŋ 双东$_{白}$			
	ik 急七一$_{文}$橘直尺$_{文}$锡		yk 裕竹
ak 盒塔鸭辣	iak 缺$_{白}$		
	iek 接热节$_{文}$	uok 月郭国	yøk 歇决雀
eik 贴十八节$_{白}$色白$_{文}$			

续表

øyk 壳北六			
		u? 出谷	
a? 白白	ia? 益白壁	ua? 法活刮文	
œ? 嗝(拍~)			yø? 一白药尺白
ɔ? 托白学白		uo? 绿局	
ou? 刮白骨托文学文			

说明：

1. 没有变韵现象。
2. ［oi］、［ouŋ］、［ou?］韵母里［o］的实际音值介于［o］和［ɔ］之间。
3. ［ua］、［uai］、［uaŋ］、［ua?］韵母中的［a］实际音值是［ᴀ］。
4. 入声有［k］尾和［?］尾两套。

（三）声调

古田话有 7 个单字声调：

阴平 55　　东该灯风通开天春
阳平 33　　门龙牛油铜皮糖红
阴上 42　　懂古鬼九统苦讨草买老文有文
阴去 21　　冻怪半四痛快去树白
阳去 24　　卖路硬乱洞地饭树文动罪近后老白五有白
阴入 2　　谷百搭节急哭拍塔切刻
阳入 5　　六麦叶月毒白盒罚

说明：

1. 语流中，阴平 55 的调值没有完全达到 5 度，介于 4 度与 5 度之间。
2. 语流中，阴去调 2 度与 1 度之间梯度不太大，实际调值趋近于 11。
3. 阳去 24 起调后稍微有点下沉，有点类似 214 调值。
4. 语流中产生四个新的调值，分别是 35、53、45、544。
5. 阴入带有不很强的紧喉作用。

（四）连读变调说明

古田话的两字组词语连读时一般会发生变调，呈现出前后字不变调、前字变调后字不变调和前后字都变调的特点。具体如下：

1. 前字阴平与七个声调的后字连读时，上字变调都为去声调，或为阴去，或为阳去。上字变调为阴去的，下字基本不变调。

2. 前字阳平与七个声调连读时，后字一律不变调，与后字阴平、阳平、阳入连读时，前后字声调保持原调完全不变。

3. 前字阳去除了与后字阳去连读时，后字变阳平外，与其他调类连读时后字一概不变。

4. 前字阴上、阴去、阴入与任何声调的后字连读时，前后两字都变调。

5. 前字阳入调与任何声调连读时，其后字都保留原调不变。

6. 产生的新调值 35、45、544、53 集中在前字为阴上、阴去、阴入的连读中，一般都为变读后字的新调值。544 调值总是出现在以阳去为后字的二字组连读中；45 调值出现在以阴平、阳平、阳入为后字的二字组连读中；53 调值一般出现在以阴上、阴去、阴入为后字的二字组连读中；35 调值总是出现在以阴上为前字的二字组连读中，与 45、544、53 调值不同的是，35 新调值既出现在变调前字，也可以是变调后字的新调值。

7. 阴入、阳入字作为连读前字可分化为甲乙两类，甲类字连读后前字仍为入声韵，乙类字连读后前字的入声韵尾脱落变成舒声韵。甲类、乙类连读后，后字变调调值都相同，而前字连读后因为入声与舒声的差异而音值略有区别，主要体现为音长的长短差异，甲类二字连读后，前字的音长比乙类的短促。

表 3　古田话两字组连读变调规律表

后字 前字	阴平 55	阳平 33	阴上 42	阴去 21	阳去 24	阴入 2	阳入 5
阴平 55	21	21　55	21	24　42	24　544	24　42	21
阳平 33	—	—	21	21	21	21	—
阴上 42	21　35	21　35	21　53	35　53	35　544	35　53	21　35
阴去 21	33　45	33　45	33　53	55　53	55　544	55　53	33　45
阳去 24	33	55	55	42	55　33	42	33
阴入 2（甲）	33　45	33　45	33　53	5　53	5　544	5　53	33　45
阴入 2（乙）	33　45	33　45	33　53	55　53	55　544	55　53	33　45
阳入 5（甲）	33	33	2	2	2	2	33
阳入 5（乙）	33	33	21	21	21	21	33

表4 古田话两字组连读变调举例

阴平+阴平［55-21 55］	春天 $ts^hu\eta$ $t^hie\eta$
阴平+阳平［55-21 33-55］	花瓶 hua βiŋ
阴平+阴上［55-21 42］	清楚 $ts^hi\eta$ nu
阴平+阴去［55-24 21-42］	青菜 $ts^ha\eta$ nzai
阴平+阳去［55-24 24-544］	医院 i ieŋ
阴平+阴入［55-24 2-42］	中国 tyŋ kuoʔ
阴平+阳入［55-21 5］	膏药 kɔ yøk
阳平+阴上［33-21 42］	朋友 pøyŋ ŋiu
阳平+阴去［33-21 21］	皇帝 huoŋ nɛ
阳平+阳去［33-21 24］	名字 miaŋ nɛ
阳平+阴入［33-21 2］	油漆 iu ts^hik
阴上+阴平［42-21 55-35］	火车 huoi ʒia
阴上+阳平［42-21 33-35］	海棠 hai louŋ
阴上+阴上［42-21 42-53］	火腿 huoi t^hoi
阴上+阴去［42-35 21-53］	广告 kuoŋ kɔ
阴上+阳去［42-35 24-544］	口号 k^heu ɔ
阴上+阴入［42-35 2-53］	可惜 $k^hɔ$ lik
阴上+阳入［42-21 5-35］	宝石 pɔ syøk
阴去+阴平［21-33 55-45］	汽车 k^hi ʒia
阴去+阳平［21-33 33-45］	带鱼 tai ŋy
阴去+阴上［21-33 42-53］	政府 tsiŋ ŋu
阴去+阴去［21-55 21-53］	世界 sie kai
阴去+阳去［21-55 24-544］	贵重 kui tøyŋ
阴去+阴入［21-55 2-53］	教室 kau lik
阴去+阳入［21-33 5-45］	化学 hua ouʔ
阳去+阴平［24-33 55］	大厅 tuai $t^hia\eta$

续表

阳去＋阳平［24－55 33］	大门 tuai muoŋ
阳去＋阴上［24－55 42］	代表 tai βieu
阳去＋阴去［24－42 21］	饭店 puoŋ neiŋ
阳去＋阳去［24－55 24－33］	电话 tieŋ ŋua
阳去＋阴入［24－42 2］	电压 tieŋ ŋaʔ
阳去＋阳入［24－33 5］	大学 tai ouʔ
阴入（甲）＋阴平［2－33 55－45］	国家 kuoʔ ka
阴入（乙）＋阴平［2－33 55－45］	客厅 k^{h}a liaŋ
阴入（甲）＋阳平［2－33 33－45］	铁门 t^{h}iek muoŋ
阴入（乙）＋阳平［2－33 33－45］	借钱 tsyø tsieŋ
阴入（甲）＋阴上［2－33 42－53］	谷雨 kuʔ y
阴入（乙）＋阴上［2－33 42－53］	索尾 sɔ muoi
阴入（甲）＋阴去［2－5 21－53］	发票 huaʔ p^{h}ieu
阴入（乙）＋阴去［2－55 21－53］	百姓 pa laŋ
阴入（甲）＋阳去［2－5 24－544］	博士 pouʔ sy
阴入（乙）＋阳去［2－55 24－544］	桌下 tɔ a
阴入（甲）＋阴入［2－5 2－53］	节约 tsiek yøk
阴入（乙）＋阴入［2－55 2－53］	客鹊 k^{h}a ʒyøk
阴入（甲）＋阳入［2－33 5－45］	职业 tsik ŋiek
阴入（乙）＋阳入［2－33 5－45］	烛碟 tsuo liek
阳入（甲）＋阴平［5－33 55］	读书 t^{h}øyk tsy
阳入（乙）＋阴平［5－33 55］	石灰 syø liu
阳入（甲）＋阳平［5－33 33］	学堂 houʔ touŋ
阳入（乙）＋阳平［5－33 33］	石榴 syø liu
阳入（甲）＋阴上［5－2 42］	日子 nik tsi
阳入（乙）＋阴上［5－21 42］	白酒 pa ʒiu
阳入（甲）＋阴去［5－2 21］	核算 houʔ souŋ

续表

阳入（乙）+阴去［5－21 21］	白菜 pa ʒai
阳入（甲）+阳去［5－2 24］	学问 houʔ uŋ
阳入（乙）+阳去［5－21 24］	绿豆 luo lau
阳入（甲）+阴入［5－2 2］	及格 kik ka
阳入（乙）+阴入［5－21 2］	白鸽 pa kaʔ
阳入（甲）+阳入［5－33 5］	实习 sik sik
阳入（乙）+阳入［5－33 5］	食力 sie lik

（四）其他主要音变

古田话两字组连读致使连读后字的声母以前字韵母的类别为条件发生有规律的变化——声母类化。

表5　古田话声母类化规律表

单字声母	类化声母			
	阴声韵后	入声韵后		阳声韵后
		－ʔ	－k	
p p^{h}	β	β	不变	m
t t^{h}s	l	l	不变	n
ts ts^{h}	β	β	不变	nz
k k^{h} h	ø	ø	不变	ŋ
ø	不变	不变	不变	ŋ
m、n、l	不变	不变	不变	不变

声母类化也有例外的情况，不发生类化的例子也有一些，例如：

团结：t^{h}uaŋ^{33}kiek^{2}→t^{h}uaŋ^{21}kiek^{2}

冰箸$_{冰棒}$：piŋ^{55}ty^{24}→piŋ^{35}ty^{544}

松脂$_{松香}$：syŋ^{55}tsie^{55}→syŋ^{33}tsie^{55}

蜂窠$_{蜂窝}$：p^{h}uŋ^{55}k^{h}uo^{55}→p^{h}uŋ^{21}k^{h}uo^{55}

讲空$_{吹牛}$：$kou\eta^{42}k^{h}\o y\eta^{55} \rightarrow kou\eta^{21}k^{h}\o y\eta^{35}$

（五）老男青男的音系差别说明

与老男相比，青男“杯—辉”“秋—烧”在非对比性的对话语境中，两对韵母有点趋同，“杯”向“辉”靠拢，“烧”向“秋”靠拢。但在具体词语中，两组韵母音值又区别得比较清楚。

屏南话

一　调查点概况

屏南县属宁德市辖区，位于宁德市西部。东邻周宁县、宁德蕉城区，西接建瓯市，南接古田县，北部与政和县为界。东经118°41′—119°13′，北纬26°44′—27°10′，本调查点为县政府驻地古峰镇。

全县总人口19.3万，其中常住人口13.8万；绝大部分是汉族，少数民族主要是畲族。屏南话可以分为里路话、前路话和下路话三个小片。屏南话以里路话为主体。①里路片地处屏南县北部，西北部、东北部与中部说里路话，包括双溪镇、岭下乡、棠口乡和古峰镇以及屏城乡、寿山乡的一部分村庄，人口计8万多，占屏南县总人口的50%多。②前路片地处屏南县的西南部与南部，受到邻近古田话的影响，说的是前路话，包括甘棠乡以及路下、屏城、熙岭的一部分村庄，人口计4万多，占屏南县总人口的25%左右。③下路片地处屏南县东南部，受相邻宁德话影响而说下路话，包括代溪乡以及熙岭乡、寿山乡的一部分村庄，人口计3万多，占屏南县总人口的18%左右。此外，西北部因与建瓯毗邻，使岭下乡的富竹、上楼、东峰、上梨洋、葛畲等村民都讲属于闽北方言的建瓯话，他们对外也会讲屏南话，但带有浓重的"建瓯腔"；岭下乡的谢坑村虽也讲屏南话，但却融入了不少建瓯话和政和话的成分；路下乡的发竹坑、秋园、岭头等村的屏南话也带有明显的"建瓯腔"。北部紧靠政和县边界的双溪镇坤头厂、下村等村的屏南话则受属于闽北政和话的严重影响，带有浓重的"政和腔"；而双溪镇的北村、深洋等村的屏南话亦带明显的"政和腔"。屏南县还有700多畲族人居住在偏远的山村。他们在本民族内部，用畲语作为交际语，跟汉族人往来则通用屏南话。屏南畲语包含有古畲语的"底层"，且融入了部分当地汉语方言成分。屏南畲语与其他地方畲语虽有区别，但可以相互沟通。

地方戏方面有：①四平戏，俗称庶民戏，是一古老剧种。以四平腔为主，前台干唱，后台帮腔。1976年后，龙潭村四平戏复苏，排演挖掘70多个老剧目，其中剧本《琥珀岭》是全国唯一藏本。②平讲戏，主要特点是道白、唱词都用方言。一个角色唱，几个伴奏乐师尾随唱和，服饰扮相皆粗俗，所以易唱易演。③乱弹戏，又称北路戏，明末清初由浙江传入屏南。其道白和唱词都用普通话，伴奏以京胡为主，伴之二胡、三弦、月琴，有时也用笛子、唢呐，音乐节奏多变，旋律起伏大，曲牌多达 20 多种。唱腔、做功与京剧近似。④闽剧。屏南曲艺有：①木偶戏。舞台设置简易，道具简单，操作演员一人，配音和伴奏乐师三五人，便于巡回演出，深受群众欢迎。现仅存谢坑村提线木偶戏。②唱班。借用公有打击乐器，自备一般的管弦乐器，五七人成班。参加者既是唱戏人，又是乐师，只唱不演，通过不同角色的唱和白，表现折子戏的情节。

屏南话为 2015 年福建省语保点，由闽江学院教师唐若石全程记录整理。

二 方言发音人概况

老男陈本馔，汉族，1952 年 7 月出生于古峰镇，中专文化程度，在屏南县古峰镇第一小学工作至退休。

方言青男陆豪杰，汉族，1983 年 9 月出生于古峰镇，中学毕业后，一直在屏南工作，自由职业。

方言老女陈爱珍，汉族，1959 年 11 月出生于古峰镇，宁德师范毕业后在屏南县屏城中心小学工作，直至退休。

方言青女张小玲，汉族，1989 年 11 月出生于棠口乡，大专文化程度，自由职业。

口头文化发音人有陆承桂（女）、陈道玉（女）、张小玲（女）、叶贰蕊（女），除张小玲外，都是古峰镇人。

地普发音人有叶仙聘（双溪镇）、叶学挺、林虎瑶等，后二者为古峰镇人。

三 屏南话音系

（一）声母

屏南话有 15 个声母（包括零声母）：

表 1 屏南话声母表

p 八兵爬病飞$_{白}$肥饭	p^h派片蜂	m 麦明味问$_{白}$		
t 多东甜毒竹茶事$_{白}$	t^h 讨天张抽拆柱$_{白}$	n 脑南年泥软		l 老连蓝

续表

ts 资早租酒清$_{白}$字全柱$_{文}$争装纸主书	ts^h刺草寸清$_{文}$贼抄初床车春手		s 坐丝三酸想祠谢事$_{文}$山双船顺十城	
k 高久共权县	k^h开轻	ŋ 熬月	h 飞$_{文}$风副好灰响云	
ø 问$_{文}$热活安温王用药				

说明：

1. 鼻音 n、边音 l 有明显对立。如：南 naŋ^{22} ≠ 蓝 laŋ^{22}。这与福州话鼻音边音自由变读之情况有所不同。

2. 舌尖前音 ts、ts^h、s 与齐齿呼、撮口呼韵母相拼时舌位略微后移，但并无颚化。

3. h 为喉音，舌位靠后，但与前高元音组合时舌位前移至舌根近 x。如：非 xi^{44}、费 xie^{21}、虚 xy^{44}。由于不构成音位对立，所以把 x 处理成 h 的音位变体。

4. 零声母发单字音或处于连读语段的开头位置时，有时有一个轻微的喉塞音，如：安ʔaŋ^{44}。但不与零声母 ø 构成音位对立，处理成音位变体。

（二）韵母

屏南话有 54 个韵母：

表 2 屏南话韵母表

	i 米丝试飞$_{文}$	u 苦初$_{文}$	y 猪雨师$_{文}$
a 茶牙师$_{白}$饱$_{白}$白$_{白}$	ia 写	ua 瓦	
ɛ 排鞋快$_{白}$			
œ 初$_{白}$			
ɔ 歌坐$_{文}$宝饱$_{文}$学$_{白}$			
e 二	ie 戏		
ø 如鱼			yø 桥尺
o 五		uo 过靴绿局	

续表

ɯ 去			
	iu 幼酒	ui 开白鬼	
ai 开文		uai 快文	
ɔi 坐白对			
oi 围胃		uoi 赔飞白	
au 豆走白			
əu 油			
eu 走文	ieu 笑		
	iŋ 心深新升星兄文	uŋ 滚春东文	yŋ 根白
	ɪŋ 盐年	ʊŋ 权王	ʏŋ 响
aŋ 南山病争白	iaŋ 兄白	uaŋ 半短官横	
eŋ			
øŋ 用			
oŋ 云			
ɯŋ 双东白			
ɛiŋ 灯硬争文			
ɔuŋ 根文寸糖床讲			
	ik 急七一橘直锡	uk 出谷	yk 肉足
	ɪk 接热节文	ʊk 月郭国	ʏk 药
ak 盒塔鸭辣	iak	uak 法活刮文	
ɯk 壳北六			
eik 贴十八节白色白文			
ɔuk 刮白骨托学文			

说明：

1. a 作单元音韵母和居于 ia、ai 中时舌位靠前为 a；居于后元音之前或后附后鼻音（如：au、aŋ、iaŋ、uaŋ）时为舌位居中的 ᴀ。由于不构成音位对立，这里均标记为 a。

2. 部分韵母在声调不同时有紧韵和松韵之别。其变化规律如下：部分高元音韵母遇阴去、阳去时读松韵母（i→e、u→o、y→ø、iu→əu、ui→oi、iŋ→eŋ、uŋ→oŋ、yŋ→øŋ）。如下表：

紧韵母	阴平 阳平 阴上	i	u	y	iu	ui	iŋ	uŋ	yŋ
松韵母	阴去 阳去	e	o	ø	əu	oi	eŋ	oŋ	øŋ

3. ɛ 与 e（i 的变韵），œ 与 ø（y 的变韵），ɔ 与 o（u 的变韵）、ɔi 与 oi（ui 的变韵）不混。

3. 韵母 ui 中间有个轻微的流音，近于 o 或 e，所以 ui 的实际音值近于 uoi 或 uei。uoi 近于 ue。ui 与 uoi 不混。

4. ieu 韵实为ⁱeu，i 流音，发音较弱，但 ieu 与 eu 不混。

5. ie 韵近于ⁱe 韵，i 较弱，但 ie 与 e 不同。

6. ø、œ、øŋ 中的 ø、œ 的圆唇度不大，嘴唇较展。

7. ɪŋ、ʊŋ、ʏŋ、ɪk、ʊk、ʏk 分别不同于 iŋ、uŋ、yŋ、ik、uk、yk，ɪ、ʊ、ʏ 的舌位，介于高元音与半高元音之间。

8. ɯ 的例子很少，目前仅见“去白”等个别字。

9. 仅有一种入声韵尾［-k］。

10. 部分入声字白读已舒化为相应的舒声韵，阴入混入阴去（［-k5］→［34］），阳入混入阴平（［-k3］→［44］）。

（三）声调

屏南话有 7 个单字声调（不包括轻声）：

阴平 44　东该灯风通开天春麦白$_{白}$

阳平 22　门龙牛油铜皮糖红

阴上 41　懂古鬼九统苦讨草买老$_{文}$有$_{文}$

阴去 34　冻怪半四痛快寸去树$_{白}$百$_{白}$

阳去 323　老$_{白}$五有$_{白}$动罪近后卖硬乱洞地饭树$_{文}$

阴入 5　谷百$_{文}$搭节急哭拍塔切刻

阳入 3　六月毒白$_{文}$盒罚

说明：

1. 阴平［44］事实发音略低。
2. 阳去调［323］曲折度不太明显。
3. 阴去调［34］未尾有轻微下降的趋势，实为弱曲折调。
4. 阴入和阳入是典型的短促调，阴入 3 其实略高，近于 4。
5. 连读变调中产生高平调［55］和高降调［41］。
6. 语流中可能出现轻声调，标记为“0”。

（四）二字组连读变调规律

屏南话的词语连读时一般都要发生变调。二字组连读变调总的规律是连读上字以下字的调类为条件发生调值的变化，连读变调语段的末一个音节的声调大部分不变，小部分变调，如阳平、阳去在阴平、阴上调之后，有的变为 41 调。变调后产生新调型：55。

表 3　屏南话二字组变调规律表

前字 \ 后字	阴平 44	阳平 22	阴上 41	阴去 34	阳去 323	阴入 5	阳入 3
阴平 44	—	22　41	22	—	22　41	22	—
阳平 22	44	—	—	44	21	—	44
阴上 41	55	22　41	22	44	22　41	22	44
阴去 34	55	55	44	22	55	22	55
阳去 323	44	55	44	44	44	22	44
阴入 5	—	—	3	3 44	—	3	—
阳入 3	—	—	—	5	—	—	5

说明：

1. 入声前字分为两种情况：①大部分入声字不变调。②已舒化的入声字之变调规律类同于相对应的舒声韵。如：白鸽 $pa^{22}ak^{5}$。

2. 若后字轻声，则前字不变调。如：无去 $mɔ^{22}ɯ^{0}$。

3. 三字组变调以第二字为枢纽，大致分为 A、B 两式：A 式的变调规律是，第一字变为阴去调（22），第二字则以第三字为条件变调，变调读法与二字组相同。B 式的变调规律是，前字以后字为条件变调。第三字规定第二字的变调，第二字的变调又规定第一字的变调，变调读法也与二字组相同。

表 4　屏南话二字组连读变调举例

阴平 + 阳平 ［44 －22 22 －41］	番薯 huaŋ nø	
阴平 + 阴上 ［44 －22 41］	梯团 tʰai iaŋ	
阴平 + 阳去 ［44 －22 323 －41］	师父 sa o	
阴平 + 阴入 ［44 －22 5］	亲戚 tsʰiŋ ʒik	鸡角$_{公鸡}$ kie kɯk
阳平 + 阴平 ［22 －44 44］	洋葱 ʏŋ tsʰɯŋ	
阳平 + 阴去 ［22 －44 34］	芹菜 kʰyŋ ʒai	依客 nɯŋ kʰa
阳平 + 阳去 ［22 －21 323］	填类$_{猜谜语}$ tɛiŋ loi	
阳平 + 阳入 ［22 －44 3］	平直 paŋ nik	蝴蝶 ho lɪk
阴上 + 阴平 ［41 －55 44］	考书 kʰɔ ʒy	洗身 sɛ liŋ
阴上 + 阳平 ［41 －22 22 －41］	纸钱 tsi tsɪŋ	可能 kʰɔ nɛiŋ
阴上 + 阴上 ［41 －22 41］	掌指$_{手指}$ tsɪŋ ʒai	手肚$_{胳膊}$ tsʰiu lu
阴上 + 阴去 ［41 －44 34］	火炮 huoi βau	妥当 tʰuo lɔuŋ
阴上 + 阳去 ［41 －22 323 －41］	保佑 pɔ əu	肯定 kʰɛiŋ tiaŋ
阴上 + 阴入 ［41 －22 5］	水窟 tsui kʰɔuk	
阴上 + 阳入 ［41 －44 3］	满月 nuaŋ ŋʊk	
阴去 + 阴平 ［34 －55 44］	做工 tsɔ kɯŋ	唱歌 tsʰʏŋ kɔ
阴去 + 阳平 ［34 －55 22］	拜堂 pai lɔuŋ	碎钱 tsgɔi tsɪŋ
阴去 + 阴上 ［34 －44 41］	喙齿 tsʰui i	
阴去 + 阴去 ［34 －22 34］	放昼 pʊŋ nau	做梦 tsɔ mɯŋ
阴去 + 阳去 ［34 －55 323］	看命 kʰaŋ miaŋ	细腻$_{小心}$ sɛ ne
阴去 + 阴入 ［34 －22 5］	教室 kau lik	做节$_{端午}$ tsɔ tseik
阴去 + 阳入 ［34 －55 3］	做十$_{做寿}$ tsɔ seik	
阳去 + 阴平 ［323 －44 44］	上斋$_{上学}$ sʏŋ ʒɛ	外甥 ŋuoi lɛiŋ

续表

阳去＋阳平［323－55 22］	老蛇 lau sie	大门 tuai mʊŋ
阳去＋阴上［323－44 41］	字本 tse βʊŋ	在汝不管 tsai ny
阳去＋阴去［323－44 34］	饭店 pʊŋ nɛiŋ	运气 uŋ kʰi
阳去＋阳去［323－44 323］	芋卵 uo lɔuŋ	自尽 tsø tseŋ
阳去＋阴入［323－22 5］	外国 ŋuoi kʊk	
阳去＋阳入［323－44 3］	后日 au nik	
阴入＋阴上［5－3 41］	叔婶妯娌 tsyk siŋ	腹肚肚子 puk tu
阴入＋阴去［5－3 34］	出葬 tsʰuk tsɔuŋ	
阴入＋阴去［5－44 34］	擘喙 pa tsʰui	
阴入＋阴入［5－3 5］	合适 hak sik	
阳入＋阴去［3－5 34］	学费 hɔuk hie	
阳入＋阳入［3－5 3］	入木入殓 ik muk	

（五）其他音变规律

1. 声母类化规律

音节连读时会产生声母类化现象，即：在连续的语流中，连读下字的声母以上字韵母的类别为条件发生有规律的变化。类化中产生 β、ʒ 声母，暂不计入声母总数。

表 5　屏南话声母类化表

前音节韵母 / 后音节变声 / 后音节声母	阴声韵 入声尾韵（连读时丢失－ʔ）	阳声韵
p pʰ	β	m
t tʰ s	l	n
l		
ts tsʰ	ʒ	ʒ
k kʰ h	ø	ŋ
ø	不变	

（1）入声字作为连读上字时，下字声母一般不类化，已舒化的入声字除外。

（2）由声母类化产生的几个辅音发音都是很松的，音色含混，可视为原声母的同音位浊化音。其中［β、ʒ］不是独立声母，它们以上字韵尾为条件，只出现在后字声母的连读音变中。

2. 变韵

像福州城关话一样，屏南话韵母系统特别引人注目的是韵母音值与声调的密切关系。某些韵母在特定的声调上是一种音值，称为“本韵”，在其他声调上是另一种音值，称为“变韵”。相配的本韵和变韵构成一个“韵位”。这个“韵位”的概念和一般所说的“韵母”是相当的，只是特别强调了两种韵母音值的差异以及它们以声调为条件互相分布这一事实。这种韵母变化落实到哪些韵母在不同的方言点可能有所不同。

屏南话的变韵规律如下：逢阳平和阳去时变韵。本韵与变韵的对应规律是：i→e、u→o、y→ø、iŋ→eŋ、uŋ→oŋ、yŋ→øŋ、iu→əu、ui→oi。变韵比本韵低一度。入声韵均不变韵。但这些变韵字即使在连读变调中亦不变回本韵，这点与福州话有所不同。

宁德话

一　调查点概况

宁德市位于福建省东北部，东临东海，西接南平市，南接福州市，北部与浙江省交界。辖蕉城区，并霞浦、古田、屏南、寿宁、周宁、柘荣6县，代管福安、福鼎2市。东经118°32′—120°43′，北纬26°18′—27°40′。本调查点为市政府驻地蕉城区。

宁德全市总人口343万人。蕉城区人口约42万人，以汉族为主。少数民族主要是畲族，2万多人，主要分布在金涵畲族乡，七都、八都、霍童等乡镇。畲族人内部交际时一般说畲语，与汉族人交际时说蕉城方言或普通话。蕉城方言属于闽语闽东片，按口音区分主要有三种：①城关口音，靠沿海的漳湾、飞鸾、三都、六都、七都、八都等乡镇与城关音大致相同。②霍童、赤溪等山区的乡镇，与城关口音差别较大。③虎狈的口音受古田话影响，与城关口音差别也较大。不同口音在声母和声调上差别不大，主要表现为辅音韵尾的差别。但近几十年以来，蕉城方言处于急剧的变化中，不同乡镇之间，老派和新派之间都存在差异。此外，飞鸾镇的碗窑村和礁头村有四五千人说闽南话，闽南人迁居碗窑礁头始于清朝康熙年间，形成的村落已有200多年的历史，是一个和泉州话相近的闽南方言岛。

当地演出的地方剧种是闽剧，现在并不活跃，主要是在春节等节假日到农村各乡镇演出。

宁德话是2016年福建省语保点。由宁德师范学院教师陈丽冰全程记录整理。

二　方言发音人概况

方言老男蔡祺祥，汉族，1956年1月出生于蕉城区。高中文化程度。自由职业。

方言青男林鑫，汉族，1986 年 5 月出生于蕉城区，大学本科文化程度。就职于宁德技师学院。

方言老女左妹金，汉族，1952 年 5 月出生于蕉城区，小学文化程度。已退休。

方言青女黄慧琼，汉族，1988 年 11 月出生于蕉城区，大专文化程度。就职于蕉城区漳湾镇人民政府。

口头文化发音人冯伦，蕉城区人。

地普发音人有陈光浩、吴华、左妹金（女），都是蕉城区人。

三　宁德话音系

（一）声母

宁德话有 15 个声母（包括零声母）：

表 1　宁德话声母表

p 八兵爬病飞$_{白}$肥饭$_{白}$	p^h派片飞$_{文}$蜂	m 麦明味$_{白}$问$_{白}$		
t 多东甜毒竹茶	t^h讨天张抽拆$_{白}$柱$_{白}$	n 脑南年泥软		l 老蓝连路
ts 资早租酒清$_{水～}$字坐$_{文}$全柱$_{文}$争装床$_{量词}$纸主书	ts^h刺草寸清$_{～明}$贼拆$_{文}$抄初床$_{～铺}$车春手		s 坐$_{白}$丝三酸想祠谢事山双船顺十城	
k 高九共权县	k^h开轻	ŋ 熬月	x 风副饭$_{文}$好灰响云	
ø 味$_{文}$问$_{文}$热活安温王用药				

说明：

声母 k、k^h、ŋ、x 与齐齿呼、撮口呼韵母相拼时，舌位前移，接近舌面中音 c、c^h、ɲ、ç；声母 x 与开口呼韵母相拼时，舌位后移，接近喉音 h。

（二）韵母

宁德话有 68 个韵母（包括声化韵 ŋ）：

表 2　宁德话韵母表

	i 米丝戏飞$_{文}$	u 过靴苦	y 猪雨师$_{文}$桥$_{\sim头}$
a 茶牙饱$_{白}$	ia 野	ua 我	
ɛ 排鞋快$_{白}$			
œ 初			
ɔ 歌坐$_{文}$宝饱$_{文}$			
e 紫	ie 写		
ø 阅			
o 果		uo 瓦	
	iu 笑桥$_{\sim梁}$	ui 开$_{白}$赔鬼	
ai 开$_{文}$师$_{\sim父}$		uai 拐	
ɔi 坐$_{白}$对			
ei 试二			
oi 卫		uoi 快$_{文}$	
au 豆走			
	iɐu 焦		
ɛu 条			
eu 油			
ou 五			
øy 飞$_{白}$			
ŋ 唔			
	iŋ 盐心深年新升星兄$_{文}$	uŋ 权滚春王东$_{文}$	yŋ 根$_{白}$
aŋ 南山半$_{\sim斤}$争$_{白}$病$_{白}$	iaŋ 兄$_{白}$	uaŋ 短官	

续表

ɛŋ 灯硬争$_{文}$	iɛŋ 名		
œŋ 双东$_{白}$			
eŋ 病$_{文}$			
øŋ 用			
oŋ 云		uoŋ 半$_{两斤\sim}$横	yoŋ 响
ɔuŋ 根$_{文}$寸糖床讲			
	ik 接节$_{\sim约}$直	uk 雪	yk 律
ak 盒塔鸭辣	iak 屐	uak 活	
ɛk 贴十八热节$_{\sim日}$色白$_{坦\sim}$	iɛk 睫		
œk 壳北六			
		uok 法刮$_{\sim骨疗伤}$	yok 弱
ɔuk 刮$_{\sim皮}$月骨托$_{文}$学$_{文}$			
	iʔ 揑	uʔ 剥	yʔ 尺
aʔ 白$_{\sim色}$	iaʔ 额	uaʔ 划$_{笔\sim}$	
ɛʔ 掐	iɛʔ 摘		
ɔʔ 托$_{白}$学$_{白}$			
eʔ 急七一橘锡			
øʔ 药			
oʔ 出郭国谷绿局			

说明：

蕉城方言单字音鼻韵尾只有一个 -ŋ 尾，但古咸摄、山摄的字在连读前字的情况下多数仍然分别读 -m 尾和 -n 尾。可以看出蕉城方言在词语连读时咸摄字念 -m 尾，山摄字念 -n 尾，跟很多闽南方言的读法是一样的。如：三十暝$_{除夕}$ $sam^{11}mɛk^{54}maŋ^{411}$；欢喜 $xuan^{11}ni^{41}$，面布$_{毛巾}$ $min^{55}nu^{55}$。

（三）声调

宁德话有 7 个单字声调：

阴平 334　　东该灯风通开天春

阳平 11　　门龙牛油铜皮糖红

阴上 41　　懂古鬼九统苦讨草买老$_{文}$有$_{文}$

阴去 35　　冻怪半四痛快寸去饭$_{文}$树$_{白}$

阳去 411　　动罪近后卖路硬乱洞地饭$_{白}$树$_{文}$老$_{白}$五有$_{白}$

阴入 23　　谷白搭节急哭拍塔切刻

阳入 54　　六麦叶月毒白盒罚

说明：

1. 蕉城方言的阴上和阳去两个声调调型十分相似，都是中降调，单字发音时，开尾韵字实际上已经混同，例如：宝 pɔ^{41} = 抱 pɔ^{411}，买 mɛ^{41} = 卖 mɛ^{411}，写 sie^{41} = 社 sie^{411}，拗$_{白}$ a^{41} = 下 a^{411}。

但在非开尾韵仍有区别，阴上是陡降，阳去是缓降，例如：海 xai^{41} ≠ 害 xai^{411}，扭 niu^{41} ≠ 尿 niu^{411}，毁 xui^{41} ≠ 汇 xui^{411}，九$_{白}$ kau^{41} ≠ 厚$_{白}$ kau^{411}，顶 tiŋ^{41} ≠ 电 tiŋ^{411}，稳 uŋ^{41} ≠ 旺 uŋ^{411}，勇 yŋ^{41} ≠ 样 yŋ^{411}，胆 taŋ^{41} ≠ 淡 taŋ^{411}，朗 lɔuŋ^{41} ≠ 卵 lɔuŋ^{411}。

这两调的历史来源不同，连读变调规律也不同。因此开尾韵字的单字音也按连调规律区分开来，调值分别标写为 41 和 411。

2. 阴入短促低升，阳入短促高降。

（四）连读变调说明

宁德话连读变调规律：

1. 宁德话两字连读时上下字一般都变调，但阳平作为上字不变调，阳入作为下字也不变调。

2. 已经混同的阴上与阳去，虽然单字调已无法分辨出不同，但作为连读上字，变调规律不同。凡是开尾韵的阴上字和阳去字，今单音已无法辨别，但在元音尾韵、鼻音尾韵中的阴上和阳去单字可以分别。在连读变调的情况下，不论是开尾韵和元音尾韵或鼻音尾韵，变调表现是不一样的。凡是古清音声母上声字，古次浊声母上声字即今阴上字，在阴平、阳平、阴去、阴入前变为 55 调，在阴上、阳去、阳入前变为 35 调；而古全浊声母上声字和古全浊声母去声字即今阳去字，在上述两组字前分别读为 33 和 11 调。

3. 连读产生的新调有 3 个：33、55、51。

4. 宁德话入声韵尾有 -k、-ʔ 两套，-k 尾、-ʔ 尾做连读上字时，一般喉塞音韵尾会减弱，出现了转为元音韵或元音尾韵的趋势。作为连读上字，阴入与阴去的变调规律相同，阳入与阳去的变调规律相同。

表 3　宁德话两字组连读变调规律表

前字＼后字	阴平 334	阳平 11	阴上 41	阴去 35	阳去 411	阴入 23	阳入 54
阴平 334	33　33	33　33	11	33	11	33　54	11
阳平 11	—	—	11	—	11	—	—
阴上 41	55　33	55　55	35　51	55　55	35　51	55　54	35
阴去 35	55	55　411	35　51	55　55	51	55　54	—
阳去 411	33	33　411	11	33	11	33　54	11
阴入 23	55	55　411	35　51	55　55	35　51	55　54	35
阳入 54	33	33　411	11	33	11	33　54	11

表 4　宁德话两字组连读变调举例

阴平 + 阴平［334 - 33 334 - 33］	乌龟 u kui
阴平 + 阳平［334 - 33 11 - 33］	今年 kiŋ niŋ
阴平 + 阴上［334 - 11 41］	工厂 køŋ tsʰɔuŋ
阴平 + 阴去［334 - 33 35］	天气 tʰɛŋ kʰei
阴平 + 阳去［334 - 11 411］	医院 i iŋ
阴平 + 阴入［334 - 33 23 - 54］	中国 tyŋ ŋoʔ
阴平 + 阳入［334 - 11 54］	消毒 siɐu tuk
阳平 + 阴上［11 41 - 11］	铜碗 tœŋ uaŋ
阳平 + 阳去［11 411 - 11］	黄豆 uŋ nau
阴上 + 阴平［41 - 55 334 - 33］	讲书 kɔuŋ tsx
阴上 + 阳平［41 - 55 11 - 55］	党员 tɔuŋ ŋuŋ

续表

阴上＋阴上［41－35 41－51］	犬团 k^hɛŋ ŋiaŋ
阴上＋阴去［41－55 35－55］	满意 maŋ ŋei
阴上＋阳去［41－35 411－51］	稳定 uŋ teŋ
阴上＋阴入［41－55 54］	紧急 kiŋ keʔ
阴上＋阳入［41－35 54］	选择 sɔuŋ tɛk
阴去＋阴平［35－55 334－33］	唱歌 ts^hyŋ kɔ
阴去＋阳平［35－55 11－411］	带鱼 tai ŋøy
阴去＋阴上［35 41－51］	骂团 ma kiaŋ
阴去＋阴去［35－55 35－55］	唱片 ts^hyŋ p^hiŋ
阴去＋阳去［35 411－51］	笑话 ts^hiu uo
阴去＋阴入［35－55 23－54］	变色 piŋ sɛk
阳去＋阴平［411－33 334－33］	电灯 tiŋ nɛŋ
阳去＋阳平［411－33 11－411］	地球 ti keu
阳去＋阴上［411－11 41］	电厂 tiŋ ts^hɔuŋ
阳去＋阴去［411－33 35］	饭店 puŋ nɛŋ
阳去＋阳去［411－11 411］	办事 pɛŋ sou
阳去＋阴入［411－33 23－54］	认识 niŋ seʔ
阳去＋阳入［411－11 54］	练习 liŋ sik
阴入＋阴平［23－55 334－33］	北方 pœ xɔuŋ
阴入＋阳平［23－55 11－411］	铁门 t^hi muŋ
阴入＋阴上［23－35 41－51］	发展 xuo tɛŋ
阴入＋阴去［23－55 35－55］	百姓 pa laŋ
阴入＋阳去［23－35 411－51］	革命 kɛ meŋ
阴入＋阴入［23－55 23－54］	出国 ts^hu koʔ
阴入＋阳入［23－35 54］	节日 tsɛk nik
阳入＋阴平［54－33 334－33］	蜜蜂 mi p^huŋ
阳入＋阳平［54－33 11－411］	绿茶 lo la

续表

阳入+阴上［54－11 41］	局长 ko lɔuŋ
阳入+阴去［54－33 35］	白菜 pa iai
阳入+阳去［54－11 411］	石磨 sø mɔ
阳入+阴入［54－33 23－54］	蜡烛 la tsuʔ
阳入+阳入［54－11 54］	毒药 tu øʔ

（五）老男和青男在音系上的主要区别

1. 青男发鼻音尾韵时，遇到阳平调（11）的字，部分字鼻音会出现弱化现象，例如：钱、嫌。

2. 方言老男流摄开口三等的字读作 eu 韵，青男读作 ieu 韵。例如：右、油、幼。

3. 方言老男山摄合口一、三等韵，以及臻摄合口一等韵的字读作 ɔuŋ 韵，方言青男读作 œŋ 韵。例如：暖、酸、转、砖、卷、吞、村、蹲、孙。

4. 方言老男见母、匣母蟹摄合口二等字读作 uoi 韵，方言青男读作 oi 韵，存在区别。例如：怪、怀、坏、块（文）、快（文）。

霞浦城关话

一　调查点概况

霞浦县属宁德市辖县，位于宁德市境东部。东临东海，西接福安市、宁德蕉城区、罗源县，南临连江县，北部与柘荣县、福鼎市交界。东经 119°46′—120°26′，北纬 26°25′—27°07′。本调查点为县政府驻地松城街道，以及相邻的松港街道。本书有时简称为霞浦话。

据 2019 年统计，全县总人口 54 万人，其中汉族 41.9 万人。少数民族中，以畲族为最多，约有 4.4 万人，主要集中分布在盐田畲族乡、水门畲族乡、崇儒畲族乡。此外还有回、藏、苗、壮、瑶等其他少数民族。境内主要通行霞浦话，但东北部沿海的三沙镇主要说闽南话。畲族对外交际也用霞浦话，但对内使用畲话。畲话内部略有差别：西部盐田、崇儒、柏洋一带的畲村，毗邻福安市境，那里的畲话跟福安畲话比较接近；东部水门、牙城、三沙一带的畲村，大部靠近福鼎县境，那里的畲话比较接近福鼎畲话；南部沙江、溪南、下浒、长春、州洋一带的畲村，受霞浦话影响较大，保留的古成分明显少于东、西部畲话。

地方戏主要是闽剧。曲艺有评话，包括霞浦方言评话、闽南腔评话、台湾评讲三种。曲艺形式还有摇钱树、渔鼓、嵛山诗。

霞浦城关话是 2016 年国家语保点。由福建教育学院教师李滨全程记录整理。

二　方言发音人概况

方言老男俞育田，汉族，1943 年 6 月出生于松城街道。在当地读中小学，文化程度高中。已退休。

方言青男游地全，汉族，1989 年 10 月出生于松港街道。高中文化程度。

方言老女曹家斌，汉族，1944 年 8 月出生于霞浦县东关街。高中文化程度。已退休。

方言青女陈陶，汉族，1981 年 11 月出生于松城街道。大专文化程度。就职于霞浦移动分公司。

口头文化发音人有熊应平、陈惠珍（女）、王晓华（以上均为松城街道人）、曹惠萍（女，松港街道）。

地普发音人有蔡青松、陈惠珍（女）、黄松玉，都是松城街道人。

三　霞浦话音系

（一）声母

霞浦话有 15 个声母（包括零声母）：

表 1　霞浦话声母表

p 八兵爬病飞$_{白}$肥饭$_{白}$	p^h 派片蜂	m 麦明味问$_{白}$		
t 多东甜毒竹茶事$_{白}$	t^h 讨天张抽拆$_{白}$柱$_{白}$	n 脑南年泥软		l 老蓝连路
ts 资早租酒字坐$_{文}$全柱$_{文}$争装纸主书	ts^h 刺草寸清贼拆$_{文}$抄初床车春手		θ 坐$_{白}$丝三酸想祠谢事$_{文}$山双船顺十城	
k 高九共权县	k^h 开轻	ŋ 熬月	h 飞$_{文}$风副饭$_{文}$好灰响云	
ø 问$_{文}$热活安温王用药				

说明：

1. 口语连读时声母发生音变，产生［β］［ʒ］［nz］［ð］四个新的声母，它们不是独立的声母，只出现在后字声母的连读音变中，因此不在音系中标明。

2. ［ð］其实是［θ］的同部位浊化音，音色与［t］等类化产生的［l］不同。

3. ［θ］在入声韵后有时会出现［s］色彩，但这是老男个体偶然的发音问题，与声母类化无关，我们依然记作［θ］，比如“日食”“月食”。

（二）韵母

霞浦话有 42 个韵母：

表 2 霞浦话韵母表

	i 米丝试二$_{文}$飞$_{文}$	u 苦五	y 猪雨
a 茶牙饱	ia 写	ua 瓦	
ɛ 排鞋快$_{白}$			
ɔ 歌坐$_{文}$宝			
e 戏			
ø 师$_{文}$			
o 过靴			
	iu 油	ui 开$_{白}$鬼	
ai 开$_{文}$师$_{白}$		uai 快$_{文}$	
oi 坐$_{白}$赔对飞$_{白}$短$_{白}$			
au 豆走$_{白}$			
ɛu 走$_{文}$			
eu 笑桥			
	iŋ 心深新灯$_{白}$升星	uŋ 滚春云东$_{文}$	yŋ 根$_{白}$用
aŋ 二$_{白}$南山争$_{白}$病	iaŋ 兄	uaŋ 半短$_{文}$官横	
eŋ 盐年			
øŋ 响			
oŋ 权根$_{文}$寸			
ɛiŋ 双灯$_{文}$硬争$_{文}$东$_{白}$			
ɔuŋ 糖床王讲			
	iʔ 急七一$_{文}$橘直锡	uʔ 出谷六$_{文}$	yʔ 竹畜粥叔
aʔ 盒塔鸭辣白$_{白}$	iaʔ 夹食额削	uaʔ 法活刮$_{文}$	

续表

ɔʔ 托$_{白}$学$_{白}$			
eʔ 接热节$_{文}$			
øʔ 一$_{白}$药尺			
oʔ 刮$_{白}$月骨郭绿局			
ɛiʔ 贴十八节$_{白}$壳北色白$_{文}$六$_{白}$			
ɔuʔ 托$_{文}$学$_{文}$国			

说明：

1. 没有变韵现象。

2. 入声只有喉塞音［ʔ］韵尾。

3. 入声韵［ɛiʔ］中，［i］韵尾较弱，只指示了收音的动作方向，发音不到位。入声韵［ɔuʔ］的［u］尾也较弱，发音不到位。

4. 入声韵［ɛiʔ］在语流中作为前字，其主元音［ɛ］在个别词语中趋近于［e］，如“角囝”（硬币），发为［keiʔ^{5}kiaŋ^{42}］。

5. “侬”的韵母［ɛiŋ］在“丈夫侬（男人）”“我侬（我们）”“村侬（农民）”中变为［øŋ］，应该是“侬”的两读。

6. ［yŋ］听觉上有点［yuŋ］色彩。

7. 韵母［oŋ］在双音节词中常常自由变体为［ouŋ］，如“算”“孙”等。

8. ［ɛʔ］仅出现在“羊咩”一词中，作为拟声词，我们处理为音系边际音，不进入韵母系统。

（三）声调

霞浦话有7个单字声调（不包括轻声）：

阴平44　　东该灯风通开天春

阳平21　　门龙牛油铜皮糖红

阴上42　　懂古鬼九统苦讨草买老$_{文}$有$_{文}$五$_{文}$卖

阴去35　　冻怪半四痛快寸去饭$_{文}$树$_{白}$

阳去24　　路硬乱洞地饭$_{白}$树$_{文}$动罪近后老$_{白}$五$_{白}$有$_{白}$

阴入5　　谷百搭节急哭拍塔切刻

阳入2　　六麦叶月毒白盒罚

说明：

阳平 21 的实际调值接近 11。

（四）两字组连读变调规律

表 3　霞浦话两字组连读变调规律表

前字＼后字	阴平 44	阳平 21	阴上 42	阴去 35	阳去 24	阴入 5	阳入 2
阴平 44	—	44　51	—	—	—	—	44　5
阳平 21	—	—	—	—	—	—	—
阴上 42	55	55　51	55　51	55	55	55	55　51
阴去 35	55	55	55　51	55	55	55	55
阳去 24	44	44	44	44	44	44	44
阴入 5	55	55	55　51	55	55	55	55
阳入 2	44	44	44	44	44	44	44

连读变调中产生两个新调值，分别是 55 和 51。

1. 55 调值很整齐、规律地出现在前字为阴上、阴去和阴入（乙）的二字组中，即前字阴上、阴去和阴入（乙）连读后一律变调为 55。

2. 51 集中出现在后字为阳平和阴上的二字组中，即后字阳平在前字为阴平、阴上之后变调为 51，后字阴上在前字为阴上、阴去、阴入（甲、乙）中变调为 51。阴入分甲乙类，在二字组连读中，阴入为前字，二字组连读后依然保持入声韵的是甲类，连读后韵母舒化的是乙类。

3. 阳去和阳入调作为前字，在其他所有声调前都变为 44 调，跟单字调阴平相同。

表 4　霞浦话两字组连读变调举例

阴平 + 阳平 ［44 21 －51］	花瓶 hua βiŋ
阴平 + 阳入 ［44 2 －5］	膏药 kɔ øʔ
阴上 + 阴平 ［42 －55 44］	火车 hoi ʒia
阴上 + 阳平 ［42 －55 21 －51］	海棠 hai lɔuŋ
阴上 + 阴上 ［42 －55 42 －51］	火腿 hoi tʰoi

续表

阴上+阴去［42-55 35］	广告 kɔuŋ ŋɔ
阴上+阳去［42-55 24］	口号 kʰeu ɔ
阴上+阴入［42-55 5］	可惜 kʰɔ θiʔ
阴上+阳入［42-55 2-51］	宝石 pɔ θøʔ
阴去+阴平［35-55 44］	汽车 kʰi ʒia
阴去+阳平［35-55 21］	带鱼 tai ŋy
阴去+阴上［35-55 42-51］	政府 tsiŋ ŋu
阴去+阴去［35-55 35］	世界 θe kai
阴去+阳去［35-55 24］	贵重 kui tuŋ
阴去+阴入［35-55 5］	教室 kau θiʔ
阴去+阳入［35-55 2］	化学 hua ɔuʔ
阳去+阴平［24-44 44］	大厅 tua liaŋ
阳去+阳平［24-44 21］	大门 tua moŋ
阳去+阴上［24-44 42］	代表 tai βeu
阳去+阴去［24-44 35］	饭店 poŋ nɛiŋ
阳去+阳去［24-44 24］	电话 tɛiŋ ŋua
阳去+阴入［24-44 5］	电压 tɛiŋ ŋaʔ
阳去+阳入［24-44 2］	大学 tai ɔuʔ
阴入+阴平［5-55 44］	客厅 kʰa liaŋ
阴入+阳平［5-55 21］	借钱 tsøʔ tseŋ
阴入+阴上［5-55 42］	索尾 θoʔ moi
阴入+阴去［5-55 35］	百姓 pa laŋ
阴入+阳去［5-55 24］	桌下 to a
阴入+阴入［5-55 5］	客鹊 kʰa ʒøʔ
阴入+阳入［5-55 2］	烛碟 tso leʔ
阳入+阴平［2-44 44］	读书 tʰeʔ tsy
阳入+阳平［2-44 21］	学堂 hɔuʔ tɔuŋ

续表

阳入 + 阴上［2 –44 42］	日子 niʔ tsi
阳入 + 阴去［2 –44 35］	核算 hɔʔ θoŋ
阳入 + 阳去［2 –44 24］	学问 hɔ uŋ
阳入 + 阴入［2 –44 5］	及格 kiʔ kaʔ
阳入 + 阳入［2 –44 2］	实习 θiʔ θiʔ

（六）其他主要音变规律

表 5　霞浦话声母类化规律表

单字声母	类化声母		
	阴声韵	阳声韵	入声韵
p	p β	m	p
p^h	p β	m	p^h
t th	l	n	t
ts	ts	nz	ts
ts^h	ʒ ts	nz	ʒ ts^h
θ	ð	n	θ
k	k	ŋ	k
k^h	k	ŋ	k^h
h	Ø	ŋ	h
m n ŋ l	不变	不变	不变
Ø	不变	不变	ŋ

其实，声母的类化规律只是相对的，不是绝对的。即在这样的条件下可以进行这样的类化，但实际发音中并不严格遵循这一规律，类化与否与语速等有关。［p］在阴声韵后可以类化为［β］，但发音者通常不类化；［θ］声母在阴声韵后类化为同部位浊化音［ð］；在阳声韵后一般类化为［n］，但个体发音有时为［ð］；在入声韵后有时会出现［s］色彩，但与类化无关。［ts^h］在阴声韵后也不

固定，可类化为［ʒ］、［ts］。

（五）老男青男的音系差别说明

1. 与老男相比，青男韵母出现了介音［i］和［y］：［eu］→［ieu］；［ɛu］→［iɛu］；［øŋ］→［yoŋ］；

2. 与老男相比，青男［ɛ］元音舌位下移趋近于［a］：［ɛiŋ］→［aiŋ］；［ɛiʔ］→［aiʔ］。

福安话

一　调查点概况

福安市属宁德市代管市，位于宁德市境中部。东临柘荣县、霞浦县，西接寿宁县、周宁县，南面临海，北部与浙江省交界。东经 119°23′—119°52′，北纬 26°41′—27°24′。本调查点为市政府驻地城北街道。

福安市常住人口 56.85 万，其中汉族人口约 50 万。少数民族主要有畲族，人口约 6 万多，占福安人口的 11.3%，主要以“大分散、小聚居”的形式分布在山区的穆云、坂中等乡镇，使用畲话与福安话，畲话使用人口呈下降趋势。福安方言以城关口音为代表，内部差异不大。与邻县接壤的乡镇受周边县市的影响。福安市溪潭乡濑尾村和社口村有部分人口讲客家话。

方言曲艺有平讲戏，是福建省独特的传统戏曲剧种之一，最早起源于福安县，后来在闽东北各县流行。由于唱词和对白都用方言，平白如讲话，故称“平讲戏”。

福安话是 2015 年福建省语保点。由华侨大学教师袁碧霞全程记录整理。

二　方言发音人概况

方言老男陆恒，汉族，1944 年 10 月出生于福安市城北街道，大专文化程度。已退休。

方言青男杨鋆樑，汉族，1979 年 5 月出生于福安市阳头街道，大学本科文化程度。就职于福安市韩城小学。

方言老女林细贤，汉族，1946 年 8 月出生于福安市城关镇，中专文化程度。已退休。

方言青女李莹婷，汉族，1980 年 8 月出生于福安市阳头街道，大专文化程度。就职于福安市第三实验幼儿园。

口头文化发音人有郭茂峰（城北街道）、江石姿（女，晓阳镇）、罗承晋（穆阳镇）、林仁丛（范坑乡）、陈寿生（城阳镇）、陈润良（穆阳镇）。

地普发音人有林仁丛（范坑乡）、陈寿生（城阳镇）、陈润良（穆阳镇）。

三 福安话音系

（一）声母

福安话有17个声母（包括零声母）：

表1 福安话声母表

p 八兵爬病飞$_{白}$肥	p^{h} 派片蜂	m 麦明饭味$_{白}$问		
t 多东甜毒$_{文}$张竹茶	t^{h} 讨天毒$_{白}$抽拆$_{白}$柱	n 脑南年泥软		l 老连蓝路
ts 资早租酒主书字坐$_{文}$全争装纸	ts^{h} 刺草寸清春手贼拆$_{文}$抄初床车		s 坐$_{白}$丝三酸想祠谢事山双船顺十城	
k 高九共权县	k^{h}开轻	ŋ 熬月	x 飞$_{文}$风副好灰响活云	
Ø 热安温				
j 用药				
w 味$_{文}$王				

说明：

1. 塞擦音、擦音ts、ts^{h}的发音部位比较接近舌面，同时带有圆唇色彩。不过这两个声母依韵母不同存在变体。例如，当后接元音是开口度较小的i、e时，舌叶音色彩比较明显。如“紫”tʃi^{41}。当后接元音是a、ɔ时，有时更接近于ts、ts^{h}，不过这些不涉及音位的区别。擦音s有时带有边音色彩。总之，福安话这套音的变体很多，我们统一记为ts、ts^{h}、s。不过需指出，它们与普通话ts、ts^{h}、s的发音存在明显区别。

2. x声母拼细音时，有时略带舌叶色彩。例如，“戏”听感上接近于ʃi^{331}。不过由于在其他韵母前面表现不明显，我们姑且都记为x。

3. 福安话的零声母字，除部分介音或单元音韵母为 i、u 的字发音起始带 j、w 外，常常带有喉塞。例如，“爱”的实际音值为 ʔai^{35}，“河”的实际音值为 ʔɔ^{21}，“鞋”的实际音值为 ʔɛ^{21}。如前所述，i、u 作介音或单元音韵母时，发音起始段略有摩擦感。因此，我们在音位层面将二者处理为声母的不同，即 j、w 与零声母字记为不同的音位。

4. 福安话的 j、w 及处理方法：我们对比了几个字音，发现它们的区别可能不像过去通常所说声母是否带摩擦成分那样简单（即零声母无摩擦，j 声母摩擦明显，w 声母圆唇和摩擦不太明显）。以“热”和“药”二字为例，二者的差别反映在以下几个方面：首先，“热”的起始有比较明显的喉塞感，即上述所说很多零声母字开头的实际读音为 ʔ。而“药”字起始无此特征。其次，“热”的声调与其他大部分阳入调无别，为平调（即 3）。而“药”为曲折调，实际调值可以是232。另外，“热”的元音开口度比“药”更大些，即存在 ɪ 与 i 的差别。可见，该问题比较复杂，不仅关乎声母，还涉及元音和声调，需要系统性的比对和更细致的语音分析。但就目前研究状况看，还无法完全理清楚，因此本次记音只能采取临时性的处理方法——“热”记为 iʔ^{3}，“药”记为 jiʔ^{3}。

（二）韵母

福安话有 47 个韵母：

表 2　福安话韵母表

	i 雨$_{文}$米戏	u 过靴苦雨$_{白}$
a 茶牙饱		
ɛ 排鞋快$_{白}$		
œ 梳		
ɔ 歌坐$_{文}$宝		
e 写		
ø 去		
o 瓦		
	iu 笑桥	ui 赔飞$_{白}$鬼
ai 开文师$_{白}$		uai 快$_{文}$
ɔi 坐$_{白}$对		
ei 丝试二飞$_{文}$		

续表

øi 猪开$_{白}$短$_{白}$		
au 豆		
ɛu 条		
eu 走$_{文}$油		
ou 五师$_{文}$走$_{白}$		
	iŋ 盐年	uŋ 权滚王讲
aŋ 南山争$_{白}$病	iaŋ 兄	uaŋ 半短$_{文}$官横
ɛiŋ 莲		
eiŋ 心深新升星		
œuŋ 双灯硬争$_{文}$东$_{白}$		
ɔuŋ 根$_{文}$寸糖床		
øuŋ 根$_{白}$		
ouŋ 春云东$_{文}$用	ioŋ 响	
	iʔ 接热节$_{文}$尺	uʔ 月郭国绿局
aʔ 盒塔鸭辣白	iaʔ 夹	uaʔ 法活刮
ɛʔ 贴十八节$_{白}$		
ɔʔ 托学$_{白}$		
eʔ 急七一橘直锡		
oʔ 谷	ioʔ 雀	
ɛuʔ 六		
œuʔ 壳北色		
ɔuʔ 骨学$_{文}$		
øuʔ 竹		
ouʔ 出		

说明：

1. 福安话一些复合元音韵母较丰富，不过有些韵母的过渡音征往往不是很明显，听感上比较模糊，元音滑动的动程不明显，有时只剩下嘴唇的伴随动作，似乎不必记出滑音成分。但福安话前响复元音相对较少，而后响复元音较丰富，如果要用严式音标记出后响成分，最好一律记出。

ɔʔ 形成最小对
ouʔ 相同，在
。

韵中只有 eiŋ、
组滑音 i 都记

euŋ、œuʔ 构成
sœ331 与“生”
动作。为加以

元音韵母，øi 带
声韵和入声韵
较展，阳声韵
将二者相区别

不过该元音不

的 i。但老派福

说明：

1. 阴平调

更接近于441，

2. 阳平相

阳平可记为22

此记为21。不

调末尾并未降至

种体现。在此

3. 阴上起

起始点比阴平

为了将阴上与阴

4. 阴去调

5. 阳去调

6. 阴入调

但由于时长短，

7. 阳入调

明显，比阴入调

（四）连读

表3 福安话

前字＼后字	
阴平 331	
阳平 21	
阴上 41	
阴去 35	
阳去 23	
阴入 5	
阳入 2	

表4　福安话两字组连读变调举例

阴平+阴平［331－44 331］	天星$_{星星}$ t^{h}iŋ neiŋ	天光$_{天亮}$ t^{h}iŋ kuŋ	中秋 tuŋ neu
阴平+阳平［331－23 21－331］	清明 ts^{h}iŋ meiŋ	猪栏$_{猪圈}$ ti laŋ	灰寮$_{厕所}$ xu leu
阴平+阴上［331－23 41－331］	猪团$_{猪崽}$ ti iaŋ	鸡母$_{母鸡}$ ki mɔ	间里$_{房间}$ kiŋ ni
阴平+阴去［331－44 35］	天气 t^{h}iŋ k^{h}ei	当昼$_{中午}$ tɔuŋ nau	甘蔗 kaŋ me
阴平+阳去［331－44 23］	山墿$_{路}$ saŋ nu	烟雾$_{灰尘}$ iŋ mou	乡下 xioŋ ŋa
阴平+阴入［331－44 5］	鸡角$_{公鸡}$ ki œuʔ	亲戚 ts^{h}iŋ nʒeʔ	资格 tsu kaʔ
阴平+阳入［331－44 2］	烘热$_{发烧}$ xœuŋ iʔ	三日 saŋ neiʔ	开学 k^{h}ui ɔuʔ
阴上+阴平［41－55 331］	好天$_{晴}$ xɔ t^{h}iŋ	水沟 tsi kau	火灰$_{灰}$ xui ou
阴上+阳平［41－35 21－51］	火柴$_{柴火}$ xui ʒa	可能 k^{h}ɔ nœŋ	鲤鱼 li ŋøi
阴上+阴上［41－35 41－51］	果子$_{水果}$ ku i	咬蚤$_{跳蚤}$ ka ʒo	犬母$_{母狗}$ k^{h}eiŋ mɔ
阴上+阴去［41－55 35］	韭菜 kiu ʒai	紫菜$_{茄子}$ tsi ai	鼎灶$_{灶}$ tiaŋ nʒau
阴上+阳去［41－55 23］	尾候$_{以后}$ mui au	保佑 pɔ jeu	解闷$_{开玩笑}$ kɛ mouŋ
阴上+阴入［41－55 5］	火索$_{火柴}$ xui loʔ	跣甲$_{指甲}$ tsiŋ ŋaʔ	粉笔 xuŋ peiʔ
阴上+阳入［41－35 2－5］	小麦 siu maʔ	解毒 kɛ touʔ	火药 xui jiʔ
阴去+阴平［35－55 331］	半晡$_{傍晚}$ puaŋ mu	刺瓜$_{黄瓜}$ ts^{h}i o	菜猪$_{公猪}$ ts^{h}ai tøi
阴去+阳平［35－55 21］	坝头$_{坝}$ pui tau	半暝$_{半夜}$ puaŋ maŋ	蒜头$_{蒜}$ sɔuŋ nau
阴去+阴上［35－55 41－51］	瀓水$_{凉水}$ ts^{h}iŋ ŋi	面桶$_{脸盆}$ miŋ nøuŋ	喙齿$_{牙齿}$ ts^{h}i i
阴去+阴去［35－55 35］	对面 tɔi meiŋ	徛厝$_{盖房子}$ ke ts^{h}u	面布$_{毛巾}$ miŋ mo
阴去+阳去［35－55 23］	做雨$_{下雨}$ tsɔ u	栋瓦$_{瓦}$ tœuŋ wo	手电$_{手电筒}$ ts^{h}iu tiŋ
阴去+阴入［35－55 5］	细叔$_{排行最小的叔父}$ sɛ øuʔ	教室 kau leʔ	信壳$_{信封}$ siŋ k^{h}œʔ
阴去+阳入［35－55 2］	树箬 ts^{h}iu nik	喙舌$_{舌头}$ ts^{h}i liʔ	退学 t^{h}ɔi xɔuʔ
阳去+阴平［23－44 331］	蚁公$_{蚂蚁}$ ŋe œuŋ	背心 pui ʒiŋ	道师$_{道士}$ tɔ lai
阳去+阳平［23－44 21］	老蛇$_{蛇}$ lau e	下廊$_{下巴}$ a lɔuŋ	耳聋$_{聋子}$ ŋe lœuŋ
阳去+阴上［23－44 41］	大水$_{洪水}$ to i	下底$_{下面}$ a lɛ	老鼠 lau i
阳去+阴去［23－44 35］	外岸$_{河岸}$ ŋe aŋ	上昼$_{上午}$ sioŋ nau	硬炭$_{炭}$ ŋœuŋ naŋ
阳去+阳去［23－44 23］	豆腐 tau ou	鱠利$_{钝}$ mɛ lei	大量$_{大方}$ to lioŋ
阳去+阴入［23－44 5］	自杀 tsu laʔ	后叔$_{后爸}$ au ʒøuʔ	负责 xou tsœʔ

续表

阳去+阳入［23-44 2］	正月 tsiaŋ ŋuʔ	大麦 to maʔ	闹热$_{\text{热闹}}$ nau iʔ
阴入+阴平［5-55 331］	发疭$_{\text{中暑}}$ puʔ sa	拍针$_{\text{打针}}$ pʰaʔ tsɛiŋ	掇定$_{\text{订婚}}$ tuʔ nʒeiŋ
阴入+阳平［5-55 21］	拍寒$_{\text{患疟疾}}$ pʰaʔ kaŋ	播塍$_{\text{插秧}}$ po ʒɛiŋ	客聊$_{\text{玩儿}}$ tʰa liu
阴入+阴上［5-55 41-51］	角囝$_{\text{硬币}}$ kœuʔ kiaŋ	敨起$_{\text{起床}}$ øuʔ i	虱母$_{\text{虱子}}$ seʔ mɔ
阴入+阴去［5-55 35］	客店$_{\text{旅馆}}$ kʰa lɛiŋ	折扣 tsiʔ kʰɛu	拍算$_{\text{打算}}$ pʰaʔ lɔuŋ
阴入+阳去［5-55 23］	割釉$_{\text{割稻}}$ kaʔ teu	做寿 tsɔʔ seu	百五$_{\text{一百五}}$ paʔ ŋou
阴入+阴入［5-55 5］	拾拉$_{\text{收拾}}$ kʰaʔ laʔ	拍一$_{\text{第一}}$ pʰaʔ eʔ	吉鹊$_{\text{喜鹊}}$ ki tsʰiʔ
阴入+阳入［5-55 2］	掇脉$_{\text{诊脉}}$ tu maʔ	桔汁 kei tsɛʔ	确实 kʰɔu seiʔ
阳入+阴平［2-44 331］	日中$_{\text{白天}}$ neʔ tɔuŋ	肉糕$_{\text{年糕}}$ niʔ kɔ	蜀千$_{\text{一千}}$ si ʒɛiŋ
阳入+阳平［2-44 21］	日头$_{\text{太阳}}$ ni lau	石榴 tsʰi eu	食暝$_{\text{吃晚饭}}$ seʔ maŋ
阳入+阴上［2-44 41］	木耳 mu mi	麦秆$_{\text{麦秸}}$ ma kaŋ	食草$_{\text{吃药}}$ sei tsʰou
阳入+阴去［2-44 35］	白菜$_{\text{大白菜}}$ pa ʒai	食昼$_{\text{吃午饭}}$ seʔ tau	合算 xaʔ sɔuŋ
阳入+阳去［2-44 23］	白豆$_{\text{黄豆}}$ pa tau	食饭$_{\text{吃早饭}}$ seʔ pouŋ	佛事$_{\text{庙会}}$ xu sou
阳入+阴入［2-44 5］	日蚀$_{\text{日食}}$ niʔ seʔ	月蚀$_{\text{月食}}$ ŋuʔ seʔ	白鸽 pa aʔ
阳入+阳入［2-44 2］	粒粒$_{\text{些}}$ na naʔ	直直$_{\text{故意}}$ teiʔ te	蜡烛 la tsuʔ

说明：

1. 个别不成系统且收词较少的，暂时不列入上表（是否作为例外则需要更多的词汇语料统计）。例如，“阴平+阴上”的变调规律通常是331+41→23+331，“阳平+阴上”的变调规律通常是21+41→21+41（即不变）。但“今早”（今天）kiŋ^{331} tsa^{41}→kiŋ^{55}na^{51}，“明早”（明天）maŋ^{21} tsa^{41}→maŋ^{55}na^{51}，均不符合上述规律。又如，“阴上+阴平”的一般变调规律是41+331→55+331（例如“手巾手绢”tʰiu^{55} øuŋ^{331}），但“姊哥姐姐”tsi^{44} ɔ^{331}上字变为44，而不是55。

2. 入声在语流中有时前后结合得比较紧密，塞音尾丢失，与舒声韵无别，阴入调记为44，阳入调记为55。但有时前后二字结合不太紧密，在听感上入声仍有塞音韵尾，则一律仍记出-ʔ，但声调与单字调相比，较为舒缓，故将阴入调记为44，阳入调为55。例如：“白豆”（黄豆）pa^{44}lau^{23}，“绿豆”luk^{44}tau^{23}。“白”字完全舒声化，故不记出-ʔ。而“绿”仍记为-ʔ，声调明显与单字调有别，记为44。

3. 连读变调中，当前字变化之后的调值是高平55或高升35（包括阴去调原调）时，后字若为高降调时，其调值与单字阴上调略有区别，其降幅更大，起降点略高，我们记为全高降 51，以便将它与单字阴上以及二字组中处于下字的阴上调相区分开来。因此，上文连读变调表中我们记录 51 调，不见于单字调，与单字阴上调 41 听感上略有差异，若从调位角度看，也可以合并为一个调位/41/，但为了体现听感上的区别，我们记为 51，而不合并入单字调 41 中。

（五）其他主要音变规律

1. 声母类化

在语流中，连读下字的声母常常发生规律性变化，即所谓的“声母类化”。以往关于闽东方言声母类化的规律描写较多，虽同中有异，但基本与福州话的规律相差无几。

就福安话来看，也有多种表征，有时为闪音，有时为半元音或舌尖元音。由于情况比较复杂，需要更多的研究（例如：下字声母单字为 p、p^h时，在语流中有时为双唇闪音，暂无符号可记）。在此无法展开系统、详细的说明，也无法做到完全用音质记音的方法将每个词汇中出现的语流音变现象都描写出来。因此，在该项目的词汇、语法记音中涉及变声时，我们基本采取过去描写闽东方言声母类化的方法，再加以适当修改、调整（例如：ts、ts^h鼻音韵尾后的音变之一改为 nʒ，以区别于它们在开韵尾后的音变；s 的音变分别改为 ʒ、nʒ，因为福安话单字擦音声母为 ʒ，更符合“变为相同的部位的浊音”的统一性描述），最后归纳为表 5。

表 5　福安话声母类化表

<table>
<tr><th rowspan="2">单字声母</th><th colspan="7">类化声母</th></tr>
<tr><th colspan="3">开韵尾后</th><th colspan="4">鼻韵尾后</th></tr>
<tr><td>p p^h</td><td>p</td><td>β</td><td>ø(少数)</td><td colspan="4">m</td></tr>
<tr><td>t t^h</td><td>t</td><td colspan="2">l</td><td colspan="4">n</td></tr>
<tr><td>ts ts^h s</td><td>ʒ</td><td>l</td><td>ø</td><td>nʒ</td><td colspan="2">n</td><td>ø</td></tr>
<tr><td>k k^h x ø</td><td colspan="3">ø</td><td colspan="2">ŋ</td><td colspan="2">ø</td></tr>
<tr><td>m n l ŋ</td><td colspan="3">不变</td><td colspan="4">不变</td></tr>
</table>

说明：

（1）当个别音变现象暂时无法找出系统性的词例时（需更多的词汇调查），暂不列入上表中。例如：“先生”（老师）siŋ^{331} saŋ^{331}→siŋ^{44} ŋaŋ^{331}、“面布”

$mei\eta^{35}pu^{35} \rightarrow mi\eta^{55}nu^{35}$。

（2）语流中的声母音变有时不仅受前字韵尾的影响，还可能受前字声母影响造成同化现象。例如："暴痣"（痣，凸起的）$p\mathrm{ɔ}^{21}\beta ei^{35}$，"痣"的声母不符合上表归纳的音变规律，应当是受前字"暴"的同化而产生的音变。类似这种情况，暂时不作为一般性的音变规律列入表5。

（3）t、t^h 在开韵尾后时，并不全都变为 l。例如"坝头"（坝）中的"头"单字音为 t^hau^{21}，处于该词中时，并不像"日头"（太阳）中的"头"完全弱化为 l。若都记为 l，则与实际听感不符。听感上无送气成分，t 的持阻及爆破也不明显，实际音值大约为闪音。但为了记音的方便，我们暂且记为 t。

（4）有些下字声母音变听感上非常模糊，似乎已经脱落为零声母，但仔细听辨仍不同于零声母。例如："面头前"（面前）的"前"字似乎为 $\varepsilon i\eta^{21}$，但实则仍有声母的残余（即我们所说可能是闪音或半元音性质的读音）。因此，遇此情形，我们不记为零声母，暂且记作 ð 以示区别。

（5）零声母逢上字为阴声韵时，看似从 Ø 变为 Ø，并没有发生变化。但我们比较它处于阳声韵后的变化情况，发现 Ø 变成软腭鼻音 ŋ 与 k、k^h、x 走的是同样的演变路线。这是因为实际上零声母发单字音时，元音前有一个轻微的喉塞音 ʔ。喉塞音 ʔ 与舌根音 k、k^h、x 的发音部位都靠后，所以在语流时，处于相同的语音环境会有相同的变化规律。这也是我们不将 Ø 与下列中的 m、n、l、ŋ 逢前字为阴声韵的变化情况相提并论的原因。

（6）福安话有些下字声母的音变不符合上表的规律，却是福安话早期语音特征的反映。以上字为鼻音韵尾字为例，"三十日"（除夕），现代福安话单字音"三"读 $sa\eta^{331}$，"十"读 $s\varepsilon i\mathrm{ʔ}^{2}$。但在语流中，该词读音为 $sa\eta^{23}m\varepsilon i^{44}ne\mathrm{ʔ}^{2}$。若按上述规律，"十"的声母音变为鼻音应当为 n，现代福安话读 m 应该是早期福安话"三"读为 sam^{331}的反映。类似情况较多，不一一举例，可从语流音变中反窥早期的一些语音面貌。

2. 连读变韵

在两字组中，处于上字的部分韵母有时发生音变。大体可归纳为表6（不具有音变的系统性规律的，只是出现在个别字中的，一时还无法分辨是音变还是该字音在特定词汇中才出现的，暂不作为音变来处理）。

表 6 福安话变韵表

单字音韵母	变化后的韵母	例字及例词
øi	i	猪 $tøi^{331}$→猪狮_{种猪} $ti^{44}lai^{331}$
ei	i	二 nei^{23}→二指_{食指} ni^{44} $ʒai^{331}$
ou	u	姑 kou^{331}→姑丈 ku^{44} $lioŋ^{23}$
au	a	头 t^hau^{21}→头发 t^ha^{21} $uʔ^5$
eu	iu	树 ts^heu^{35}→树箬_{树叶} $ts^hiu^{55}niʔ^2$
eiŋ	iŋ	烟 $eiŋ^{331}$→烟雾_{灰尘} $iŋ^{44}mou^{23}$
ouŋ	uŋ	风 $xouŋ^{331}$→风台_{台风} $xuŋ^{44}nai^{331}$
øŋ	iŋ	银 $ŋøŋ^{21}$→银行 $ŋiŋ^{21}$ $hɔuŋ^{21}$
øuʔ	iʔ	肉 $nøuʔ^2$→肉糕_{年糕} $niʔ^{44}kɔ^{331}$
eʔ	iʔ （i）	日 $neʔ^2$→日头_{太阳} $ni^{44}lau^{21}$
ouʔ	uʔ （u）	木 $mouʔ^2$→木虱_{臭虫} $mu^{44}seiʔ^5$

（六）老男和青男在音系上的主要区别

1. 声调

青男与老男的声调系统相比，调类归属相同，均为 7 个声调，与中古音声调的对应关系与老男亦同。在调值上则略有差异，主要体现在阴平调上。老男的阴平调前半部分是平调，后半部分下降明显，且降至较低点，记为 331。而青男的阴平调几乎为全平调。不过需要指出的是，青男单字音发音时，阴平调最末尾有个小小的下降（或听感上略带停顿感），由于只在声调接近尾声时出现，在听感上也没有十分明显的音征，因此只记为 33。

2. 声母

（1）ts、ts^h、s

青男的塞擦音声母与老男有明显的区别。老男塞擦音的发音部位比较接近舌面，同时带有圆唇色彩。而青男的发音部位靠前，也不带圆唇色彩。例如，“紫”，老男发音时唇形为前伸带圆唇，而青男为展唇。我们将青男的塞擦音记为 ts、ts^h。ts、ts^h拼齐齿呼时略带腭化，接近于 tɕ、$tɕ^h$。老男擦音接近齿音间 θ，青男发音时比较不稳定，有时为 θ，有时舌尖在上齿背，更接近于 s。现在依习惯暂时都将擦音记为/s/。

（2）老男 x 声母拼细音时，有时略带舌叶色彩。例如，“戏”听感上接近于

$ʃi^{331}$。不过由于在其他韵母前面表现不明显，我们姑且都记为 x。青男 x 声母拼开口呼时，为 x；拼齐齿呼时，接近于 ç；在一些撮口呼韵母前有腭化的倾向，我们都记为/x/。

（3）青男声母 j、w 及处理方法

福安青男不存在零声母 ø（或者我们所说实际发音为 ʔ）与 j、w 的对立。例如，“热” = “药”。零声母字（不以 i、u 为介音或单元音的）发音起始部分并不像老男带有较明显的喉塞感，以 i、u 为介音或单元音的字摩擦感也不如老男。因此，在音位处理上可以统一记为零声母 ø，或者把以 i、u 为介音或单元音的字记 j-、w-或 ji、wu。

不过正如前文所述，如果记为 ø，例如，将“野”记为 øie41，那么，青男的韵母系统则会比老男多很多个韵母。因此，考虑到老男与青男韵母系统的相对一致和协调，我们仍把青男以 i、u 为介音或单元音的字记 j-、w-或 ji、wu。只需注意其语音系统中必不存在 øi、øu 与 ji、wu 的对立即可。即，“热” jiʔ2 = “药” jiʔ2。

3. 韵母

（1）ei、e 和 ou、o

与老男相比，有些韵母大部分字已发生合并，例如老男的 ei 与 e，已基本合并为 e（“寄” ke^{35} = “记” ke^{35}），ou 与 o 已基本合并为 o（“大” to^{23} = “杜” to^{23}，“沙” $θo^{33}$ = “师” $θo^{33}$）。不过个别字，仍读 ei（“四” $θei^{35}$）和 ou（“五” $ŋou^{23}$）。可以看出音变正在进行中，而尚未完成。不过音变是否完成，或音变的速率还因人而异。本人调查另一名青男发音人（林仁丛，1975 年 9 月出生，城关口音）已完成上述音变。因此记音均根据实际听感，而不做音位处理。

（2）iu、eu

老男的 eu 韵主要来自流摄，iu 韵主要来自效摄。青男流摄和效摄字部分合流为 iu，例如，“修” siu^{33} = “烧” siu^{33}。但大部分字仍有区别，例如，“抽” t^heu^{33} ≠ “挑” t^hiu^{33}，“球” keu^{21} ≠ “桥” kiu^{21}，“州” $tseu^{33}$ ≠ “蕉” $tsiu^{33}$。

（3）oʔ、ɔʔ

老男入声 oʔ、ɔʔ 与 ouʔ、ɔuʔ 的对立已所剩无几，到青男口中已完全合并，我们均记为 oʔ、ɔʔ，即“刷” $θɔʔ^5$ = “索” $θɔʔ^5$，“服” $xoʔ^2$ = “佛” $xoʔ^2$。

（4）ouŋ、ɔuŋ、eiŋ、ɛiŋ，这些前响复元音与老男发音差别不大，因此均记出主元音后的滑音 -u- 或 -i-。

（5）əŋ、əʔ

青男的 əŋ、əʔ 主要由老男的 œuŋ、œuʔ 演变而来，圆唇色彩减退，后面的滑音基本消失，因此记为 əŋ、əʔ。但老男中的一部分 œuŋ、œuʔ 字在青男语音中并入 ɵŋ、ɵʔ。

（6）ɵ、ɵŋ、ɵʔ

青男 ɵ、ɵŋ、ɵʔ 韵的字大体来源于老男的 ø、øuŋ 以及少量的 œuŋ、œuʔ 韵字（例如，老男“根”$køuŋ^{331}$ ≠ “江”$kœuŋ^{331}$；青男“根”$kɵŋ^{33}$ ≠ “江”$kɵŋ^{33}$）。老男的 ø、øuŋ、øuʔ 韵有较明显的圆唇色彩，青男 ɵ、ɵŋ、ɵʔ 韵听感上与老男有明显区别，为中央区域的元音，略带圆唇色彩，我们记为 ɵ，与 əŋ、əʔ 韵中的 ə 元音的主要区别在于唇形。

与青男相比，老男发 ø 时后面带有嘴唇闭合的动作，而青男没有明显的闭合。因此我们将青男记为 ɵŋ、ɵʔ，老男记为 øuŋ、øuʔ 以示区别。另外，青男的入声 ɵʔ 有时圆唇性比较强，接近于 ø，不过由于不太稳定，我们姑且都记为 ɵʔ。

（7）yɵŋ、yɵʔ 韵基本对应于老男的 ioŋ、ioʔ，青男发音起始时撮唇特征明显（尽管老男 ioŋ 中的 i 由于受后接元音 o 的影响也带上些许圆唇色彩），后接元音与老男的 oŋ 也有较明显的区别，我们记为 yɵŋ、yɵʔ。

（8）青男的入声韵喉塞尾不如老男明显，仍记为 -ʔ。

柘荣话

一　调查点概况

柘荣县属宁德市辖县，位于宁德市境东北部。东临福鼎市，西接福安市，南接霞浦县，北部与浙江省交界。东经 119°43′—120°04′，北纬 27°05′—27°19′。本调查点为县政府驻地双城镇。

截至 2018 年底，柘荣县人口 10.88 万，主要是汉族。少数民族主要有畲族，人口约 2000 人，主要以“大分散、小聚居”的形式分布在山区的富溪、乍洋、楮坪等乡镇，对内使用畲话，对外使用当地的柘荣话。汉语方言主要是柘荣话，分布在柘荣县各街道，为本地通用的方言。

当地曲艺有柘荣评话、布袋戏。布袋戏集吹、拉、弹、唱表演于一身，是柘荣最常看到的民间戏曲表演之一。

柘荣话是 2018 年国家语保点。由华侨大学文学院教师袁碧霞全程记录整理。

二　方言发音人概况

方言老男陈玉成，汉族，1938 年 10 月出生于双城镇，小学文化程度。在家养老。

方言青男陈品强，汉族，1988 年 6 月出生于双城镇，大学本科文化程度。就职于柘荣县委办公室。

方言老女魏秋惠，汉族，1947 年 11 月出生于双城镇，中专文化程度。已退休。

方言青女林陈芳，汉族，1988 年 8 月出生于双城镇，大学本科文化程度。就职于柘荣县双城镇工会。

口头文化发音人有吴芳兰（女）、魏洁芳（女）、叶岩秀、刘有为（以上均为双城镇人）、袁济畴（溪坪街社区）。

地普发音人魏秋惠（女）、叶岩秀、袁济畴，都是双城镇人。

三 柘荣话音系

（一）声母

柘荣话有 15 个声母（包括零声母）：

表 1 柘荣话声母表

p 八兵爬病飞$_{白}$肥饭	p^h派片蜂	m 麦明味问$_{白}$		
t 多东甜毒竹茶	t^h 讨天张抽拆柱	n 脑南年泥软		l 老连蓝路
ts 资早租酒纸主书字坐$_{文}$全争装	ts^h 刺草寸清手贼抄初床车春		θ 祠谢事山双船顺坐$_{白}$丝三酸想十城	
k 高九共权县	k^h开轻	ŋ 熬月	x 飞$_{文}$风副好灰响活$_{文}$云	
∅ 热活$_{白}$安温王问$_{文}$				

说明：

1. ts、ts^h与齐齿呼、撮口呼相拼时，略有腭化倾向，但不明显，无辨义功能。仍记为 ts、ts^h。

2. k、k^h、ŋ 与齐齿呼、撮口呼相拼时，略有腭化倾向，但不明显，无辨义功能。仍记为 k、k^h、ŋ。

（二）韵母

柘荣话有 52 个韵母：

表 2 柘荣话韵母表

	i 米丝试二飞$_{文}$	u 苦五师$_{文}$	y 猪雨$_{文}$
a 茶牙饱$_{白}$	ia 写	ua 过$_{白}$瓦	
ɛ 排鞋快$_{白}$	ie 戏		yø 去
œ 梳			

续表

ɔ 歌坐$_{文}$宝饱$_{文}$		uo 靴雨$_{白}$	
	iu 油	ui 开$_{白}$鬼	
ai 开$_{文}$师$_{白}$		uai 快$_{文}$	
ɔi 坐$_{白}$对短$_{白}$		uei 赔飞$_{白}$	
au 豆走	iau 笑桥		
ɛu 凑口			
	iŋ 心深新升病$_{文}$星	uŋ 滚春云双$_{白}$东$_{文}$	yuŋ 根$_{白}$兄$_{文}$用
aŋ 南山争$_{白}$病$_{白}$	iaŋ 兄$_{白}$	uaŋ 半官横短$_{文}$	
ɛŋ 扮办	ieŋ 盐年		
œŋ 灯硬争$_{文}$东$_{白}$			yøŋ 件建
ɔŋ 根$_{文}$ 寸 糖 床 双$_{文}$讲		uoŋ 权王	yɔŋ 响
	iʔ 急七一橘直锡	uʔ 出谷	yʔ 浴
aʔ 塔白辣	iaʔ 夹额	uaʔ 刮	
ɛʔ 十八	ieʔ 接贴热节		
œʔ 壳北色六			yøʔ 药尺
ɔʔ 托学		uoʔ 过$_{文}$郭国绿局	yɔʔ 雀约
	iuʔ 竹粥		
aiʔ 盒鸭法		uaiʔ 活	
ɔiʔ 骨		ueiʔ 月	

说明：

1. 关于 ɛ。开尾韵的 ɛ，鼻尾韵的 ɛŋ 及塞音尾韵的 ɛʔ，其主元音的开口度比前半低不圆唇元音 ɛ 的开口度略小些。同时，ɛŋ 和 ɛʔ 中主元音 ɛ 后略带滑音 ɪ，实际音值可写为 ɛ^{ɪ}ŋ 和 ɛ^{ɪ}ʔ。由于滑音不明显，所以只记为 ɛŋ、ɛʔ。

2. 关于 œ。œŋ 韵的主要元音，其后略有滑音，嘴唇略呈闭合状态。œŋ 的实际音值为 œ^{u}ŋ，但该滑音动程不明显，所以只记为 œŋ。œʔ 韵读如 ɛuʔ，但口语里最后的圆唇不明显，现统一记为 œʔ。

3. yuŋ 韵文献上有的记为 yŋ。但从听感上，过渡音 u 还是较明显的，今记为 yuŋ。

4. yøŋ 中的 ø 比实际音符的开口度略大些。

5. 入声韵呈现明显的塞音尾，前人文献记载的柘荣话有 -k、-ʔ 两个塞音尾。例如：插 $ts^{h}ak^{5}$ ≠擦 $ts^{h}aʔ^{5}$，玉（文）$ŋuok^{21}$ ≠月 $ŋuoʔ^{21}$。发音人在发这两个类音时，虽能区分，但听感上呈现的最小对立元并不在于音尾是 -k 还是 -ʔ。在听感上几近 ʔ，而感觉不到发音部位在舌根 k 位置上。今入声韵统一记为 -ʔ 尾。

（三）声调

柘荣话有 7 个单字声调（不包括轻声）：

阴平 42　　东该灯风通开天春

阳平 21　　门龙牛油铜皮糖红

阴上 53　　懂古鬼九统苦讨草买老$_{文}$五有$_{文}$

阴去 35　　冻怪半四痛快寸去树$_{白}$饭

阳去 24　　卖路硬乱洞地树$_{文}$老$_{白}$有$_{白}$动罪近后

阴入 5　　谷百搭节急哭拍塔切刻

阳入 $\underline{21}$　　六麦叶月毒白盒罚

说明：

1. 依中古声母清浊分为阴阳调类。全浊上声归为阳去调，一共 7 个调类。

2. 中古次浊上声字，有文白异读的，文读为阴上，白读归阳去。如“老”，文读 $lɔ^{53}$（阴上），白读 lau^{24}（阳去）。

3. 阴入调域值较高，时长较短。末尾略有下降，但不明显，因此直接记为 5。

（四）连读变调说明

柘荣话两字连读变调式里，主要是前字变调，出现两个新的调值：44 和 55；后字一般不变调，只有阴去在阴平后变为 24 调，跟阳去的单字调相同；阳入在阴平、阴上后变为 5，跟阴入的单字调相同。大致规律如下：

1. 前字除阳平调外，基本都发生变调，后字变调的情况较少。

2. 阳平调后接任何调类前后字都不变调。

3. 入声调中阴入和阳入字单字调为短促调。连读时入声韵失去塞音韵尾 k 和 ʔ，声调变为舒声调，分别由本调的 5 和 21 变为舒声的 55 和 44。这两个新调值看似仅相差一度，但前者为很高的调，后者实际音高略近于33，不会产生音类上的混乱。

4. 一般来说，在连读中，前字原调的调域为高调域时，变为新调55；原调是低调域，变调的调值为44。

5. 一些阴平42和阳去24处于后字时变为平调。有时调尾略降，但不明显。

6. 变调与否有时与词组结构类型有关，如数量结构词组一般不发生连读变调。比如：五只 ŋu^{24}tsia^{5}，七日 tsi^{5}nik$^{\underline{21}}$。

表3 柘荣话两字组连读变调规律表

前字＼后字	阴平42	阳平21	阴上53	阴去35	阳去24	阴入5	阳入$\underline{21}$
阴平42	44	44　53	44	44	44	44	44　5
阳平21	—	—	—	—	—	—	—
阴上53	55	55　53	55	55	55	55	55　5
阴去35	55	55	55	55	55	55	55
阳去24	44	44	44	44	44	44	44
阴入5	55	55	55	55	55	55	55
阳入$\underline{21}$	44	44	44	44	44	44	44

表4 柘荣话两字组连读变调举例

阴平＋阴平［42－44 42］	冬瓜 tœŋ ŋua	书包 tsy βau	阴天 ɛŋ nieŋ
阴平＋阳平［42－44 21－53］	东源$_{地名}$tuŋ muoŋ	工钱 kœŋ nzieŋ	衣裳 i θyɔŋ
阴平＋阴上［42－44 53］	溪水 k^{h}ɛ tsui	粗纸$_{草纸}$ts^{h}u zia	鸡母$_{母鸡}$kie mɔ
阴平＋阴去［42－44 35］	生意 θœŋ ŋi	干脆 kaŋ ts^{h}uɔi	高兴 kɔ iŋ
阴平＋阳去［42－44 24］	帮助 pɔŋ tsœ	车站 ts^{h}ia zaŋ	蕃豆$_{玉米}$xɔŋ nau
阴平＋阴入［42－44 5］	中国 tuŋ ŋuok	包括 pau kuok	鸡角$_{公鸡}$kie kœk
阴平＋阳入［42－44 $\underline{21}$－5］	生日 θaŋ nik	中学 tuŋ ŋɔk	开学 k^{h}ui ɔk
阴上＋阴平［53－55 42］	苦瓜 k^{h}u kua	米缸 mi kɔŋ	滚汤$_{热水}$kuŋ nɔŋ

续表

阴上＋阳平［53－55 21－53］	火柴 xuɔi za	斧头 puo lau	本钱 puoŋ tsieŋ
阴上＋阴上［53－55 53］	小姐 θiau zia	老师 lɔ θu	勇敢 yuŋ ŋaŋ
阴上＋阴去［53－55 35］	野兽 ia θiu	比赛 pi θɔi	满意 muaŋ ŋi
阴上＋阳去［53－55 44］	保护 pɔ u	劳动 lɔ tuŋ	本地 puoŋ ti
阴上＋阴入［53－55 5］	可惜 k^{h}ɔ θiʔ	染色 nieŋ θœʔ	请客 ts^{h}iaŋ ŋa
阴上＋阳入［53－55 21－5］	老实 lɔ θiʔ	犬肉$_{\text{狗肉}}$k^{h}ɛŋ nyʔ	手镯 ts^{h}iu θɔʔ
阴去＋阴平［35－55 42］	戏班$_{\text{剧团}}$xie paŋ	灶寮$_{\text{厨房}}$tsau uo	灶刀$_{\text{菜刀}}$tsau lɔ
阴去＋阳平［35－55 21］	钓鱼 tiau ŋy	算盘 θɔŋ muaŋ	看牛$_{\text{放牛}}$k^{h}aŋ ŋu
阴去＋阴上［35－55 53］	救火 kiu ui	半碗 puaŋ ŋuaŋ	汽水 k^{h}i tsui
阴去＋阴去［35－55 35］	放昼$_{\text{放午学}}$puŋ nau	将帅 tsyɔŋ θuei	算数 θɔŋ nðu
阴去＋阳去［35－55 35］	孝顺 xau θuŋ	政治 tsiŋ ni	看病 k^{h}aŋ maŋ
阴去＋阴入［35－55 5］	利息 li θiʔ	信壳$_{\text{信封}}$θiŋ ŋœʔ	印刷 iŋ nðɔʔ
阴去＋阳入［35－55 21］	教育 kau yʔ	戏剧 xie kyøʔ	算术 θɔŋ nðuʔ
阳去＋阴平［24－44 42］	外甥 ŋia θaŋ	下乡 a xyɔŋ	电灯 tieŋ nœŋ
阳去＋阳平［24－44 21］	渡船 tu θuŋ	凤凰 xuŋ ŋɔŋ	用途 yuŋ nu
阳去＋阴上［24－44 53］	户口 xu ɛu	代理 tai li	麵粉 mieŋ ŋuŋ
阳去＋阴去［24－44 35］	画报 xua βɔ	汇报 xuɔi βɔ	大蒜 tua θɔŋ
阳去＋阳去［24－44 24］	误会 ŋuo uei	命运 miaŋ ŋu	电话 tieŋ ŋua
阳去＋阴入［24－44 5］	外国 ŋuai kuo	目汁$_{\text{眼泪}}$mu tsɛʔ	自杀 tsu θaʔ
阳去＋阳入［24－44 21］	大学 tai ɔʔ	用力 yuŋ liʔ	练习 liŋ nðiʔ
阴入＋阴平［5－55 42］	浙江 tsie kɔŋ	福州 xu tsiu	发痧$_{\text{中暑}}$xua θa
阴入＋阳平［5－55 21］	国旗 kuo ki	足球 tsu kiu	竹筒 ty tœŋ
阴入＋阴上［5－55 53］	谷雨 ku y	缺点 k^{h}yø tieŋ	鸭母$_{\text{母鸭}}$ a mɔ
阴入＋阴去［55－55 35］	福建 xu kyøŋ	做梦 tsɔ muŋ	发票 xua βiau
阴入＋阳去［5－55 24］	责任 tsœ iŋ	做寿 tsɔ θiu	质量 tsi lyɔŋ
阴入＋阴入［5－55 55］	出发 ts^{h}u xuaʔ	隔壁 ka piaʔ	作息$_{\text{做工}}$tsɔ θiʔ
阴入＋阳入［5－55 21］	积极 tsi ki	结实 kie θi	鸭肉 a nyʔ

续表

阳入+阴平［21 −44 42］	学生 xɔ θœŋ	读书 t^{h}œ tsy	目珠$_{\text{眼睛}}$mu tsiu
阳入+阳平［21 −44 21］	学堂$_{\text{学校}}$xɔ lɔŋ	辣茄$_{\text{辣椒}}$la kyø	滑头$_{\text{灵活}}$ua t^{h}au
阳入+阴上［21 −44 53］	日本 ni βuoŋ	罚款 xua k^{h}uaŋ	月底 ŋuo tɛ
阳入+阴去［21 −44 35］	毒气 tu k^{h}i	学费 xɔ ie	实际 θi tsie
阳入+阳去［21 −44 24］	学校 xɔ au	麦豆 ma tau	实话 θi ua
阳入+阴入［21 −44 5］	特色 t^{h}œ θœʔ	蜡烛 la tsuoʔ	绿色 luo θœʔ
阳入+阳入［21 −44 21］	玉石 ŋy θyøʔ	毒药 tu yøʔ	集合 tsi xaʔ

关于柘荣话的连读变调，还有以下两种情况需要注意。

1. 例外分析

以上所说的变调举例都是一种条件式音变，但有例外。比如："钓鱼、救火、做梦、罚款"等动宾式词组的变调规律均与词组一致，但"关门、开门、消毒"等一些动宾式词组不发生变调，前后二字都读本调。

还有些词组，变调与否，语义有别。如："炒" $ts^{h}a^{53}$和"米" mi^{53}之间是述宾关系的词组，意为将米放在锅里，用锅铲不断地翻动。但柘荣话二字组合成音 $ts^{h}a^{55}mi^{53}$，即，"炒"变为高平调55，后字不变调，此时前后字丧失了语法上的述宾关系，而凝固成定中结构的复合词，意为将爆米花用麦芽糖黏在一起，再切成块儿的食品。又如"锯粉"，阴去加阴上，前字变为高平调55时，也凝固成复合词，指做木工过程中产生的木屑。

2. 重叠变调

柘荣话存在一些重叠变调现象，例如：名词重叠后保留名词词性，相当于普通话的名词小称形式，但有些词汇中的小称功能逐渐消退了。如"缸缸$_{\text{缸儿}}$" kɔŋ^{21}kɔŋ^{42}、"袋袋$_{\text{袋儿}}$" tuɔi^{21}tuɔi^{24}、"罐罐$_{\text{罐儿}}$" kuaŋ^{21}kuaŋ^{45}、"角角$_{\text{角落}}$" kœ^{21}kœʔ^{5}。有些名词重叠后为量词："缸缸$_{\text{每一缸}}$" kouŋ^{44}kuoŋ^{42}。还有一些动词重叠，存在两种情况：一种与普通话的重叠相似，即表示短暂地尝试，有时也指十分草率或随便地执行动词所代表的动作，如"扒扒$_{\text{扒一扒}}$" pa^{21}pa^{21}。另一种是单音节重叠形式，如"塞塞$_{\text{塞子}}$" θɛ^{21}θɛʔ^{5}、"尖尖$_{\text{尖儿}}$" tsieŋ^{21}nzieŋ^{42}、"碎碎$_{\text{零碎的东西}}$" ts^{h}uei^{55}zuei^{45}。变调规律也是前字读阳平，后字读本调。

（五）连读变声

柘荣话语流当中声母变化的基本规律如表5。

表 5　柘荣话声母类化表

单字声母	类化声母	
	开韵尾后	鼻韵尾后
p p^h	β	m
t t^h	l	n
θ	l、ð	n ð
ts ts^h	z	nz
kk^h x Ø	Ø	ŋ
m n l ŋ	不变	不变

后字声母在语流中的音值不稳定，有时比较模糊。如“t、t^h”在开韵尾后有时读得接近闪音 ɾ，由于时长很短，特征不是很明显，我们暂且记为 t 或 l。是否发生变化并不具有强制性，且具有多种变异的可能性。因此表 5 只是粗略的归纳，其在词汇中是有不同表现的。例如，前字为鼻音韵尾，后字为 ts 时，个别词例变为 ŋ。如“针灸”tsɛŋ^{44} ŋiu^{45}。有些送气音在后字时送气成分丢失，若后字浊化不明显，暂且记为不送气清音，如 p^h在开韵尾后有时浊化不明显，暂且记为 p，ts^h记为 ts。

（六）连读变韵

柘荣话并不存在系统的连读变韵现象，不过有些字的韵母在语流中发生变化。如：“全”单字 tsuoŋ^{21}，连读时韵母发生变化，“全工”（整天）为 tsɔŋ^{21} kœŋ^{42}；“天”单字 t^hieŋ^{42}，而“天光头”（早晨）为 t^hiŋ^{44}ŋuoŋ^{44}nau^{53}。

（七）青男和老男在音系上的主要差别

1. 声调：青男调值有时不太稳定，如阳平 21，有时降尾不明显，略平。又如阴平 42，有时末尾读得略平。

2. 声母：青男有个别字存在 f 和 x 的又音现象。从发音人语感看，这两个声母并无区别词义的作用。如：“妇”fu^{24}又、xu^{24}又。读 f 声母，只因发音人觉得柘荣话不标准，应向普通话靠拢，是有意识地纠正。但并非有 x 声母字，发音人均有 f 的又读。因此，暂不将 f 和 x 处理为自由变体。在单字调查表中，原本柘荣话读 x 的字，也并不一律标出 f 的又读，只有当发音人明确指出该字 f、x 均可时，才记出两读。

3. 韵母：

（1）青男 u 的发音有时比较松，接近于 ʊ。

（2）青男 ø 略带央化，唇形不太圆。

（3）青男 œ 元音圆唇度不高，且比较靠近央元音，并非典型的前半高圆唇元音。

（4）青男 ɛu 韵尾 -u 的实际发音并未到达 u（后高圆唇元音），有时带有不圆唇色彩，或读音接近 -ɯ。不过该音值不稳定，我们暂且一律记为 ɛu。

（5）老男的 ɔi、ɛu 两韵在青男语音中发生部分合流，例如“个 =”“够”。读音上主元音由原先的后（ɔ）和前（ɛ）往中央区域靠拢，圆唇度不高，可记为ɵ，不过该元音音值不稳定，有时偏靠后一些。而原先的元音韵尾 -i、-u 也变成一个较模糊的发音动作，比较接近央元音 ɨ。因此，该韵我们记为ɵɨ。

（6）老男入声的 œʔ 在青男语音中读 ɛuʔ 和ɵɨʔ，其中后者与来自老男的 ɔiʔ 合流。因此，在共时平面上，老男的 ɔiʔ 和 œʔ 在青男语音中发生部分合流或体现为又音现象。从音值上看，青男入声的ɵɨʔ 与阴声韵中的ɵɨ 在元音部分音值上相差不大，因此我们将入声记为ɵɨʔ，与阴声韵相配。

（7）老男的 ɛŋ、ɛʔ 在青男发音中主元音 ɛ 的开口度比前半低不圆唇元音略小些，后略带滑音 ɪ，但动程不明显。青男入声韵母呈现由老男 ɛʔ 韵向 eiʔ 韵的演变趋势，但并非所有读音均完成这一变化。例如，“八”读 $peiʔ^{5}$，“密”读 $mɛʔ^{21}$。从目前辖字来看，以 eiʔ 为常，不过也有一些字读 ɛʔ（如“密血黑”等）。为反映这一变化趋势，我们暂时记为两个韵母：eiʔ 和 ɛʔ。

（8）iuŋ 和 iuʔ 这两韵有些字音的介音略带圆唇色彩，即变为 yuŋ、yuʔ。但为突出柘荣话在新派发音中的变音倾向之一——圆唇色彩的削减（例如，œŋ > əŋ，œʔ > əʔ；yŋ > yuŋ > iuŋ，yʔ > yuʔ > iuʔ），同时新派的大部分字介音（i）发音并不带明显的圆唇色彩。或可看做是后面 u 元音对前面 i 的影响。因此，我们记为 iuŋ、iuʔ。有些字 iuŋ 中的主元音 u 开口度有时略低，接近于 o。

（9）老男的 œŋ 在青男语音中发生变化，主元音央化，实际读音接近于ɵ。不过由于发音不稳定，有时读为央元音 ə，而ɵ与 ə 均处元音的中央区域，并不存在对立。因此，我们记为 əŋ。

（10）一些字有 əʔ、ɛuʔ 两读。如“鹿”，$ləʔ^{21}$ 又/$lɛuʔ^{21}$ 又。这两韵基本对应方言老男的 œʔ，体现为两种变音方向，但并非所有的字都有此两读，因此处理为两个不同的音位。

（11）青男 aiʔ 中的 i 不明显，实际音质相当于 aɪʔ。但 aʔ 和 aiʔ 存在音位对立，为体现二者的区别，我们记为 aiʔ。

周宁话

一　调查点概况

周宁县属宁德市辖县，位于宁德市境西部。东邻福安市，西接政和县、屏南县，南接宁德蕉城区，北部与寿宁县交界。东经 119°06′—119°29′，北纬 26°53′—27°19′。本调查点为县政府驻地狮城镇。

全县人口约 20 万，汉族为主。少数民族主要有畲族，人口约 1400 人，主要以“大分散、小聚居”的形式聚居于狮城、咸村、玛坑、七步等 4 个乡镇的 26 个自然村，其中咸村乡云门村设有畲族村民委员会，使用畲话与周宁话。还保留讲畲话的村民主要零星分布于狮城镇、浦源镇、七步镇、玛坑乡和咸村镇的个别自然村，畲话使用人口呈下降趋势。周宁话属于闽语闽东方言片。主要可以分为四种口音：城关音（分布于纯池镇、泗桥乡、狮城镇、浦源镇和七步镇），李墩音（分布于礼门乡和李墩镇），咸村音（分布于咸村镇）和玛坑音（分布于玛坑乡）。城关音的分布最广，使用人口最多。

周宁话是 2016 年福建省语保点。由陈贵秀博士全程记录整理。

二　方言发音人概况

方言老男吴亦类，汉族，1943 年 12 月出生于狮城镇。高中文化程度。已退休。

方言青男周锦辉，汉族，1989 年 5 月出生于狮城镇。大学本科文化程度。就职于周宁县安全生产监督管理局。

方言老女林赛姬，汉族，1940 年 11 月出生于狮城镇。中专文化程度，已退休。

方言青女彭霖芳，汉族，1987 年 1 月出生于狮城镇。大学本科文化程度。就职于周宁县直机关幼儿园。

口头文化发音人有张吉新（女）、林庆祥（以上均为狮城镇人）、徐守俊（纯池镇）、陈康新（礼门乡）。

地普发音人有吴亦类、林赛姬（女）、林庆祥，都是狮城镇人。

三 周宁话音系

（一）声母

周宁话有16个声母（包括零声母）：

表1 周宁话声母表

p 八兵爬病飞$_{白}$肥饭$_{白}$	p^h 派片蜂	m 麦明饭$_{白}$问味		
t 多东甜毒$_{文}$张竹茶	t^h 讨天毒$_{白}$抽拆$_{白}$柱	n 脑南年泥软	θ 设	l 老蓝连路
ts 资早租酒字坐$_{文}$全争装纸主书	ts^h 刺草寸清贼拆$_{文}$抄初床车手		s 坐$_{白}$丝三酸想祠谢事山双船顺十城	
k 高九共权县	k^h 开轻	ŋ 熬月	x 飞$_{文}$风副饭$_{文}$好灰响活云	
Ø 热安温王用药				

说明：

1. ［θ］和［s］有对立，如，“缩” $sɔk^5$ ≠ “索” $θɔk^5$。周宁方言［θ］和［s］声母的对立在老年中比较普遍，但具体辖字因人而异，不完全相同。本次调查发现［θ］声母的读字比以前多了。

2. 声母［x］后接元音开头为［a、ɔ、œ］等开口较大的后、高元音时，发音接近于［h］。

3. 古日、云、以、微母字今大多以元音开头，这些音节前头带有同部位的阻塞或摩擦的成分，开口呼一般带喉塞［ʔ］，如“而”［$ʔe^{21}$］；非开口呼前大多伴随着浊擦音，齐齿呼前为［j］，合口呼前为［w］，撮口呼前为［j^w］，如“叶” jit^2 | “旺” $wuŋ^{213}$ | “样” $j^wyəŋ^{213}$，大部分字摩擦不重，且摩擦成分显著与否也不构成音位对立，本次记音一律为零声母。

4. 零声母在［u］类韵母前有时摩擦很重。

（二）韵母

周宁话有 89 个韵母（包括声化韵 n）：

表 2　周宁话韵母表

	i 丝飞$_{文}$米戏	u 过靴苦雨$_{白}$师$_{文}$	y 雨$_{文}$猪鬼
a 茶饱写牙	ia 野$_{白}$	ua 我$_{白}$	
œ 梳			
ɔ 歌坐$_{文}$宝		uɔ 瓦	
E排快$_{白}$鞋	iE蛇		
e 二试			
o 五		uo 雾	
	iu 笑桥	ui 飞$_{白}$开$_{白}$赔	
ai 开$_{文}$师$_{白}$		uai 快$_{文}$	
ɔi 坐$_{白}$对			
Ei 短			
oi 肥醉		uoi 胃	
au 豆	iau 绕		
ɔu 走			
Eu 条料			
eu 旧蛀	ieu 油		
øu 鱼除			yøu 如
n 唔			
	in 盐心深年新	un 权春	yn 根$_{白}$滚
an 南山			
œn 软$_{文}$			
ɔn 根$_{文}$寸		uɔn 半官	
En 软$_{白}$	iEn 严懒		

续表

en 琴印	ien 人		
øn 勤			
on 云	ion 匀	uon 运$_{白}$	
	iŋ 星升	uŋ 王东$_{文}$	yŋ 宫凶
aŋ 病争$_{白}$	iɐŋ 兄		yəŋ 唱
œŋ 灯硬争$_{文}$东$_{白}$			
ɔŋ 糖响床双讲		uɔŋ 横	
ᴇŋ 饼领			
eŋ 庆蝇			
øŋ 穷银			
oŋ 梦房$_{白}$	ioŋ 用		
		uiŋ 永	
	it 接热$_{文}$	ut 月	yt 歇
at 塔鸭辣$_{文}$	iɐt 辣$_{白}$	uɐt 法	
ɔt 骨		uɔt 活刮	
ᴇt 八十贴			
et 急七一直橘			
øt 肉			
ot 佛			
	ik 及	uk 国谷绿局	yk 尺药
ak 盒白$_{白}$	iɐk 夹		
œk 壳六色白$_{文}$			
ɔk 托学			
ᴇk 贴节$_{白}$	ᴇk 别拆		
ek 橘			yək 勺雀
øk 锡			
ok 出郭	iok 育		

续表

aʔ 压$_{文}$			
ɔʔ 角$_{文}$			

韵母说明：

1. 以［u］结尾的复合韵母，如［au、ᴇu、øu］等，在实际发音中［u］发音经常不到位，实际舌位大约为［o］。以［u］起头的复合韵母，如［ua、uŋ］等，实际发音中［u］舌位大约为［ʊ］。

2. 有些人的口语中［ᴇt］与［iɐt］、［ᴇk］与［iɐk］不对立，均读作［ᴇt］、［ᴇk］。老男从分，本调查从分。

3. 自成音节［n］依后字声母的不同而有三个变体［m、n、ŋ］。在［m］声母前受声母影响变为［m］，如：买唔买$_{买不买}$ mᴇ^{42} m^{0} mᴇ^{42}；在舌尖声母前为［n］，如：□唔□$_{要不要}$ t^{h}ɔʔ^{2} n^{0} nɔʔ^{2}；在舌根声母和零声母前为［ŋ］，如：去唔无$_{去不去}$ k^{h}y^{35} ŋ^{0} ŋy^{35}。

4. ［-t］尾与［-k］尾区分不明显。［-t］仅略有舌尖抬起的倾向，听辨音主要依靠主要元音开口度的轻微差异。这些字的入声尾口语中大量变作喉塞音［-ʔ］，语流中不起区别意义作用。

（三）声调

周宁话有 7 个单字声调（不包括轻声）：

阴平 44　　东该灯风通开天春

阳平 21　　门龙牛油铜皮糖红

阴上 42　　懂古鬼九统苦讨草买老$_{文}$有$_{文}$

阴去 35　　冻怪半四痛快寸去树$_{白}$饭

阳去 213　　卖路硬乱洞地树$_{文}$老$_{白}$五有$_{白}$动罪近后

阴入 5　　谷急哭刻百搭节拍塔切

阳入 2　　六麦叶月毒白盒罚

说明：

1. 阴平为高平调但略带降势，实际调值为［443］，记作［44］。

2. 阳去是个低降升调，并且是个长调，记作［213］。在实际发音中有时接近低升调［13］。

3. 阴上时长较短。

4. 阴入调值最高，标记为［5］。阴去［35］的［5］不到阴入［5］的高度。

（四）连读变调说明

周宁方言两字组的连调主要有前变、后变、前后均变三种形式。阴平［44］前字不发生变调。阴上、阴去处于前字位置均变为高平［55］调。阳去、阴入、阳入都处于前字位置若发生变调，则变［44］调。阳平、阴上、阳去处于后字位置若发生变调，都变高平［55］或［44］调。阳入处于后字位置若发生变调，变为高促调［4］或［5］。

表3　周宁话两字组连读变调规律表

前字＼后字	阴平 44	阳平 21	阴上 42	阴去 35	阳去 213	阴入 5	阳入 2
阴平 44	—	44	44	—	44	—	4
阳平 21	—	—	—	—	—	—	—
阴上 42	55	55　55	55　55	55	55　44	55	55　5
阴去 35	55	55	55	55	55	55	55
阳去 213	44	44	44	44	44	44	44
阴入 5	44	—	—	—	—	44	—
阳入 2	44	44	44	44	44	44	44

说明：

1. 有一类比较特殊的连调现象，不论前后字的原调如何，变调后均变为［21］+［35］的形式，这或许与小称变调有关。这些词都是口语常用词。例词如下：孙孙$_{重孙}$ sɔn$^{44-21}$（s－）nɔn$^{44-35}$ ǀ 阿姨$_{对年纪较大女性的称呼}$ a^{21}（e－）i$^{21-35}$ ǀ 跢跢$_{小儿步行}$ ta^{21}ta^{35} ǀ 猫狸$_{猫}$ ma^{21}（l－）ne$^{21-35}$ ǀ 共共$_{总共}$ kɔŋ$^{213-21}$（k－）ŋɔŋ$^{213-35}$。

2. 人名昵称中会出现轻声，如“刘平”的小名为“平平”peŋ^{21}peŋ$^{21-55}$，后字声调［55］可以看做轻声调。目前并没有更多的例子。

表4　周宁话两字组连读变调举例

阴平+阳平［44 21-44］	清明 tsʰiŋ meŋ	溪墘 kʰᴇ kin	塕尘$_{\text{灰尘}}$uŋ nen
阴平+阴上［44 42-44］	烧火 siu xuai	开水 kʰai ʒy	间里$_{\text{房间}}$kin nᴇ
阴平+阳去［44 213-44］	新妇$_{\text{新娘}}$sin mo	乡下 xyəŋ ŋa	冰箸$_{\text{冰棒}}$pin nøu
阴平+阳入［44 2-4］	生日 saŋ nek	新历 sin liʔ	公历 koŋ liʔ
阴上+阴平［42-55 44］	火车 xuai tsʰᴇ	转身 tᴇn nin	火烌 xuai u
阴上+阳平［42-55 21-55］	指头 tsi nau	以前 i sᴇn	姐奶$_{\text{姑妈}}$tsa nᴇ
阴上+阴上［42-55 42-55］	水桶 tsy lᴇŋ	水塍$_{\text{水田}}$tsy ᴇŋ	鲤鱼 li ŋøu
阴上+阴去［42-55 35］	表妹 pᴇu muai	悔气$_{\text{后悔}}$xui kʰe	小气 sᴇu kʰe
阴上+阳去［42-55 213］	炒卵$_{\text{炒蛋}}$tsʰa lɔn	以后 i au	尾后$_{\text{后面}}$muai au
［42-55 213-44］	米腐$_{\text{米豆腐}}$mi o		
阴上+阴入［42-55 5］	美国 mi kuk	指甲 tsiŋ ŋaʔ	狠煞$_{\text{努力}}$xᴇn nak
阴上+阳入［42-55 2-5］	满月 muɔn ŋut	老实 lɔ ek	感觉 kan ŋɔk
阴去+阴平［35-55 44］	菜刀 tsʰai lɔ	菜干 tsʰai kan	半山 puɔn nan
阴去+阳平［35-55 21］	破鞋 pʰuɔ ᴇ	面前 min nᴇn	倒来$_{\text{回来}}$tɔ le
阴去+阴上［35-55 42］	鼻屎 pʰi lᴇi	灉水$_{\text{凉水}}$tsʰeŋ ny	报纸 pɔ ʒa
阴去+阴去［35-55 35］	算账 sɔn tyəŋ	水涙 tsy pui	对面 tɔi men
阴去+阳去［35-55 213］	过道 ku lɔ	做雨$_{\text{下雨}}$tsɔ xu	靠背 kʰɔ pui
阴去+阴入［35-55 5］	做雪$_{\text{下雪}}$tsɔ sut	细伯$_{\text{小伯父}}$sᴇ paʔ	四角 si kœk
阴去+阳入［35-55 2］	半日 puɔn nek	做贼 tsɔ tsʰᴇ	汉族 xan tso
阳去+阴平［213-44 44］	电灯 tin nœŋ	外甥 ŋᴇ laŋ	健康 kyn kʰɔŋ
阳去+阳平［213-44 21］	饭匙$_{\text{饭勺}}$pun ni	旱塍$_{\text{旱地}}$an tsʰᴇn	地牛 ti ŋo
阳去+阴上［213-44 42］	病哑$_{\text{哑巴}}$paŋ ŋa	大水 tuɔ y	脰管$_{\text{脖子}}$tau yn
阳去+阴去［213-44 35］	尿布 niu pu	地洞 ti tœŋ	另外 liŋ ŋui
阳去+阳去［213-44 213］	豆腐 tau o	现在 xin nai	自尽 tso tsen
阳去+阴入［213-44 5］	办法 pᴇn xuɐt	自杀 tsu sak	第一 tᴇ ek
阳去+阳入［213-44 2］	二十 ne ᴇk	旧历 keu liʔ	扶脉$_{\text{诊脉}}$xo maʔ
阴入+阴平［5-44 44］	结冰 ki pin	浙江 tsiʔ kɔŋ	北方 pᴇ xuŋ

续表

阴入+阴入［5-44 5］	吉鹊 ki tsʰyək	叔伯 tɕyʔ paʔ	节约 tɕi yək
阳入+阴平［2-44 44］	学生 xɔ lœŋ	石灰 tɕʰy xui	读书 tʰœ tɕy
阳入+阳平［2-44 21］	石头 tsʰy lau	日头太阳 ni au	核桃 xɔʔ tʰɔ
阳入+阴上［2-44 42］	肉饼 nø pEŋ	白果 pa kɔ	木耳 mu ŋi
阳入+阴去［2-44 35］	白鹭 pa lo	学费 xɔ xi	核算 xa lɔn
阳入+阳去［2-44 213］	立夏 le a	十二 sE ne	麦豆豌豆 ma lau
阳入+阴入［2-44 5］	及格 ki ak	白鸽 pa aʔ	目汁眼泪 mi tsEk
阳入+阳入［2-44 2］	百合 pak xak	学习 xɔ tsek	特别 tœ piʔ

（五）老男和青男在音系上的主要区别

1. 声母

（1）老男的［s］声母青男基本读为［f］，文读字也有读［s］的情况，如“数”读［fo³⁵］，也读［so³⁵］，这是青男声母中最突出的特点。

（2）青男［ts、tsʰ、s］在细音前腭化为［tɕ、tɕh、ɕ］。

2. 韵母

（1）青男音系中只有一个鼻韵母［ŋ］。

（2）青男音系只有一个入声韵尾［k］，口语中大量变读作［ʔ］。

（3）相比老男音系，青男韵母的文白异读减少，自由变读增多。

（4）老男的［iɐŋ］韵母青男读［Eŋ］。

（5）老男［œk、øt、øk］韵母中间带过渡音，实际为［œᵒk、øᵘt、øᵘk］，青男过渡音很不明显。

（6）青男音系里，［Et］、［iɐt］、［Ek］、［iɐk］合并为［Ek］。

（7）青男音系里，［uɔk］、［uɐt］合并为［uɔk］。

寿宁话

一　调查点概况

寿宁县属宁德市辖县，位于宁德市境北部。东邻福安市，西接政和县，南接屏南县、宁德蕉城区，北部与浙江省为界。东经 119°14′—119°44′，北纬 27°11′—27°41′。本调查点为县政府驻地鳌阳镇。

据 2019 年统计，全县总人口约 27 万，以汉族为主，另有畲、回、高山、满族等少数民族。寿宁县斜滩、竹管垅、凤阳、坑底等乡镇有 2400 多畲族，畲族人内部交际一般说畲语，与汉族人交际时说寿宁话或普通话。寿宁县方言主要以寿宁话为主，属于闽语闽东片方言。此外，还有分布在东部犀溪乡的泰顺话；分布在西部平溪、芹洋、坑底等乡镇的“蛮陲话”，受吴语较深的影响；分布在平溪、芹洋、托溪等乡的政和话，属于闽北方言；分布在北部的景宁话，西北部的庆元话、龙泉话，西南部的“汀州话”，不同程度地融入寿宁话。

县内有北路戏，原为“福建乱弹”，是中国的稀有古老剧种之一，仅存于福建省寿宁县北路戏剧团。北路戏的音乐声腔是以西秦腔、明腔等乱弹腔的基础上演变发展形成的，并吸收了徽调、汉调、江西乱弹以及高腔、滩簧小调等声腔，形成了一个多声腔的剧种。

寿宁话是 2017 年福建省语保点。由宁德师范学院教师陈丽冰全程记录整理。

二　方言发音人概况

方言老男刘培林，汉族，1951 年 2 月出生于鳌阳镇，高中文化程度。已退休。

方言青男钟世良，畲族，1984 年 6 月出生于鳌阳镇，高中文化程度。自由职业。

方言老女范梅钦，汉族，1952 年 8 月出生于鳌阳镇，中专文化程度。已退休。

方言青女刘剑芳，汉族，1990 年 2 月出生于 鳌阳镇，大专文化程度。现就职于寿宁县实验幼儿园。

口头文化发音人刘培林、钟世良，都是鳌阳镇人。

地普发音人刘培林（鳌阳镇）、范梅钦（女，鳌阳镇）、叶风华（女，南阳镇）。

三 寿宁话音系

（一）声母

寿宁话有 15 个声母（包括零声母）：

表1 寿宁话声母表

p 八兵爬病飞$_{白}$肥饭$_{白}$	p^h 派片飞$_{文}$蜂	m 麦明饭$_{文}$味问		
t 多东甜毒竹茶	t^h 讨天张抽拆$_{白}$柱$_{白}$	n 脑南年泥软		l 老蓝连路
ts 资早租酒字坐$_{文}$全柱$_{文}$争装纸主书	ts^h 刺草寸清贼拆$_{文}$抄初床车春手		s 坐$_{白}$丝三酸想祠谢事山双船顺十城	
k 高九共权县	k^h 开轻	ŋ 熬月	x 风副好灰响云	
ø 热活安温王用药				

说明：

1. ts、ts^h、s 与齐齿呼、撮口呼相拼时，舌位后移，接近 tɕ、$tɕ^h$、ɕ。

2. k、k^h、ŋ、x 与齐齿呼、撮口呼相拼时，舌位前移，接近舌面中音 c、c^h、ɲ、ç。

（二）韵母

寿宁话有 44 个韵母（包括声化韵 ŋ）：

表 2　寿宁话韵母表

	i 米丝试二飞$_{文}$	u 苦五师$_{文}$	y 猪雨
a 茶牙饱$_{白}$	ia 写	ua 瓦	
ɛ 排鞋快$_{白}$师$_{白}$	ie 戏		
œ□$_{倒}$ [k^{h}œ^{21}]			
ɔ 歌坐$_{文}$宝饱$_{文}$		uo 过靴	
			yø 尺
	iu 笑桥油		
ai 开$_{文}$		uai 快$_{文}$	
ɔi 坐$_{白}$对短		uoi 开$_{白}$赔飞$_{白}$鬼	
au 豆走			
ɛu 凑			
ŋ 伓			
	iŋ 心深新升星	uŋ 滚云双东$_{文}$	yŋ 根$_{白}$春
aŋ 南山争$_{白}$病	iaŋ 兄	uaŋ 半官横	
ɛŋ 灯硬争$_{文}$东$_{白}$	ieŋ 盐年		
		uoŋ 王	yoŋ 权响
ɔuŋ 根$_{文}$寸糖床讲			yuŋ 用
	iʔ 急七一橘直锡	uʔ 谷绿$_{鸭\sim江}$	yʔ 出局
aʔ 盒塔鸭辣$_{文}$白	iaʔ 辣$_{白}$	uaʔ 法活刮	
ɛʔ 贴十八节$_{白}$壳北色	ieʔ 接热节$_{文}$		
œʔ 六			
ɔʔ 骨托郭学		uoʔ 国	
			yøʔ 月药绿$_{\sim色}$

说明：

1. 复韵母 ɔi，i 受 ɔ 的影响，唇形略圆。

2. 鼻音尾韵母 yuŋ，只有零声母音节。

（三）声调

寿宁话有 7 个单字声调（不包括轻声）：

阴平 33　东该灯风通开天春

阳平 21　门龙牛油铜皮糖红

阴上 42　懂古鬼九统苦讨草买老$_{文}$五$_{文}$有$_{文}$

阴去 35　冻怪半四痛快寸去饭$_{白}$树$_{白}$百

阳去 23　老$_{白}$五$_{白}$有$_{白}$动罪近后卖路硬乱洞地饭$_{文}$树$_{文}$

阴入 5　谷搭节急哭拍塔切刻

阳入 2　六麦叶月毒白盒罚

（四）连读变调说明

寿宁话两字组连读变调规律见表 3。

表 3　寿宁话两字组连读变调规律表

前字＼后字	阴平 33	阳平 21	阴上 42	阴去 35	阳去 23	阴入 5	阳入 2
阴平 33	—	—	—	—	—	—	—
阳平 21	—	—	—	—	—	—	—
阴上 42	55	55	55	55	55	55	55
阴去 35	55	55	55	55	55	55	55
阳去 23	33	33	33	33	33	33	33
阴入 5	—	—	—	—	—	—	—
阳入 2	33	33	33	33	33	33	33

说明：

1. 只有上字变调，但上字是阴平、阳平、阴入的也不变调。下字都不变调。

2. 上字是阴上、阴去的，调值变为 55。

3. 上字是阳去的，调值一般变为 33，例如：地震 ti^{33}tsiŋ^{42}，下昼 a^{33}tau^{35}；但也有连读时上字不变调的，如：下来 a^{23}li^{21}，后年 au^{23}nieŋ^{21}，上去 syoŋ^{23}k^{h}yø^{35}，

右爿 $iu^{23}pɛŋ^{21}$。变调与否与结构的松紧、语速、是否强调等都有关系。

4. 上字是阳入的，有的变成舒声，调值为33，如：日头 $ni^{33}t^{h}au^{21}$，直爽 ti^{33} $sɔuŋ^{42}$；但也有不变调的，如：月蚀 $ŋyøʔ^{2}siʔ^{2}$，日间 $niʔ^{2}kaŋ^{33}$，木耳 $muʔ^{2}ŋi^{42}$。变调与否与结构的松紧、语速、是否强调等都有关系。

表4　寿宁话两字组连读变调举例

阴上+阴平 [42-55 33]	水仙 tsy sieŋ
阴上+阳平 [42-55 21]	党员 tɔuŋ yoŋ
阴上+阴上 [42-55 42]	省长 saŋ tyoŋ
阴上+阴去 [42-55 35]	考证 k^{h}ɔ tsiŋ
阴上+阳去 [42-55 23]	礼貌 lɛ mau
阴上+阴入 [42-55 5]	体格 t^{h}ɛ kɛʔ
阴上+阳入 [42-55 2]	体育 t^{h}ɛ yøʔ
阴去+阴平 [35-55 33]	证书 tsiŋ tsy
阴去+阳平 [35-55 21]	教员 kau yoŋ
阴去+阴上 [35-55 42]	救火 kiu xuoi
阴去+阴去 [35-55 35]	志气 tsi k^{h}i
阴去+阳去 [35-55 23]	笑话 ts^{h}iu ua
阴去+阴入 [35-55 5]	爱惜 ai siʔ
阴去+阳入 [35-55 2]	爱食 ai siaʔ
阳去+阴平 [23-33 33]	步兵 puo piŋ
阳去+阳平 [23-33 21]	大门 tua muoŋ
阳去+阴上 [23-33 42]	大讲 tua kɔuŋ
阳去+阴去 [23-33 35]	大店 tua tɛŋ
阳去+阳去 [23-33 23]	大豆 tua tau
阳去+阴入 [23-33 5]	道德 tɔ tɛʔ
阳去+阳入 [23-33 2]	事实 su siʔ
阳入+阴平 [2-33 33]	蜜蜂 mi p^{h}uŋ

续表

阳入+阳平［2-33 21］	石榴 syø liu
阳入+阴上［2-33 42］	直爽 ti sɔuŋ
阳入+阴去［2-33 35］	食蔗 sia tsia
阳入+阳去［2-33 23］	食卵 sia lɔuŋ
阳入+阴入［2-33 5］	目汁 mu tsɛʔ
阳入+阳入［2-33 2］	食药 sia yøʔ

（五）老男和青男在音系上的主要区别

1. 蟹摄合口一等字，如：杯、赔、煤，蟹摄合口三等字，如：岁、卫，止摄合口三等字，如：跪、鬼、胃，老男韵母读作 uoi 韵，青男读作 ui 韵。

2. 青男 s、x 与部分齐齿呼、撮口呼韵母相拼时，区分不明显，甚至出现混读现象，发音不稳定。例如："需 sy^{33}" 与 "虚 xy^{33}"；"修 siu^{33}" 与 "休 xiu^{33}"；"信 $si\eta^{35}$" 与 "兴 $xi\eta^{35}$"。但老男 s、x 发音分辨清晰。

福鼎城关话

一　调查点概况

福鼎市为宁德市代管市，位于宁德市境东北部。东部、北部与浙江省交界，西接柘荣县，南接霞浦县和东海。东经119°55′—120°43′，北纬26°52′—27°26′。本调查点为福鼎市政府驻地桐山镇，本书简称为福鼎话。

全市人口约58.13万人，主要是汉族，还有畲族约2.9万人，回族0.2万多人。畲族主要以“大分散、小聚居”的形式分布在佳阳、硖门两个畲族乡，约26个少数民族村，以及磻溪镇赤溪村。回族都使用当地的福鼎汉语方言，畲族对内使用畲话，对外使用当地的福鼎话。福鼎市境内汉语方言种类较复杂，主要有：①福鼎方言（以桐山口音为代表），包括桐山镇、桐城镇、管阳镇、点头镇、白琳镇、店下镇、硖门乡等，使用人口约40万人。②闽南方言（以沙埕口音为代表），使用人口约13万人。③福州方言，主要在福鼎泰屿镇，使用人口约5万人。④莆田方言岛，主要分布在沙埕镇澳腰村和后港村，使用人口约2000人。⑤客家方言岛，主要分布在点头镇观洋村、磻溪镇赤溪村。

当地方言曲艺有：“唱桐诗”，又称“简诗”，用桐山话唱诵，结构灵活，一句诗句有5字、7字、10字不等；“嘭嘭鼓”，渔鼓的一种，由一人持一鼓一拍，以唱为主，道白不多，早先用闽南话演唱，后出现桐山话演唱；提线木偶“七条线”，演唱用京调，口语用福鼎话。

福鼎话是2015年福建省语保点。由宁德师范学院教师李频华全程记录整理。

二　方言发音人概况

方言老男纪永光，汉族，1949年8月出生于桐山镇，中专文化程度。已退休。

方言青男纪业，汉族，1979年4月出生于桐山镇，大学本科文化程度。就职于福鼎一中。

方言老女李云霞，汉族，1952 年 6 月出生于桐山镇，中专文化程度。已退休。

方言青女方平，汉族，1988 年 1 月出生于桐山镇，硕士文化程度。就职于福鼎市桐山街道办事处。

口头文化发音人有马树霞、王为美（店下镇）、陈建斌（管阳镇）、温腰弟（女，贯岭镇）、江里旺、许明金、施笑然，除已括注外都是桐山镇人。

地普发音人有纪永光、施笑然、江里旺，都是桐山镇人。

三 福鼎话音系

（一）声母

福鼎话有 15 个声母（包括零声母）：

表1 福鼎话声母表

p 八兵爬病飞$_{白}$肥	p^h派片蜂$_{白}$	m 麦明饭味问		
t 多东甜毒竹茶事$_{白}$	t^h讨天张抽拆柱	n 脑南年泥软		l 老连蓝路
ts 资早租酒字全争装事$_{白}$纸主书	ts^h刺草寸清手贼抄初床车春		s 坐丝三酸想祠谢事$_{文}$山双船顺十城	
k 高九共权县	k^h开轻	ŋ 熬月	x 飞$_{文}$风副蜂$_{文}$好灰响云	
∅ 热活安温王用药				

说明：

1. 声母［s］发音时舌尖放在两齿之间，实际音值为［θ］，为了方便归纳音位，记为［s］。

2. 声母［ts］、［ts^h］在细音字前会发生颚化，发音接近［tɕ］、［$tɕ^h$］，个别人腭化程度高的实际音值接近舌面前音，但有些人仍发成舌尖音，如“墙”，有时读作［ts^hioŋ］，有时读作［$tɕ^h$ioŋ］，一般人不会注意到发音差别。

3. [x] 的具体发音与所拼韵母有关。在细音前会腭化成 [ç]，如“戏”读作 [çie]，而与后低元音相拼时，舌位后移，接近喉音 h。

4. 零声母字在单念时，有时有轻微摩擦音 w、j，但不明显，可以忽略。

(二) 韵母

福鼎话有 41 个韵母（包括声化韵 m）：

表 2　福鼎话韵母表

	i 米丝试二猪雨	u 苦五师$_{文}$
a 茶牙饱	ia 写	ua 瓦
e 排鞋快$_{白}$	ie 靴戏尺	
o 歌宝		uo 过
ai 开$_{文}$师$_{白}$		uai 快$_{文}$
oi 坐对		
eo 饿凑		
	iu 油	ui 开$_{白}$鬼
	iou 笑桥	uei 赔飞短
au 豆走	iau 爪	
m 唔		
	iŋ 心深根$_{白}$新升星	uŋ 滚春云东$_{文}$
aŋ 南山争$_{白}$病	iaŋ 兄$_{白}$	uaŋ 半官横
ɔŋ 根$_{文}$寸糖床讲	ioŋ 响兄$_{文}$用	uoŋ 权王
eŋ 双灯硬争$_{文}$东$_{白}$	ieŋ 盐年	
	iʔ 急七一橘直锡	uʔ 出谷
aʔ 盒塔鸭辣白	iaʔ 夹额	uaʔ 法刮活
eʔ 贴十八壳北色六	ieʔ 接热节药	
oʔ 骨托学$_{白}$	ioʔ 约略	uoʔ 月郭学$_{文}$国绿局
	iuʔ 剧菊	

说明：

1. 福鼎方言里不存在撮口韵，但 [ioŋ、ioʔ、iuʔ] 中的 [i] 由于受后面高元音的影响，发音接近 [y]。

2. 韵母［a］在单念和［ia ua aʔ iaʔ uaʔ］中为央低元音［ᴀ］。

3. ［oi］中［o］的发音舌位略低，音值接近［ɔ］。［uo］中［o］实际音值接近［ə］。

4. ［eo］中的［e］舌位偏低，接近［ɛ］，韵尾并未滑到［o］的位置，比［o］略低。

5. 一部分来自“铎药觉职陌麦昔烛”韵字的白读音喉塞音音色减弱，这些特殊阳入字音长较阳入字长，喉塞音色较阳入字弱，在发音结束时喉部有不明显的阻塞。受发音人影响有时喉塞音的音色听感非常微弱。这类字非当地人语感极易归入舒声字，在做最小对立时能区分出来。为了区分这类特殊的阳入字，我们将此类字加上喉塞音符号。

6. 韵母［m］只在“唔”字出现，不与其他声母相拼。

（三）声调

福鼎话有7个单字声调（不包括轻声）：

阴平35　东该灯风通开天春饭

阳平21　门龙牛油铜皮糖红

阴上55　买老$_{文}$五$_{文}$有$_{文}$懂古鬼九统苦讨草卖

阴去42　冻怪半四痛快寸去百拍

阳去33　路硬乱洞地树老$_{白}$五$_{白}$有$_{白}$动罪近后

阴入4　谷搭节急塔切刻

阳入甲23　六月毒盒罚

阳入乙224　麦叶白

说明：

1. 阳平调是一个低降调，调值是21。发音人有时发音较慢或为了强调，尾音会上升，形成降升调214。

2. 阴入调是典型的高促喉塞音，发音短促，记为4。

3. 阳入调有两种调型，一类时长较短，域值较低，尾音略微上升，喉塞音较明显，记为阳入甲调，调值23。一类时长较长，尾音上升，喉塞音音色减弱，记为阳入乙调，调值224。当地人能分辨出两种入声韵的时长不同，如“月 ŋuoʔ^{23} ≠玉（白）ŋuoʔ^{224}”，但非当地人音感上有时容易和阴平调混淆。

（四）连读变调说明

福鼎方言词语在连读时通常会发生变调，详见表3。主要规律是：

1. 阴平35、阴去42、阳入乙224作前字，不论后字何调均变为33。阳入甲在阴上前变为5调，在其他声调前都变为3调。

2. 阴平35、阳平21、阳去33作后字，部分组合发生变调。阴平在阴上、阴入后变为55，在阴去后变为33；阳平在阴上、阴去、阴入后变为42；阳去在阴去、阴入后也变为42。

3. 总之，前字的变调较多，按自身调类同变；后字的变调较少，主要是受前字调型制约，逢高调变，逢低调不变。

表3　福鼎话两字组连读变调规律表

上字＼下字	阴平35	阳平21	阴上55	阴去42	阳去33	阴入4	阳入甲23	阳入乙224
阴平35	33	33	33	33	33	33	33	33
阳平21	—	33	—	—	33	—	—	—
阴上55	55	33　42	33	33	33	33	—	—
阴去42	33　33	33　42	33	33	33　42	33	33	33
阳去33	—	—	—	—	—	—	—	—
阴入4	5　55	3　42	3	3	3　42	3	3	3
阳入甲23	3	3	5	3	3	3	3	3
阳入乙224	33	33	33	33	33	33	33	33

表4　福鼎话两字组连读变调举例

阳平＋阴平［35－33 35］	交通 kao tʰuŋ	春光 tsʰuŋ kuoŋ	秋天 tsʰiu tʰieŋ
阴平＋阳平［35－33 21］	工钱 keŋ tsʰieŋ	光明 kuoŋ miŋ	包围 pau ui
阴平＋阴上［35－33 55］	基础 ki tsʰu	开展 kʰui tieŋ	批准 pʰie tsuŋ

续表

阴平＋阴去［35－33 42］	基建 ki kieŋ	标记 piou ki	天气 tʰieŋ kʰi
阴平＋阳去［35－33 33］	天地 tʰieŋ ti	开户 kʰui xu	签字 tsʰiaŋ tsi
阴平＋阴入［35－33 4］	春节 tsʰuŋ tsieʔ	清洁 tsʰiŋ tsieʔ	充足 tsʰuŋ tsuʔ
阴平＋阳入甲［35－33 23］	精力 tsiŋ liʔ	亲热 tsʰiŋ ieʔ	单独 taŋ tuʔ
阴平＋阳入乙［35－33 224］	中药 tuŋ ieʔ	青石 tsʰaŋ sie	
阳平＋阳平［21－33 21］	排球 pai kiu	提前 tʰi seŋ	锄头 tʰi tʰau
阳平＋阳去［21－33 33］	毛料 mo liou	名字 miaŋ tsi	年度 niaŋ tu
阴上＋阴平［55 35－55］	板车 peŋ tsʰia	早餐 tsa tsʰoŋ	取消 kʰi siou
阴上＋阳平［55－33 21－42］	表情 piou tsiŋ	早茶 tsa ta	整齐 tsiŋ tse
阴上＋阴上［55－33 55］	鼓掌 ku tsaŋ	保管 po kuaŋ	总体 tsuŋ tʰe
阴上＋阴去［55－33 42］	土地 tʰu te	考验 kʰo iaŋ	武汉 u xaŋ
阴上＋阳去［55－33 33］	炒卵 tsʰa loŋ	写字 sia tsi	好味 xo mi
阴上＋阴入［55－33 4］	感觉 kaŋ koʔ	左侧 tso tsʰeʔ	检察 kieŋ tsʰaʔ
阴去＋阴平［42－33 35－33］	菜刀 tsʰai to	变通 pieŋ tʰuŋ	进修 tsiŋ siu
阴去＋阳平［42－33 21－42］	过期 kuo ki	证明 tsiŋ miŋ	正文 tsiaŋ uŋ
阴去＋阴上［42－33 55］	正品 tsiaŋ pʰiŋ	汽水 kʰi tsui	报考 po kʰo
阴去＋阴去［42－33 42］	正派 tsiaŋ pʰai	榨菜 tsa tsʰai	配套 pʰuei tʰo
阴去＋阳去［42－33 33－42］	进步 tsiŋ puo	政治 tsiŋ ti	布料 puo liou
阴去＋阴入［42－33 4］	建国 kieŋ kuoʔ	价格 ka keʔ	正确 tsiŋ kʰoʔ
阴去＋阳入甲［42－33 23］	配合 pʰuei xaʔ	用力 ioŋ liʔ	泡沫 pʰau moʔ
阴入＋阴平［4－5 35－55］	职工 tsiʔ keŋ	逼真 peʔ tsiŋ	骨科 koʔ kuo
阴入＋阳平［4－3 21－42］	职能 tsiʔ neŋ	八成 paʔ siaŋ	出题 tsuʔ te
阴入＋阴上［4－3 55］	结果 kieʔ kuo	国土 kuoʔ tʰu	出版 tsʰuʔ peŋ
阴入＋阴去［4－3 42］	国庆 kuoʔ kʰiŋ	国库 kuoʔ kʰu	骨气 kuʔ kʰi
阴入＋阳去［4－3 33－42］	出面 tsʰuʔ miŋ	责任 tseʔ niŋ	北面 peʔ miŋ
阴入＋阴入［4－3 4］	出国 tsʰuʔ kuoʔ	七一 tsʰiʔ iʔ	出色 tsʰuʔ seʔ
阴入＋阳入甲［4－3 23］	出力 tsʰuʔ liʔ	出席 tsuʔ siʔ	确实 kʰoʔ siʔ

续表

阳入+阳入乙［4－3 224］	竹箬 tu nie	乞食$_{乞丐}$kʰi sia	
阳入甲+阴平［23－3 35］	立春 liʔ tsʰuŋ	沥青 liʔ tsʰiŋʔ	立秋 liʔ tsʰiuʔ
阳入甲+阳平［23－3 21］	日期 niʔ kiʔ	历年 liʔ niaŋ	越南 ŋuoʔ nan
阳入甲+阴上［23－5 55］	集体 tsiʔ tʰe	罚款 xuaʔ kʰuaŋ	毒草 tuʔ tsʰau
阳入甲+阴去［23－3 42］	物价 uʔ ka	杂费 tsaʔ xie	历届 liʔ kai
阳入甲+阳去［23－3 33］	杂乱 zaʔ luaŋ	学院 xuoʔ ieŋʔ	密电 miʔ tieŋ
阳入甲+阴入［23－3 4］	合作 xaʔ tsoʔ	熟悉 suʔ siʔ	活泼 uaʔ puaʔ
阳入甲+阳入甲［23－3 23］	直达 tiʔ taʔ	独立 tuʔ liʔ	毒辣 tuʔ aʔ
阳入甲+阳入乙［23－3 224］	毒药 tu ie		
阳入乙+阴平［224－33 35］	绿灯 luo teŋ		
阳入乙+阳平［224－33 21］	白银 pa ŋiŋ		
阳入乙+阴上［224－33 55］	局长 kuo tioŋ		
阳入乙+阴去［224－33 42］	白菜 pa tsʰai		
阳入乙+阳去［224－33 33］	白麺 pa miaŋ		
阳入乙+阴入［224－33 4］	绿色 luo seʔ		
阳入乙+阳入甲［224－33 23］	月食 ŋuo siʔ		
阳入乙+阳入乙［224－33 224］	玉镯 ŋuo so		

（五）小称音变

小称后缀有“囝”和“子”。“囝”作为词缀读［kiaŋ^{55}］，“子”作为词缀，白读为［tsi^{55}］，文读为［tsu^{55}］。

（六）其他主要音变规律

1. 阳入乙调除了在阳入甲和阳入乙作为前字读为促声调外，在其他声调前都读为舒声调 33 调。但“食”字例外，都是变为促声调。比如：食□$_{吃饭}$ siaʔ$^{224-3}$mai^{35}、食茶$_{喝茶}$siaʔ$^{224-3}$ta^{21}、食酒$_{喝酒}$siaʔ$^{224-3}$tsiu^{55}、食药$_{吃药}$siaʔ$^{224-3}$ie^{224}。

2. 有些重叠式名词的变调不符合以上规律。除了两个阳平调相连外，其他调值前字通常变为阳平调，后字不变。比如：包包 pau$^{35-21}$ pau^{35}、筅筅$_{刷子}$ tsʰeŋ$^{55-21}$tsʰeŋ^{55}、缝缝 pʰuŋ$^{42-21}$pʰuŋ^{42}、袋袋 toi$^{33-21}$toi^{33}、骨骨 koʔ$^{4-21}$koʔ^{4}、夹夹

$kiaʔ^{23-21}kiaʔ^{23}$。

阳平调的重叠式名词，前字不变调，后字变为阴上调。如：壶壶水壶 $ku^{21}ku^{21-55}$。

3. 数词+量词组合，前后字均不变调。

三张 $saŋ^{35}t^{h}ioŋ^{35}$　三头 $saŋ^{35}t^{h}au^{21}$　三把 $saŋ^{35}pa^{55}$　三个 $saŋ^{35}koi^{42}$

4. 声母类化：福鼎方言声母类化现象极少，但是调查中个别词呈现了声母类化的特点。比如：山园 $saŋ^{33}ŋuoŋ^{21}$，零声母音节“园”受前字韵尾的影响，变成鼻音声母。

（七）青男和老男在音系上的主要差别

1. 声调

青男与老男声调调类和调值基本相同，青男发音时声调调值更为稳定。青男阴平调是中升调，调值35，阳平调是低降调，调值21，未出现老男尾音有时上扬的情况。

2. 声母

声母［f］：青男在读普通话［f］开头的音节时，除了一些“古无轻唇”的字，如“肥、蜂”等，还是读成［p］［p^{h}］。方言中读［x］的字第一反应是读成带唇齿摩擦的［f］，摩擦性质比普通话轻。虽然发音人认可老派读音的［x］，但是觉得读［f］比［x］来得自然些。这反映了新派读音受普通话影响逐渐向普通话靠拢。

3. 韵母

撮口韵［y］：福鼎方言里本不存在撮口韵，［ioŋ ioʔ iu］中的［i］由于受后面高元音的影响，发音接近［y］。青男在读个别姓氏如“徐”时，读成圆唇元音［xy］，不能接受读［xi］。一些书面语色彩比较强的字，如“靴吕遇”等，发音人需做思考，并认为发成［i］［y］均可。这说明新派受普通话影响逐渐接纳撮口韵。

尤溪话

一　调查点概况

尤溪县属三明市辖县，位于三明市境东部。东邻闽清县、永泰县，西接沙县、大田县，南接德化县，北部与南平延平区为界。东经 117°48′30″—118°40′，北纬 25°50′36″—26°26′30″。本调查点为县政府驻地城关镇。

根据第七次人口普查数据，截至 2020 年 11 月 1 日，尤溪县常驻人口约 3 千万。少数民族共 2200 多人，其中畲族 1300 多人。新阳镇建新村的双贵山自然村是畲族人聚居村，内部使用畲语，但中青年人大多也说当地新桥话。尤溪县内均通行闽方言，但内部差异较明显，共有 7 种不同口音：①城关话通行于城关镇、梅仙镇、西城镇、联合乡、台溪乡、溪尾乡和坂面镇等地，使用人口约 25 万；②西洋话主要通行于西滨镇，使用人口约 2. 5 万；③洋中话通行于洋中镇、汤川乡东部村落和尤溪口镇，使用人口约 2. 5 万；④中仙话通行于中仙乡，使用人口约 2. 2 万；⑤汤川话通行于汤川乡大部、溪尾乡部分村落，使用人口约 2 万；⑥街面话通行于坂面镇的山岩等村落，使用人口约 0. 6 万；⑦新桥话通行于新阳镇、管前镇和八字桥乡，使用人口约 8. 3 万。

本县用方言演唱的地方戏主要是小腔戏，为皮黄腔系统的一个剧种，是早期乱弹声腔在闽西北的遗响，因主要行当角色用小嗓行腔而得名。俗称土京戏、江西戏。

尤溪话是 2015 年福建省语保点。由三明学院教师邓享璋全程记录整理。

二　发音人概况

方言老男张其兴，汉族，1947 年 10 月出生于城关镇，中专文化程度。已退休。

方言青男张耿，汉族，1985 年 7 月出生于城关镇，中专文化程度。就职于尤溪县人民法院。

方言老女黄梅兰，汉族，1952 年 12 月出生于城关镇，中专文化程度。已退休。

方言青女邱菊香，汉族，1988 年 10 月出生于城关镇，大学本科文化程度。就职于尤溪一中。

口头文化发音人有张其兴、黄梅兰（女）、廖文旺、林小勤（女），都是城关镇人。

地普发音人有张伍斌（城关镇）、朱家坚（坂面乡）、廖文旺（城关镇）。

三 尤溪话音系

（一）声母

尤溪话有 16 个声母（包括零声母）：

表1 尤溪话声母表

p 八兵爬病飞$_{白}$肥饭	p^h派片蜂$_{白}$	m 麦明味$_{白}$		
t 多东甜毒$_{文}$竹茶	t^h讨天毒$_{白}$抽拆张柱$_{白}$	n 脑南年泥热$_{白}$软		l 老蓝连路
ts 资早租酒字贼坐$_{文}$全争装纸主柱$_{文}$书$_{白}$	ts^h 刺草寸清抄初车春床手		s 丝三酸想祠谢事山双船顺十坐$_{白}$书$_{文}$	
			ɕ 城	
k 高九共权县	k^h开轻	ŋ 熬月	x 飞$_{文}$蜂$_{文}$副风活$_{文}$好灰响云	
ø 安温王用药味$_{文}$问热$_{文}$活$_{白}$				

说明：

1. ts、ts^h与齐齿呼韵母相拼时，音值近于 tɕ、$tɕ^h$。

2. s 的发音部分人有齿间音 θ 的色彩。

3. ɕ 与 s 有音位对立，ɕ 多来自古禅母、船母和书母，s 多来自古心邪母。ɕ 只拼读齐齿呼、撮口呼韵母。例如，以下例字存在对立：舌$_{喙～：舌头}$ ɕi^{33} ≠西 si^{33} ｜失式 ɕie^{24} ≠设息惜 sie^{24} ｜实 ɕie^{33} ≠习 sie^{33} ｜神辰 ɕiŋ^{12} ≠盐寻绳蝇 siŋ^{12} ｜参$_{人～}$身僧 ɕiŋ^{33} ≠心新星 siŋ^{33} ｜伤 ɕioŋ^{33} ≠想 sioŋ^{55} ｜寿 ɕiu^{42} ≠修 siu^{33}。

（二）韵母

尤溪话有 46 个韵母（包括声化韵 ŋ）：

表 2　尤溪话韵母表

ɿ 师$_{文}$丝$_{文}$	i 试戏鞋排八节$_{白}$七一	u 苦五	y 雨
a 茶牙饱$_{白}$盒塔鸭贴$_{白}$十色白锡$_{白}$	ia 写热$_{白}$	ua 瓦活$_{白}$	
ə 歌坐$_{白}$过靴宝桥郭学$_{白}$	iə 照腰摇	uə 芋沃	yə 焦
e 米丝$_{白}$二	ie 贴$_{文}$急热$_{文}$节$_{文}$橘直锡$_{文}$	ue 赔快$_{白}$飞鬼刮月	
ø 对短$_{白}$			yø 药
o 坐$_{文}$辣	io 笑$_{白}$	uo 法活$_{文}$骨出托壳学$_{文}$北国谷六绿	yo 局
	iu 油	ui 猪开$_{白}$	
ai 开$_{文}$师$_{白}$	uai 快$_{文}$		
au 豆走饱$_{文}$	iau 笑$_{文}$		
ŋ 讲$_{白}$			
	ĩ 扇	ũ 山$_{白}$半$_{白}$	
ã 争$_{白}$病$_{白}$	iã 兄	uã 横	
ẽ 年$_{白}$		uẽ 官$_{白}$	
ø̃ 换$_{白}$			yø̃ 砖毡
	iũ 响$_{白}$		

续表

	iŋ 心深灯升硬争$_{文}$星病$_{文}$新		
aŋ 南盐山$_{文}$		uaŋ 半$_{文}$短$_{文}$官$_{文}$换$_{文}$	
əŋ 根寸滚春云双东		uəŋ 文运	
	ieŋ 年$_{文}$权用		
oŋ 糖床讲$_{文}$	ioŋ 响$_{文}$	uoŋ 王	

（三）声调

尤溪话有 6 个单字声调：

阴平 33　　东该灯风通开天春六麦叶月毒白盒罚

阳平 12　　门龙牛油铜皮糖红

阴上 55　　懂古鬼九统苦讨草买老$_{白}$五$_{白}$有

阴去 51　　冻怪半四痛快寸去树$_{白}$

阳去 42　　卖路硬乱洞地饭树$_{文}$动罪近后老$_{文}$五$_{文}$

阴入 24　　谷百搭节急哭拍塔切刻

声调说明：

阳平的实际调值近于 212。

（四）连读变调

尤溪话两字组连读前字多变，后字不变。

前字是阳平、阳去调的变读同阴平 33；阴上、阴去字变读 44；入声变读短调 4。

表 3 是尤溪话两字组连读变调规律表。表左是前字声调调值，表头是后字声调调值，表中是前字变调调值。

表 3　尤溪话两字组连读变调规律表

前字＼后字	阴平 33	阳平 12	阴上 55	阴去 51	阳去 42	阴入 24
阴平 33	—	—	—	—	—	—
阳平 12	33	33	33	33	33	33

续表

前字＼后字	阴平 33	阳平 12	阴上 55	阴去 51	阳去 42	阴入 24
阴上 55	44	44	44	44	44	44
阴去 51	44	44	44	44	44	44
阳去 42	33	33	33	33	33	33
阴入 24	4	4	4	4	4	4

表 4 列举两字组发生连读变调的例词。先列调类组合和调值，后列例子，例子只记声韵，不再记调值。

表 4　尤溪话两字组连读变调举例

阳平 + 阴平 ［12 - 33 33］	牛肝 ŋu kũ	茶箬茶叶 ta nyø	厨师 tø sɿ
阳平 + 阳平 ［12 - 33 12］	牛皮 ŋu pʰue	便宜 piŋ ŋi	锄头 tʰui tʰau
阳平 + 阴上 ［12 - 33 55］	牛尾 ŋu mue	糍团元宵 se ŋ	厨子 tø tse
阳平 + 阴去 ［12 - 33 51］	牛肺 ŋu xue	芹菜 kʰəŋ tsʰai	南面 naŋ miŋ
阳平 + 阳去 ［12 - 33 42］	牛肚 ŋu tio	床柜柜子 tsʰoŋ kue	蚕豆 tsʰiŋ tau
阳平 + 阴入 ［12 - 33 24］	牛角 ŋu kuo	磁铁 tsʰɿ tʰe	侬客客人 nəŋ kʰa
阴上 + 阴平 ［55 - 44 33］	保密 pə mie	扁担 pẽ tã	扁食馄饨 pieŋ çie
阴上 + 阳平 ［55 - 44 12］	保侬 pə nəŋ	本钱 pũ tsẽ	斧头 pu tʰau
阴上 + 阴上 ［55 - 44 55］	保管 pə kuẽ	马桶 ma tʰəŋ	反手左手 pẽ tsʰiu
阴上 + 阴去 ［55 - 44 51］	保证 pə tsiŋ	炒菜 tsʰa tsʰai	祖厝祠堂 tsio tsʰy
阴上 + 阳去 ［55 - 44 42］	保护 pə xu	保佑 pə iu	几个 kui ki
阴上 + 阴入 ［55 - 44 24］	保国 pə kuo	儿桌案子 ki tə	水笔毛笔 tsui pie
阴去 + 阴平 ［51 - 44 33］	扫麦 sau ma	暗边傍晚 aŋ pẽ	簸箕 pia ki
阴去 + 阳平 ［51 - 44 12］	扫平 sau pã	拜堂 pai toŋ	半暝半夜 pũ mã
阴去 + 阴上 ［51 - 44 55］	扫把 sau pã	菜脯 tsʰai pʰu	碓米 tai me
阴去 + 阴去 ［51 - 44 51］	扫厝 sau tsʰy	对面 tai miŋ	放屁 pəŋ pʰui
阴去 + 阳去 ［51 - 44 42］	扫地 sau te	栋柱柱子 təŋ tʰiu	够在累 kau tsai
阴去 + 阴入 ［51 - 44 24］	扫出 sau tsʰuo	钢笔 koŋ pie	教室 kau çie

续表

阳去+阴平［42-33 33］	外甥 ŋuai çiŋ	大家 tai ka	大街 to ki
阳去+阳平［42-33 12］	外侬 ŋuai nəŋ	落来下来 lə le	大门 to mũ
阳去+阴上［42-33 55］	外省 ŋuai sã	病囝害喜 pã ŋ	大水洪水 to tsui
阳去+阴去［42-33 51］	外面 ŋuai miŋ	笨蛋 pəŋ taŋ	饭店 pũ tiŋ
阳去+阳去［42-33 42］	外部 ŋuai pu	豆腐 tau xu	大量大方 to lioŋ
阳去+阴入［42-33 24］	外国 ŋuai kuo	豆荚豇豆 tau ki	大桔 tai kie
阴入+阴平［24-4 33］	铁盒 t^he a	发癫 pue tẽ	结婚 kie xəŋ
阴入+阳平［24-4 12］	铁门 t^he mũ	出来 ts^huo le	腹脐肚脐 puo tsai
阴入+阴上［24-4 55］	铁板 t^he pẽ	腹底下水 puo ti	腹肚肚子 puo tio
阴入+阴去［24-4 51］	铁器 t^he k^hi	柏树 pa ts^hiu	出嫁 ts^huo ka
阴入+阳去［24-4 42］	铁墿 t^he tə	七舅 ts^hi ku	黑柱 xa t^hiu
阴入+阴入［24-4 24］	铁笔 t^he pie	角角角儿 kuo kuo	客隻喜鹊 k^ha tsi

（五）声母类化

尤溪话有些常用词连读后，非前音节的声母发生类似闽东方言的类化现象。是否发生声母类化与年龄有关，大都发生在20世纪50年代之前出生的人群中，之后出生的不变化或变化不稳定。变化较为明显的主要规律如下：

1. 前音节为元音韵尾，后音节声母发生相应变化：p、p^h变为β，t、t^h变l，k、k^h、x、ç、s变为Ø（下面括号内为原声母）。例如：

琵琶 pe^{33}β（<p）a^{12}　葡萄 pu^{33}l（<t^h）$ə^{12}$　吹风 $ts^hyø^{33}$（<x）$əŋ^{33}$

2. 前音节为鼻尾韵或鼻化韵，后音节声母发生相应变化：p、p^h变m，ts、ts^h、s变z，k、k^h、x变ŋ。例如：

门板 $mũ^{33}$m（<p）$ẽ^{55}$　青菜 $ts^hã^{33}$z（<ts^h）ai^{51}　清气 $ts^hiŋ^{33}$ŋ（<k^h）i^{51}

3. 前音节ŋ自成音节，后音节声母t、t^h、k、k^h、x变为Ø。例如：

唔食不吃 $ŋ^{33}$Ø（<x）ia^{33}　唔着 $ŋ^{33}$Ø（<t^h）$ə^{33}$　唔赴来不及 $ŋ^{33}$Ø（<x）u^{51}

（七）青男和老男在音系上的主要区别

与老男相比，青男的声母、声调数量不变；韵母少了3个，即没有ø、yø、ø̃、yõ韵母，多了ye韵母。

莆田话

一　调查点概况

莆田市位于福建省东部沿海，东临台湾海峡，西部、南部靠泉州市，北部与福州市交界。辖城厢、涵江、荔城、秀屿4区和仙游县。东经118°27′—119°39′，北纬24°59′—25°46′。本调查点为市政府驻地城厢区。

2018年底全市户籍人口360.3万人，常住人口290万人。莆田境内居住着33个民族。以汉族为主体，约占境内总人口的99.2%。其他少数民族总人口约占0.8%。境内少数民族中，回族人口最多，约有2.06万人。此外，尚有畲、土家、苗、壮、侗等少数民族分布。少数民族均说莆仙方言，无少数民族语言聚居区。莆田话属于闽语莆仙方言，内部一致性很强，各乡镇方言基本上都能无障碍地进行交流。但因地形地貌和经济发展水平等因素，依然有“十里不同音”现象。根据语音特点，可以把莆仙方言分成五个腔调：①城里腔：莆田城区，受到福州话和普通话的影响最大，一般没有鼻化韵；②界外腔（或沿海腔）：莆田县沿海一带，一般都带有鼻化韵；③江口腔：莆田县江口一带，受闽东福清话影响；④山里腔：莆田县与仙游县北部大片山区乡填；⑤闽南腔：仙游县枫亭和园庄一带，受闽南泉州话影响。五种腔调中，人数较多的是城里腔和沿海腔，其次是山里腔，最后是江口腔和闽南腔。

本市通行莆仙戏，用地道的莆仙话演唱。莆仙戏原名兴化戏，它源于唐，成于宋，盛于明清，闪光于现代，是中国现代最古老的地方戏剧种之一，素有宋元南戏“活化石”“遗响”之称，被列入2006年6月7日国务院公布的《第一批国家级非物质文化遗产名录》。

莆田话是2018年国家语保点。由闽江学院教师蔡国妹全程记录整理。

二　方言发音人概况

方言老男柯家驹，汉族，1952年2月出生于荔城区，大专文化程度。已退休。

方言青男许斌，汉族，1986年7月出生于荔城区，大学本科文化程度。就职于莆田城厢区太平小学。

方言老女吴淑仪，汉族，1957年1月出生于荔城区，高中文化程度。已退休。

方言青女颜荔，汉族，1983年8月出生于城厢区，中专文化程度。就职于城厢区逸夫实验幼儿园。

口头文化发音人有陈先镐（城厢区）、柯家驹、林春明、吴淑仪（女），以上均是荔城区人。

地普发音人有林毓勇、林卫红（女）、林天池，都是城厢区人。

三　莆田话音系

（一）声母

莆田话有15个声母（包括零声母）：

表1　莆田话声母表

p 八兵爬病飞$_{白}$风$_{白}$肥$_{白}$饭$_{白}$麦味	p^h派片蜂	m 明问		
t 多东甜毒竹茶张	t^h 讨天抽拆$_{白}$柱$_{白}$	n 脑南年泥软		l 老蓝连路
ts 资早租酒字全柱$_{文}$争装纸主书热	ts^h 刺草寸清贼拆$_{文}$抄初床车春手$_{白}$		ɬ 坐丝三酸想祠谢事山双船顺十城手$_{文}$	
k 高九共权县熬月	k^h 开轻	ŋ 眼硬	h 飞$_{文}$风$_{文}$饭$_{文}$副好灰响肥$_{文}$	
∅ 活安温王云用药				

说明：

ɬ 为清边擦音，发音时舌尖抵住上齿龈，舌体边缘与硬腭边缘形成阻碍，较强的气流从舌的两侧摩擦而出。

（二）韵母

莆田话有 42 个韵母（包括声化韵 ŋ）：

表 2　莆田话韵母表

	i 米丝试戏二飞$_{文}$接$_{白}$	u 武句	y 猪雨$_{文}$
a 牙$_{文}$ 白$_{白}$ 争$_{白}$ 病$_{白}$ 星$_{白}$	ia 写兄$_{白}$锡$_{白}$	ua 过$_{白}$ 瓦$_{文}$ 山$_{白}$ 半$_{白}$ 官$_{白}$横	
ɛ 十$_{白}$			
ɔ 歌过$_{文}$茶牙$_{白}$宝$_{文}$饱$_{白}$塔鸭			yɔ 靴瓦$_{白}$
e 排$_{白}$ 鞋 硬 贴$_{白}$ 八$_{白}$节$_{白}$		ue 赔快飞$_{白}$月$_{白}$	
ø 坐短$_{白}$			
o 过$_{白}$师$_{文}$宝$_{白}$郭学$_{白}$			
ai 开$_{文}$排$_{文}$师$_{白}$			
	iu 油	ui 开$_{白}$对鬼	
au 豆走$_{白}$饱$_{文}$			
ɔu 苦五雨$_{白}$	ieu 笑 桥 走$_{文}$ 响$_{白}$ 药尺$_{白}$		
ŋ 唔			
	iŋ 盐$_{白}$心深年$_{白}$新升病$_{文}$星$_{文}$兄$_{文}$	uŋ 糖床$_{白}$	yŋ 根
aŋ 南 山$_{文}$ 双$_{白}$ 讲$_{白}$ 东$_{白}$		uaŋ 半$_{文}$短官$_{文}$	
ɔŋ 床$_{文}$ 王 双$_{文}$ 讲$_{文}$ 东$_{文}$			yɔŋ 响$_{文}$
eŋ 年$_{文}$争$_{文}$横$_{文}$灯	ieŋ 盐$_{文}$		

续表

øŋ 权用			
oŋ 寸滚春云			
	iʔ 急七一直尺$_{文}$锡$_{文}$		yʔ 橘
aʔ 辣$_{文}$八$_{文}$法壳学$_{文}$北六$_{白}$	iaʔ 页	uaʔ 活辣$_{白}$刮	
ɔʔ 盒托国谷绿骨出			yɔʔ 弱
eʔ 热八$_{白}$节$_{文}$色白$_{文}$	ieʔ 接$_{文}$贴$_{文}$		
øʔ 月$_{文}$六$_{文}$局			
oʔ 佛术			

说明：

1. 韵母 a、ai、aŋ、uaŋ、aʔ 中的元音 a，实际上是央低元音。

2. 韵母 ø 近于 ʏ。

3. 韵母 e 和 ue 中的 e，开口度较小，近于 ɪ。

4. iu 韵中有一个流音 ə，但发音较轻较弱；ieu 韵母的韵腹近于央元音。iu、ieu 二韵有别，如：油 iu^{24}≠摇 ieu^{24}，手 ts^{h}iu^{453}≠抢 ts^{h}ieu^{453}。

5. ieŋ 韵字的后鼻韵尾 -ŋ 前化，有些字更倾向于发 -n。由于 ieŋ、ien 不构成对立，这里把 -n 视为 -ŋ 之音位变体。

6. 部分鼻尾韵字逢较短促的阴去调时，鼻尾色彩较弱，但与阴声韵有别。如：痛 t^{h}ɔŋ^{42}≠t^{h}ɔ^{42}，半 puaŋ^{42}≠簸 pua^{42}，印 iŋ^{42}≠意 i^{42}。

7. ŋ 可独立成音节，还可以直接充当韵母。如“黄”ŋ^{24}、“光”kŋ^{533}等。声化韵仅出现于白读音中。

（三）声调

莆田话有 7 个单字声调（不包括轻声）：

阴平 533　东该灯风通开天春

阳平 24　门龙牛油铜皮糖红月$_{白}$麦$_{白}$白$_{白}$

阴上 453　古鬼九统苦讨草买老$_{文}$五$_{文}$有$_{文}$

阴去 42　冻怪半四痛快寸去树$_{白}$

阳去 11　卖路硬乱洞地饭树$_{文}$动罪近后老$_{白}$五$_{白}$有$_{白}$百$_{白}$搭$_{白}$节$_{白}$塔拍$_{白}$

阴入 2　谷百$_{文}$搭$_{文}$节$_{文}$急哭拍$_{文}$切刻

阳入 5　　六麦$_{文}$叶月$_{文}$毒白$_{文}$盒罚

说明：

1. 阴平调 533 听上去很特殊，像是一个高降调和一个中平调连接在一起。

2. 阳去调 11 调值略降，近于 211。

3. 阳去调 11 和阴入调 2 实际上都是低降调，非对比的情况下十分相似。如：弟 te^{11} ≠滴 $teʔ^{2}$，忌 ki^{11} ≠急 $kiʔ^{2}$。

4. 阴去调 42 为紧张短促的中降调，实际调值为42。

5. 阳入调 5 不很稳定，有时调值没有那么高。

6. 入声字的部分白读音已脱落 - ʔ 尾而舒化。具体规律是：原阴入字并入调值相近的阳去调，如“柏伯罢 pa^{11}、尺 $ts^{h}ieu^{11}$” 等；原阳入字并入阳平调，如：“麦$_{白}$” pa^{24}等。

7. 语流中产生轻声调 0，如语气词 $lɔʔ^{0}$。

（四）两字组连读变调规律

莆田城关话的词语连读时一般都要发生变调。连读变调总的规律是：连读上字以下字的调类为条件发生调值变化，连读变调语段的末一个音节的声调保留不变。

表 3　莆田话两字组连读变调规律表

前字＼后字	阴平 533	阳平 24	阴上 453	阴去 42	阳去 11	阴入 2	阳入 5
阴平 533	11	11	11	11	24	24	11
阳平 24	11	11	11	533	42	42	11
阴上 453	11	533	11	11	24	24	11
阴去 42	533	533	533	533	—	—	533
阳去 11	533	533	—	533	42	42	533
阴入 2	5	5	5	5	5	5	5
阳入 5	2	2	2	—	—	—	2

说明：

入声白读字若已舒化（阴入混入阳去，阳入混入阳平），其充当前字时的变调规律如下：阴入同于阳去，阳入同于阳平。如：拍侬 $p^{h}a^{11}$ + $naŋ^{24}$ → $p^{h}a^{533}$ $naŋ^{24}$、白菜 pa^{55} + $ts^{h}ai^{42}$ → $pa^{533}lai^{42}$。

表4 莆田话两字组连读变调举例

阴平 + 阴平 [533 - 11 533]	鸡公 ke kɔŋ
阴平 + 阳平 [533 - 11 24]	清明 ts^ha mia
阴平 + 阴上 [533 - 11 453]	欢喜 hua i
阴平 + 阴去 [533 - 11 42]	包菜 pau lai
阴平 + 阳去 [533 - 24 11]	家具 ka ky
阴平 + 阴入 [533 - 24 2]	休息 hiu ɬiʔ
阴平 + 阳入 [533 - 11 5]	生日 ɬa liʔ
阳平 + 阴平 [24 - 11 533]	棉花 miŋ ŋua
阳平 + 阳平 [24 - 11 24]	石头 ɬieu lau
阳平 + 阴上 [24 - 11 453]	朋友 peŋ ŋiu
阳平 + 阴去 [24 - 533 42]	芹菜 k^hyŋ nai
阳平 + 阳去 [24 - 42 11]	菩萨 p^hɔu lua
阳平 + 阴入 [24 - 42 2]	毛笔 mɔ iʔ
阳平 + 阳入 [24 - 11 5]	农历 nɔŋ leʔ
阴上 + 阴平 [453 - 11 533]	狗公 kau kaŋ
阴上 + 阳平 [453 - 533 24]	枕头 tsiŋ nau
阴上 + 阴上 [453 - 11 453]	水果 tsui kɔ
阴上 + 阴去 [453 - 11 42]	顶势 teŋ ni
阴上 + 阳去 [453 - 24 11]	手电 ts^hiu teŋ
阴上 + 阴入 [453 - 24 2]	粉笔 ho miʔ
阴上 + 阳入 [453 - 11 5]	老实 lɔ ɬiʔ
阴去 + 阴平 [42 - 533 533]	菜刀 ts^hai lo
阴去 + 阳平 [42 - 533 24]	酱油 tsieu iu
阴去 + 阴上 [42 - 533 453]	扫帚 ɬau liu
阴去 + 阴去 [42 - 533 42]	种菜 tsøŋ ts^hai
阴去 + 阳入 [42 - 533 5]	快活 kieu uaʔ
阳去 + 阴平 [11 - 533 533]	背心 pue liŋ
阳去 + 阳平 [11 - 533 24]	剃头 t^hi lau
阳去 + 阴去 [11 - 533 42]	饭店 pue le
阳去 + 阳去 [11 - 42 11]	箸豆 ty lau
阳去 + 阴入 [11 - 42 2]	自杀 tso ɬaʔ

续表

阳去 + 阳入［11 －533 2］	卖肉 pe niʔ
阴入 + 阴平［2 －5 533］	结婚 keʔ hoŋ
阴入 + 阳平［2 －5 24］	腹脐 paʔ tsai
阴入 + 阴上［2 －5 453］	刷齿 ɬuaʔ k^hi
阴入 + 阴去［2 －5 42］	嫉妒 tsiʔ tɔu
阴入 + 阳去［2 －5 11］	一共 iʔ køŋ
阴入 + 阴入［2 －5 2］	扑克 p^hɔʔ k^heʔ
阴入 + 阳入［2 －5 5］	乞食 k^hoʔ ɬiaʔ
阳入 + 阴平［5 －2 533］	辣椒 luaʔ tsieu
阳入 + 阳平［5 －2 24］	学堂 haʔ tɔŋ^{24}
阳入 + 阴上［5 －2 453］	白果 peʔ kɔ
阳入 + 阳入［5 －2 5］	学习 haʔ ɬiʔ

（五）其他主要音变规律

莆仙话音节连读时会产生声母变化现象，即：在连续的语流中，连读下字的声母以上字韵母的类别为条件发生有规律的变化，即“声母类化”。

类化中产生 β 声母。β 只出现在后字声母的连读音变中，音色含混，可视为原声母的同音位浊化音，不是独立声母，暂不计入声母总数。

表 5　莆田话声母类化规律表

原前字韵尾	原后字声母	变化后后字声母
－ŋ 收尾	p、p^h	m
	t、t^h、ɬ、ts、ts^h	n
	k、k^h、h、ø	ŋ
	l、m、n、ŋ	不变
元音收尾	p、p^h	β、ø
	t、t^h、ɬ、ts、ts^h	l
	k、k^h、h	ø
	l、m、n、ŋ、ø	不变

说明：

1. 入声韵前字由于带有明显的喉塞韵尾［-ʔ］，使前字与后字分隔成两个音节，所以后字声母是不类化的。如：

烛斗 $tsɔʔ^{5}tau^{453}$ 曲尺 $k^{h}øʔ^{5}\ ts^{h}ieu^{11}$ 发热 $huaʔ^{5}tseʔ^{5}$ 乞食 $k^{h}oʔ^{5}ɬiaʔ^{8}$

2. 若前字已舒化为相应的阴声韵，则后字声母依阴声韵前字不同韵尾发生类化。如：

白糖 $pa^{11}t^{h}-luŋ^{24}$ 石狮 $ɬieu^{11}ɬ-lai^{533}$ 铁钉 $t^{h}i^{533}t-leŋ^{533}$ 客房 $k^{h}a^{533}p-βaŋ^{24}$

（六）老男与青男音系的主要区别说明

1. 老男的 øŋ、oŋ 两韵，青男合并为 øŋ，如老男的“恋 $løŋ^{11}$≠论 $loŋ^{11}$”“宫 $køŋ^{533}$≠军 $koŋ^{533}$”，青男均读为“恋论 $løŋ^{11}$”“宫军 $køŋ^{533}$”。

2. 老男的 øʔ、oʔ 两韵，青读合并为 øʔ，如老男的“核” $hoʔ^{5}$、“乞” $k^{h}oʔ^{2}$，青男分别读为 $køʔ^{5}$、$k^{h}øʔ^{2}$。

涵江话

一 调查点概况

本调查点涵江区为莆田市辖区。莆田市大致情况请参看175页“莆田话”。

涵江区人口有44万多人，其中汉族约43.6万人；另有回、畲、土家、苗、藏、壮、布依、彝、侗、黎、满、蒙古、瑶、土、水、朝鲜16个少数民族，分布在白塘、国欢、萩芦、庄边、白沙、大洋、梧塘、新县等乡镇，属于少数民族散杂居地区，总户数1504户，总人口0.7万多人，其中回族0.57万人。涵江话有三种口音：山里口音（主要分布在萩芦镇、庄边镇、白沙镇、新县镇、大洋乡，大约12.2万人）、城区口音（主要分布在涵东街道、涵西街道，24万人左右）、江口口音（主要分布在江口镇，74451人）。这三种口音略有不同。本调查点属于城区口音。

本区有莆仙戏、梆鼓咚、十音八乐等用方言说唱的地方文化表现形式。

涵江话是2015年福建省语保点，由莆田学院教师黄国城全程记录整理。

二 方言发音人概况

方言老男刘金梅，汉族，1947年7月出生于涵江区，高中文化程度。已退休。

方言青男王武，汉族，1982年12月出生于涵江区，大学本科文化程度。就职于莆田市涵江区白沙中心小学。

方言老女黄淑莺，汉族，1958年4月出生于涵江区，中专文化程度。已退休。

方言青女黄幽珍，汉族，1991年10月出生于涵江区，大学本科文化程度。就职于莆田第十四中学。

口头文化发音人有刘金梅、王武、黄淑莺（女）、黄幽珍（女）、林双珠

（女），都是涵江区人。

地普发音人有曾素芳（女）、林双珠（女）、吴贯众，都是涵江区人。

三 涵江话音系

（一）声母

涵江话有15个声母（包括零声母）：

表1 涵江话声母表

p 八兵爬$_{白}$病麦飞$_{白}$风$_{白}$肥$_{白}$饭$_{白}$味$_{文}$	p^h 派片蜂$_{白}$爬$_{文}$	m 明问味$_{白}$		
t 多东毒张竹茶$_{白}$	t^h 讨天甜抽拆$_{白}$柱$_{白}$	n 脑南年泥软		l 老蓝连路
ts 资早租酒字贼$_{文}$坐$_{文}$全争装纸主柱$_{文}$热	ts^h刺草寸清抄初床车春手$_{白}$茶$_{文}$拆$_{文}$贼$_{白}$		ɬ 坐$_{白}$丝三酸想祠谢事山双船顺手$_{文}$书十城	
k 高九共权熬月县	k^h开轻	ŋ 碍迎	h 副蜂$_{文}$飞$_{文}$风$_{文}$肥$_{文}$饭$_{文}$好灰响	
ø 活安温王云用药				

说明：

［ɬ］是闽方言的莆仙话中所特有的声母，涵江话也如此。闽方言的其他方言中念［s］声母的字，涵江话中基本上都念［ɬ］声母。

（二）韵母

涵江话有韵母41个（包括声化韵ŋ）：

表 2　涵江话韵母表

	i 米丝试戏二飞$_{\text{文}}$接$_{\text{白}}$	u 副妇	y 猪雨$_{\text{文}}$
		ʊ 歌$_{\text{白}}$ 过$_{\text{白}}$ 师$_{\text{文}}$ 宝$_{\text{白}}$ 郭$_{\text{白}}$学$_{\text{白}}$	
a 茶$_{\text{文}}$ 牙$_{\text{文}}$ 争$_{\text{白}}$ 病$_{\text{白}}$ 星$_{\text{白}}$白$_{\text{白}}$	ia 写兄$_{\text{白}}$锡$_{\text{白}}$	ua 瓦$_{\text{文}}$ 山$_{\text{白}}$ 半$_{\text{白}}$ 官$_{\text{白}}$横$_{\text{白}}$	
ɒ 歌$_{\text{文}}$ 坐$_{\text{文}}$ 过$_{\text{文}}$ 茶$_{\text{白}}$ 牙$_{\text{白}}$ 宝$_{\text{文}}$ 饱塔$_{\text{白}}$ 鸭$_{\text{白}}$ 托$_{\text{白}}$北$_{\text{白}}$			yɒ 靴瓦$_{\text{白}}$
ɛ 十$_{\text{白}}$			
e 排$_{\text{白}}$ 鞋 硬 贴$_{\text{白}}$ 八$_{\text{白}}$节$_{\text{白}}$			
ø 坐$_{\text{白}}$短$_{\text{白}}$			
	iu 油	ui 开$_{\text{白}}$对$_{\text{文}}$鬼	
ai 开$_{\text{文}}$排$_{\text{文}}$师$_{\text{白}}$		uɐi 赔对$_{\text{白}}$快飞$_{\text{白}}$月$_{\text{白}}$	
au 豆走$_{\text{白}}$	iɐu 笑 桥 走$_{\text{文}}$ 药$_{\text{白}}$ 尺$_{\text{白}}$响$_{\text{白}}$		
ou 苦五雨$_{\text{白}}$			
ŋ 秧$_{\text{白}}$方$_{\text{白}}$	iŋ 心深年$_{\text{白}}$新升病$_{\text{文}}$星$_{\text{文}}$兄$_{\text{文}}$	uŋ 糖床$_{\text{白}}$	yŋ 根
aŋ 南 山$_{\text{文}}$ 双$_{\text{白}}$ 讲$_{\text{文}}$ 东$_{\text{白}}$	iaŋ 盐	uaŋ 半$_{\text{文}}$短$_{\text{文}}$官$_{\text{文}}$	
ɒŋ 床$_{\text{文}}$ 王 双$_{\text{文}}$ 讲$_{\text{白}}$ 东$_{\text{文}}$			yɒŋ 响$_{\text{文}}$
ɛŋ 年$_{\text{文}}$争$_{\text{文}}$横$_{\text{文}}$灯			
œŋ 权用			
oŋ 寸滚春云			

续表

	iʔ 十$_{文}$急七一橘直尺$_{文}$锡$_{文}$		yʔ 役域
aʔ 盒$_{文}$塔$_{文}$鸭$_{文}$法辣$_{文}$八$_{文}$壳学$_{文}$北$_{文}$六$_{白}$	iaʔ 接$_{文}$贴$_{文}$	uaʔ 辣$_{白}$活刮	
ɒʔ 盒$_{白}$托$_{文}$郭$_{文}$国谷绿$_{白}$			yɒʔ 药$_{文}$
ɛʔ 热节$_{文}$色白$_{文}$			
œʔ 月$_{文}$六$_{文}$绿$_{文}$局			
oʔ 骨出			

说明：

1. 在涵江话里，辅音［ŋ］除了能做声母、能充当韵尾以外，还可以自成音节，如“秧黄”等，也可以直接跟声母相拼，如“方长康光”等（全都是白读音的字）。

2. 单元音［ʊ］为介于［u］和［o］之间的后次高圆唇元音。

3. ［iʔ］中的［i］发音时开口度略大，介于［i］、［e］之间，大体上接近于［ɪ］。

4. ［yʔ］中的［y］发音时开口度略大，介于［y］、［ø］之间，大体上接近于［ʏ］。

（三）声调

涵江话有7个单字声调（不包括轻声）：

阴平533　东该灯风通开天春

阳平13　门龙牛油铜皮糖红麦$_{白}$月$_{白}$白$_{白}$

阴上453　懂古鬼九统苦讨草买老$_{文}$五$_{文}$有$_{文}$

阴去42　冻怪半四痛快寸去

阳去21　卖路硬乱洞地饭树动罪近后老$_{白}$五$_{白}$有$_{白}$百$_{白}$搭$_{白}$节$_{白}$拍$_{白}$塔$_{白}$

阴入1　谷百$_{文}$搭$_{文}$节$_{文}$急哭拍$_{文}$塔$_{文}$切刻

阳入4　六麦$_{文}$叶月$_{文}$毒白$_{文}$盒罚

说明：

1. 阴入［1］声音短促，略显下降趋势。

2. 古次浊上声字绝大部分文读归阴上，白读归阳去。古全浊上声字全部归阳去。

3. 古清音入声字绝大多数文读归阴入，白读归阳去。古浊音入声字绝大多数文读归阳入，白读归阳平。

（四）连读变调说明

涵江话两字连读，一般是前字变调，后字不变调。基本规律是：

1. 阴平、阳平在阴平、阳平、阴上、阳入前都变读21调，跟单字阳去同调；阴平在阴去前也变为21调。阴平在阳去、阴入前读13调。阳平在阴去前变为55调；在阳去、阴入前读42调，跟单字阴去同调。

2. 阴上在阴平、阴上、阴去、阳入之前变读21调，跟阳去单字调相同；在阳平、阳去、阴入前变读13调。

3. 阴去作前字，除了阳去、阴入外，都变读55调。阳去在阳平（部分）、阴去前变读55调，但在阳去、阴入之前变读42调。

4. 阴入和阳入在阳去、阴入前都变读42调；在其他声调前互变。但阳入在阴去前不变。

表3　涵江话两字组连读变调规律表

后字 / 前字	阴平 533	阳平 13	阴上 453	阴去 42	阳去 21	阴入 1	阳入 4
阴平 533	21	21	21	21	13	13	21
阳平 13	21	21	21	55	42	42	21
阴上 453	21	13	21	21	13	13	21
阴去 42	55	55	55	55	—	—	55
阳去 21	—	— 55	—	55	42	42	—
阴入 1	4	4	4	4	42	42	4
阳入 4	1	1	1	—	42	42	1

表4 涵江话两字组连读变调举例

阴平+阴平［533-21 533］	先天 ɬɛn tʰɛŋ
阴平+阳平［533-21 13］	先行 ɬɛŋ hɛŋ
阴平+阴上［533-21 453］	先祖 ɬɛn tsou
阴平+阴去［533-21 42］	先进 ɬɛn tsiŋ
阴平+阳去［533-13 21］	先后 ɬɛŋ hiau
阴平+阴入［533-13 1］	先决 ɬɛŋ kœʔ
阴平+阳入［533-21 4］	先烈 ɬɛn lɛʔ
阳平+阴平［13-21 533］	神仙 ɬin ɬɛŋ
阳平+阳平［13-21 13］	神明 ɬim miŋ
阳平+阴上［13-21 453］	神采 ɬin tsʰai
阳平+阴去［13-55 42］	神气 ɬiŋ kʰi
阳平+阳去［13-42 21］	神话 ɬiŋ ŋua
阳平+阴入［13-42 1］	神速 ɬin ɬɒʔ
阳平+阳入［13-21 4］	神佛 ɬiŋ hoʔ
阴上+阴平［453-21 533］	冷宫 lɛŋ ŋœŋ
阴上+阳平［453-13 13］	冷盘 lɛm pua
阴上+阴上［453-21 453］	冷水 lɛn nui
阴上+阴去［453-21 42］	冷气 lɛŋ kʰi
阴上+阳去［453-13 21］	冷静 lɛn tsiŋ
阴上+阴入［453-13 1］	冷酷 lɛŋ kʰɒʔ
阴上+阳入［453-21 4］	冷落 lɛŋ lɒʔ
阴去+阴平［42-55 533］	布机 pou kui
阴去+阳平［42-55 13］］	布鞋 pou e

续表

阴去 + 阴上 [42 - 55 453]	布景 pou kiŋ
阴去 + 阴去 [42 - 55 42]	布置 pou li
阴去 + 阳入 [42 - 55 4]	布局 pou kœʔ
阳去 + 阳平 [21 - 21 13] [21 - 55 13]	大门 tua muai 画皮 ua pʰuai
阳去 + 阴去 [21 - 55 42]	大概 tai kʰai
阳去 + 阳去 [21 - 42 21]	大地 tai te
阳去 + 阴入 [21 - 42 1]	大叔 tua lœʔ
阴入 + 阴平 [1 - 4 533]	发挥 huak hui
阴入 + 阳平 [1 - 4 13]]	发财 huat tsai
阴入 + 阴上 [1 - 4 453]	发展 huat tʰɛŋ（有例外现象，比如“即使”，前字并不发生音变）
阴入 + 阴去 [1 - 4 42]	发布 huap pou
阴入 + 阳去 [1 - 42 21]	发动 huat tɒŋ
阴入 + 阴入 [1 - 42 1]	发福 huak hɒ
阴入 + 阳入 [1 - 4 4]	发达 huat taʔ
阳入 + 阴平 [4 - 1 533]	物资 pot tso
阳入 + 阳平 [4 - 1 13]]	物流 pot liu
阳入 + 阴上 [4 - 1 453]	物理 pot li
阳入 + 阳去 [4 - 42 21]	物件 pok kyɒ
阳入 + 阳入 [4 - 42 1]	物质 pot tsiʔ
阳入 + 阳入 [4 - 1 4]	物业 pok kiaʔ

（五）连读音变说明

1. 前字韵母为元音收尾的

表 5　涵江话声母类化表之一

前字韵母	后字声母	音变后的前字韵母	音变后的后字声母	例词	音变前	音变后
元音收尾	p	不变	∅	慈悲	ts^{h}ʊ^{13}pi^{533}	ts^{h}ʊ^{21}pi^{533}
	p^{h}			戏票	hi^{42}p^{h}iɐu^{42}	hi^{55}iɐu^{42}
	k			世界	ɬe^{42}kai^{42}	ɬe^{55}ai^{42}
	k^{h}			理科	li^{21}k^{h}ɒ^{533}	li^{21}ɒ^{533}
	h			小学	ɬiɐu^{453}haʔ^{4}	ɬiɐu^{21}aʔ^{4}
	t	不变	l	戏台	hi^{42}tai^{13}	hi^{55}lai^{13}
	t^{h}			寒天	kua^{13}t^{h}iŋ^{533}	kua^{21}liŋ^{533}
	ts			自然	tsʊ^{21}tsɛŋ^{13}	tsʊ^{21}lɛŋ^{13}
	ts^{h}			左手	tsɒ^{453}ts^{h}iu^{453}	tsɒ^{21}liu^{453}
	ɬ			考试	kɒ^{453}ɬi^{42}	kɒ^{21}li^{42}

2. 前字韵母为 -ŋ 收尾的

表 6　涵江话声母类化表之二

前字韵母	后字声母	音变后的前字韵母	音变后的后字声母	例词	音变前	音变后
-ŋ 收尾	p	-m	m	电报	tɛŋ^{21}pʊ^{42}	tɛm^{55}mʊ^{42}
	p^{h}	-m	m	影片	iŋ^{453}p^{h}ɛŋ^{42}	im^{21}mɛm^{42}
	m	-m	m	人民	tsiŋ^{13}miŋ^{13}	tsim^{21}miŋ^{13}
	t	-n	n	皇帝	hɒŋ^{13}te^{42}	hɒn^{55}ne^{42}
	t	-n	t	政治	tsiŋ^{42}ti^{21}	tsin^{42}ti^{21}

续表

前字韵母	后字声母	音变后的前字韵母	音变后的后字声母	例词	音变前	音变后
-ŋ 收尾	t^h	-n	n	冰糖	$piŋ^{533}t^huŋ^{13}$	$pin^{21}nuŋ^{13}$
	l	-n	n	粉李	$hoŋ^{453}li^{453}$	$hon^{21}ni^{453}$
	ts	-n	n	广州	$kuŋ^{453}tsiu^{533}$	$kun^{21}tsiu^{533}$
	ts^h	-n	n	班车	$paŋ^{533}ts^hia^{533}$	$pan^{21}nia^{533}$
	ɬ	-n	n	先生	$ɬɛŋ^{533}ɬa^{533}$	$ɬɛn^{21}na^{533}$
	ɬ	-n	ɬ	新诗	$ɬiŋ^{533}ɬi^{533}$	$ɬin^{21}ɬi^{533}$
	k	-ŋ	ŋ	南瓜	$naŋ^{13}kua^{533}$	$naŋ^{21}ŋua^{533}$
	k^h	-ŋ	ŋ	辛苦	$ɬiŋ^{533}k^hou^{453}$	$ɬiŋ^{21}ŋou^{453}$
	h	-ŋ	ŋ	谦虚	$k^hiaŋ^{533}hy^{533}$	$k^hiaŋ^{21}ŋy^{533}$
	ø	-ŋ	ŋ	团员	$tuaŋ^{13}œŋ^{13}$	$tuaŋ^{21}ŋœŋ^{13}$

3. 前字韵母为塞音 -ʔ 收尾的

表 7　涵江话声母类化表之三

前字韵母	后字声母	音变后的前字韵母	音变后的后字声母	例词	音变前	音变后
塞音收尾	p、p^h、m	-p	不变	革命	$kɛʔ^1miŋ^{21}$	$kɛp^{42}miŋ^{21}$
	t、t^h、n、l	-t	不变	独特	$tɒʔ^4tɛ^4$	$tɒt^1tɛʔ^4$
	ts、ts^h、ɬ	-t	不变	结束	$kɛʔ^1ɬɒʔ^1$	$kɛt^{42}ɬɒʔ^1$
	k、k^h、h、ŋ	-k	不变	局限	$kœʔ^4haŋ^{21}$	$kœk^{42}haŋ^{21}$

仙游城关话

一　调查点概况

仙游县属莆田市辖县，位于莆田市境西部。东邻莆田城厢区，西接德化县、永春县、南安县，南接泉州泉港区，北部与永泰县交界。东经118°27′—118°47′，北纬25°16′—25°27′。本调查点为县政府驻地鲤城镇，本书简称为仙游话。

截至2017年，全县人口约110万，以汉族为主，另有畲族等26个少数民族。其中鲤城镇人口约60万，汉族约59.4万人，占99%，回族0.6万多人，占1%。仙游话属于闽语莆仙方言片，分布在鲤城街道、鲤南镇、大济镇、龙华镇、度尾镇、赖店镇、榜头镇等各村居，使用人口60万人左右，为本地普遍通用的方言。

本县有莆仙戏等用方言演唱的地方文化表现形式。

仙游话是2016年福建省语保点，由莆田学院教师黄国城全程记录整理。

二　方言发音人概况

方言老男郑硕峰，汉族，1958年2月出生于鲤城镇，中专文化程度。1981年1月在城西小学工作任教至今。

方言青男黄剑鸣，汉族，1986年5月出生于鲤南镇，大学本科文化程度。就职于仙游县度尾中学。

方言老女陈瑞生，汉族，1953年10月出生于鲤城镇，小学文化程度。

方言青女李白芳，汉族，1983年1月出生于鲤城镇，大专文化程度。就职于莆田市荔城区西天尾镇三山小学。

口头文化发音人有陈瑞生（女，鲤城镇）、蒋先玉（榜头镇）。

地普发音人有陈瑞生（女，鲤城镇）、郑硕峰（鲤城镇）、蒋先玉（榜头镇）。

三　仙游话音系

（一）声母

仙游话有 15 个声母（包括零声母）：

表 1　仙游话声母表

p 八兵爬病麦飞$_{白}$风$_{白}$肥$_{白}$饭$_{白}$味$_{白}$	p^h派片蜂$_{白}$	m 明问味$_{文}$		
t 多东毒张竹茶事$_{白}$	t^h讨天抽拆$_{白}$柱$_{白}$	n 脑南年泥软		l 老蓝连路
ts 资早租酒字坐$_{文}$全争装纸主柱$_{文}$热书$_{白}$	ts^h刺草寸清抄初床车春手拆$_{文}$贼		ɬ 坐$_{白}$丝三酸想祠谢事$_{文}$山双船顺书$_{文}$十城	
k 高九共权熬月县	k^h开轻	ŋ 碍迎	h 副蜂$_{文}$飞$_{文}$风$_{文}$肥$_{文}$饭$_{文}$好灰响	
Ø 活安温王云用药				

说明：

1. ［p］、［p^h］在阴声韵后变读为［β］，如“慈悲”“戏票”等。

2. ［ts］、［ts^h］发音时舌尖抵下齿背，［ɬ］发音时舌尖抵上齿龈。

3. 声母［ŋ］发音时舌尖往下往后缩，舌根升高贴近软腭，是标准的后鼻音，跟做韵尾的［ŋ］不同：做韵尾的［ŋ］发音时舌尖置于下齿龈，不后缩；舌根也不升高。

（二）韵母

仙游话韵母 45 个（包括声化韵 ŋ）：

表 2　仙游话韵母表

	i 米丝试戏二飞$_{文}$接$_{白}$	u 武牛$_{白}$	y 猪雨$_{文}$
a 牙$_{文}$白$_{白}$	ia 写锡$_{白}$	ua 瓦$_{文}$辣$_{白}$活刮$_{白}$	ya 靴瓦$_{白}$
ɒ 歌$_{文}$过$_{文}$茶牙$_{白}$宝$_{文}$饱$_{白}$塔$_{白}$鸭$_{白}$托$_{白}$			
e 排$_{白}$鞋快$_{白}$贴$_{白}$八$_{白}$节$_{白}$			
ø 坐$_{白}$			
o 歌$_{白}$ 过$_{白}$ 师$_{文}$ 宝$_{白}$ 郭$_{白}$学$_{白}$			
	iu 油	ui 开$_{白}$对$_{文}$鬼	
ai 开$_{文}$排$_{文}$师$_{白}$			
		uoi 赔对$_{白}$ 快$_{文}$ 飞$_{白}$月$_{白}$	
au 豆走$_{白}$饱$_{文}$			
	iɛu 笑桥走$_{文}$药$_{白}$尺$_{白}$		
ou 苦五雨$_{白}$			
ŋ 糖床$_{白}$			
	ĩ 硬		ỹ 顿$_{白}$酸$_{白}$全$_{白}$
ã 争$_{白}$病$_{白}$星$_{白}$	iã 兄$_{白}$	uã 山$_{白}$ 半$_{白}$ 官$_{白}$ 横$_{白}$	yã 换$_{白}$
ɒ̃ 三$_{白}$敢$_{白}$			
ø̃ 短$_{白}$			
	iũ 响$_{白}$	uĩ 转$_{白}$关$_{白}$软	
	iŋ 心深年$_{白}$新升病$_{文}$星$_{文}$兄$_{文}$		yŋ 根

续表

aŋ 南山$_{文}$双$_{白}$讲$_{文}$东$_{白}$			
ɒŋ 床$_{文}$王双$_{文}$讲$_{白}$东$_{文}$			
ɛŋ 年$_{文}$灯争$_{文}$横$_{文}$	ieŋ 盐		
			yøŋ 权用响$_{文}$
		uoŋ 半$_{文}$短$_{文}$官$_{文}$寸滚春云	
	iʔ 十$_{文}$急七一橘尺$_{文}$直锡$_{文}$		yʔ 域聿
aʔ 塔$_{文}$鸭$_{文}$法辣$_{文}$八$_{文}$壳学$_{文}$北六$_{白}$			
ɒʔ 坐$_{文}$盒托$_{文}$郭$_{文}$国谷绿$_{白}$			
ɛʔ 十$_{白}$热节$_{文}$色白$_{文}$	ieʔ 十$_{白}$接$_{文}$贴$_{文}$		
			yøʔ 月$_{文}$ 六$_{文}$ 绿$_{文}$局药$_{文}$
		uoʔ 刮$_{文}$骨出	

说明：

1. 单元音韵母［o］的开口度略小，介于［u］、［o］之间，大体上接近［ʊ］；唇形自然、放松，不用力拢圆。

2. 单元音韵母［u］、［y］发音时唇形自然、放松，不用力拢圆。

3. 复元音韵母［iɛu］中的［ɛ］开口度略小，接近［e］，并且舌位略靠后。

4. 鼻音韵尾［ŋ］发音时舌尖置于下齿龈，不后缩；舌根不抬起。

5. ［iʔ］中的［i］发音时开口度略大，介于［i］、［e］之间，大体上接近于［ɪ］。［yʔ］中的［y］发音时开口度略大，介于［y］、［ø］之间，大体上接近于［ʏ］。

（三）声调

仙游话有 7 个单字声调（不包括轻声）：

阳平 533　　东该灯风通开天春

阳平 24　　门龙牛油铜皮糖红麦$_{白}$月$_{白}$白$_{白}$

阴上 453　　懂古鬼九统苦讨草买老$_{文}$五$_{文}$有$_{文}$

阴去 42　　冻怪半四痛快寸去

阳去 21　　卖路硬乱洞地饭树动罪近后老$_{白}$五$_{白}$有$_{白}$百$_{白}$搭$_{白}$节$_{白}$拍$_{白}$塔$_{白}$

阴入 2　　谷百$_{文}$搭$_{文}$节$_{文}$急哭拍$_{文}$塔$_{文}$切刻

阳入 $\underline{23}$　　六麦$_{文}$叶月$_{文}$毒白$_{文}$盒罚

说明：

1. 古次浊上声字绝大多数文读归阴上，调值 453；白读归阳去，调值 21。古全浊上声字全部归阳去，调值 21。

2. 古清音入声字绝大多数文读归阴入，调值 2；白读归阳去，调值 21。古浊音入声字绝大多数文读归阳入，调值 23；白读归阳平，调值 24。

（四）连读变调说明

仙游话两字组连读，一般是前字变调，后字不变调。主要变调规律如下：

1. 阴平、阳平在阴平、阳平、阴上、阳入前都变为 21 调，跟单字阳去同调。阴平在阴去前也变为 21 调，在阳去、阴入前变为 24 调，跟单字阳平同调。阳平在阴去前变为 55 调，在阳去、阴入前变为 42 调，跟单字阴去同调。

2. 阴上在阴平、阴上、阴去、阳入前变为 21 调，跟单字阳去同调，但在阳平（部分）、阳去、阴入前变为 24 调，跟单字阳平同调。阴上在阳平前有部分字组也可变为 55 调。

3. 阴去除了在阳去、阴入前不变外，在其他声调前都变 55 调。阳去在阳平（部分）、阴去前变为 55 调，在阳去、阴入前变为 42 调，在其他声调前不变调。请注意：阳去在阳平前的两种声调模式，前字读 21 的比较多，变调为 55 的比较少，不能随意变。至于哪些读原调，哪些读变调，纯属习惯，并无明显规律。

4. 阴入在所有声调前都变为 23 调，跟单字阳入同调。阳入在阴平、阳平、上声、阳入前变为 2 调，跟阴入单字调相同。阳入在阴去、阳去、阴入前不变调。

表3　仙游话两字组连读变调规律表

前字＼后字	阴平 533	阳平 24	阴上 453	阴去 42	阳去 21	阴入 2	阳入 $\underline{23}$
阴平 533	21	21	21	21	24	24	21
阳平 24	21	21	21	55	42	42	21
阴上 453	21	24 55	21	21	24	24	21
阴去 42	55	55	55	55	—	—	55
阳去 21	—	— 55	—	55	42	42	—
阴入 2	$\underline{23}$	$\underline{23}$	$\underline{23}$	$\underline{23}$	$\underline{23}$	$\underline{23}$	$\underline{23}$
阳入$\underline{23}$	2	2	2	—	—	—	2

表4　仙游话两字组连读变调举例

阴平 + 阴平 ［533 – 21 533］	先天 ɬɛn tʰɛŋ
阴平 + 阳平 ［533 – 21 24］	先行 ɬɛŋ hɛŋ
阴平 + 阴上 ［533 – 21 453］	先祖 ɬɛn tsou
阴平 + 阴去 ［533 – 21 42］	先进 ɬɛn tsiŋ
阴平 + 阳去 ［533 – 24 21］	先后 ɬɛŋ hiɛu
阴平 + 阴入 ［533 – 24 2］	先决 ɬɛŋ kyøʔ
阴平 + 阳入 ［533 – 21 $\underline{23}$］	先烈 ɬɛn lɛʔ
阳平 + 阴平 ［24 – 21 533］	神仙 ɬin ɬɛŋ
阳平 + 阳平 ［24 – 21 24］	神明 ɬim miŋ
阳平 + 阴上 ［24 – 21 453］	神采 ɬin tsʰai
阳平 + 阴去 ［24 – 55 42］	神气 ɬiŋ kʰi
阳平 + 阳去 ［24 – 42 21］	神话 ɬiŋ ŋua
阳平 + 阴入 ［24 – 42 2］	神速 ɬin ɬɒʔ
阳平 + 阳入 ［24 – 21 $\underline{23}$］	神佛 ɬiŋ huoʔ
阴上 + 阴平 ［453 – 21 533］	冷宫 lɛŋ ŋyøŋ
阴上 + 阳平 ［453 – 24 24］ ［453 – 55 24］	冷盘 lɛm puã 冷盘 lɛm puã

续表

阴上+阴上［453-21 453］	冷水 lɛn nui
阴上+阴去［453-21 42］	冷气 lɛŋ k^{h}i
阴上+阳去［453-24 21］	冷静 lɛn tsiŋ
阴上+阴入［453-24 2］	冷酷 lɛŋ k^{h}ɒʔ
阴上+阳入［453-21 23］	冷落 lɛn lɒʔ
阴去+阴平［42-55 533］	布机 pou kui
阴去+阳平［42-55 24］］	布鞋 pou e
阴去+阴上［42-55 453］	布景 pou kiŋ
阴去+阴去［42-55 42］	布置 pou li
阴去+阳去［42-42 21］	布料 pou liau
阴去+阴入［42-42 2］	布匹 pou p^{h}iʔ
阴去+阳入［42-55 23］	布局 pou kyʔ
阳去+阴平［21-21 533］	大声 tua niã
阳去+阳平［21-21 24］	大门 tua muĩ
［21-55 24］	画皮 ua p^{h}uoi
阳去+阴上［21-21 453］	大胆 tai taŋ
阳去+阴去［21-55 42］	大概 tai k^{h}ai
阳去+阳去［21-42 21］	大地 tai te
阳去+阴入［21-42 2］	大叔 tua lyʔ
阳去+阳入［21-21 23］	大学 tai aʔ
阴入+阴平［2-23 533］	发挥 huak hui
阴入+阳平［2-23 24］］	发财 huat tsai
阴入+阴上［2-23 453］	发展 huat t^{h}ɛŋ
阴入+阴去［2-23 42］	发布 huap pou
阴入+阳去［2-23 21］	发动 huat tɒŋ
阴入+阴入［2-23 2］	发福 huak hɒ
阴入+阳入［2-23 23］	发达 huat taʔ

续表

阳入+阴平［23－2 533］	物资 pot tso
阳入+阳平［23－2 24］］	物流 pot liu
阳入+阴上［23－2 453］	物理 pot li
阳入+阳去［23－23 42］	物价 pok ka
阳入+阳去［23－23 21］	物件 pok kyã
阳入+阳入［23－23 2］	物质 pot tsiʔ
阳入+阳入［23－2 23］	物业 pok kieʔ

（五）其他音变规律

1. 仙游话跟莆田话一样，有声母、韵母的连读音变。主要有以下几种：

（1）前字韵母为阴声韵的。

表 5　仙游话声母类化表之一

前字韵母	后字声母	音变后的前字韵母	音变后的后字声母	例词	音变前	音变后
阴声韵	p、p^{h}	不变	β	手表	ts^{h}iu^{453} piɛu^{453}	ts^{h}iu^{21} βiɛu^{453}
				车票	ts^{h}ia^{533} p^{h}iɛu^{42}	ts^{h}ia^{24} βiɛu^{42}
	t、t^{h}	不变	l	地图	te^{21} tou^{24}	te^{21} lou^{24}
				手头	ts^{h}iu^{453} t^{h}au^{24}	ts^{h}iu^{24} lau^{24}
	ts、ts^{h}、ɬ	不变	l	教材	kau^{42} tsai^{24}	kau^{55} lai^{24}
				花草	hua^{533} ts^{h}au^{453}	hua^{21} lau^{453}
				考试	k^{h}ɒ^{453} ɬi^{42}	k^{h}ɒ^{21} li^{42}
	k、k^{h}、h	不变	ø	机关	ki^{533} kuoŋ^{533}	ki^{21} uoŋ^{533}
				户口	hou^{21} k^{h}au^{453}	hou^{21} au^{453}
				流行	liu^{24} hɛŋ^{24}	liu^{21} ɛŋ^{24}

（2）前字韵母为阳声韵的。

表 6　仙游话声母类化表之二

前字韵母	后字声母	音变后的前字韵母	音变后的后字声母	例词	音变前	音变后
阳声韵	p	－m	m	电报	tɛŋ^{21} po^{42}	tɛm^{55} mo^{42}
	p^{h}	－m	m	影片	iŋ^{453} p^{h}ɛŋ^{42}	im^{21} mɛŋ^{42}
	m	－m	m	人民	tsiŋ^{24} miŋ^{24}	tsim^{21} miŋ^{24}
	t	－n	n	皇帝	hɒŋ^{24} te^{42}	hɒn^{55} ne^{42}
	t	－n	t	政治	tsiŋ^{42} ti^{21}	tsin^{42} ti^{21}
	t^{h}	－n	n	冰糖	piŋ^{533} t^{h}ŋ^{24}	pin^{21} nŋ^{24}
	l	－n	n	纹理	muoŋ^{24} li^{453}	muon^{21} ni^{453}
	ts	－n	n	广州	kuŋ^{453} tsiu^{533}	kun^{21} niu^{533}
	ts^{h}	－n	n	班车	paŋ^{533} ts^{h}ia^{533}	pan^{21} nia^{533}
	ɬ	－n	n	先生	ɬɛŋ^{533} ɬa^{533}	ɬɛn^{21} na^{533}
	ɬ	－n	ɬ	新诗	ɬiŋ^{533} ɬi^{533}	ɬin^{21} ɬi^{533}
	k	－ŋ	ŋ	南瓜	naŋ^{24} kua^{533}	naŋ^{21} ŋua^{533}
	k^{h}	－ŋ	ŋ	辛苦	ɬiŋ^{533} k^{h}ou^{453}	ɬiŋ^{21} ŋou^{453}
	h	－ŋ	ŋ	谦虚	k^{h}ieŋ^{533} hy^{533}	k^{h}ieŋ^{21} ŋy^{533}
	Ø	－ŋ	ŋ	团员	tuaŋ^{24} yøŋ^{24}	tuaŋ^{21} ŋyøŋ^{24}

（3）前字韵母为鼻化韵的。

表 7　仙游话声母类化表之三

前字韵母	后字声母	音变后的前字韵母	音变后的后字声母	例词	音变前	音变后
鼻化韵	p	不变	m	姜母	kiũ^{533} po^{453}	kiũ^{21} mo^{453}
	t、t^{h}、l	不变	n	园地	huĩ^{24} te^{21}	huĩ^{42} ne^{21}
				晴天	ɬã^{24} t^{h}in^{533}	ɬã^{21} nin^{533}
				平路	pã^{24} lou^{21}	pã^{42} nou^{21}
	ts、ts^{h}、ɬ	不变	n	洋烛	iũ^{24} tsɒʔ^{2}	iũ^{42} nɒʔ^{2}
				正手	tsiã^{42} ts^{h}iu^{453}	tsiã^{55} niu^{453}
				唱诗	ts^{h}iũ^{42} ɬi^{533}	ts^{h}iũ^{55} ni^{533}
	k、k^{h}、h	不变	Ø	青果	ts^{h}ã^{533} kɒ^{453}	ts^{h}ã^{21} ɒ^{453}
				衫裤	ɬɒ̃^{533} k^{h}ou^{42}	ɬɒ̃^{21} ou^{42}
				洋灰	iũ^{24} huoi^{533}	iũ^{21} uoi^{533}

（4）前字韵母为入声韵的。

表 8　仙游话声母类化表之四

前字韵母	后字声母	音变后的前字韵母	音变后的后字声母	例词	音变前	音变后
入声韵	p、p^h、m	-p	不变	革命	$kɛʔ^{2}miŋ^{21}$	$kɛp^{\underline{23}}miŋ^{21}$
	t、t^h、n、l	-t	不变	独特	$tɒʔ^{\underline{23}}tɛʔ^{\underline{23}}$	$tɒt^{2}tɛʔ^{\underline{23}}$
	ts、ts^h、ɬ	-t	不变	结束	$kɛʔ^{2}ɬɒʔ^{2}$	$kɛt^{\underline{23}}ɬɒʔ^{2}$
	k、k^h、h、ŋ	-k	不变	局限	$kœk^{\underline{23}}haŋ^{21}$	$kœk^{\underline{23}}haŋ^{21}$

2. 其他主要音变规律

（1）词语中意义相对较虚的后字及句子中的助词、语气词、趋向动词作补语等往往弱读为轻声。

（2）单数人称代词在单说时念本调，但在用“单数人称代词 + 辈”表示复数时，以及在语流中充当主语的时候一般都增加塞音韵尾，变读为入声。

（3）“来、去”后跟随动词时一般都变读为入声。

（4）判断动词“是”在语流中一般都变读为入声。

仙游枫亭话

一　调查点概况

本调查点为仙游县的枫亭镇话。仙游县属莆田市辖县，具体行政地理情况，请参见 193 页“仙游城关话”。

枫亭镇是仙游县辖属镇，在县境东南。全镇下辖 19 个行政村和 7 个社区，共2. 3 万多户，总人口约 10. 3 万人。枫亭镇人口以汉族为主，其余为回族、蒙族、畲族等少数民族。枫亭镇通行枫亭话，是仙游话中较有特点的一种口音。枫亭镇内部口音略有不同，东边靠近东海镇、灵川镇（属于莆田市城厢区）的海南村、和平村、海溪村略带有城厢口音；南边靠近闽南泉州的秀峰村、耕丰村带有闽南泉港、惠安口音。

镇内通行用鲤声（即仙游鲤城区）演唱的莆仙戏。

枫亭话是 2016 年国家语保点。由闽江学院教师蔡国妹全程记录整理。

二　方言发音人概况

方言老男陈宗祺，汉族，1951 年 5 月出生于枫亭镇东宅大队，高中文化程度。1983 年之后至今在枫亭镇政府工作（退休后返聘）。

方言青男蔡燕峰，汉族，1979 年 3 月出生于枫亭镇学士街，大专文化程度。部队复员后至枫亭镇计生办工作至今。

方言老女苏淑钦，汉族，1957 年 4 月出生于枫亭镇和平村，小学文化程度。

方言青女黄碧连，汉族，1985 年 8 月出生于枫亭镇和平村，初中文化程度。

口头文化发音人有林建武、陈清钦（女），均为枫亭镇人。

地普发音人有李金叶、林建武、陈宗祺，均为枫亭镇人。

三　仙游枫亭话音系

（一）声母

仙游枫亭话有 15 个声母（包括零声母）：

表 1　仙游枫亭话声母表

p 八兵爬病飞白风白肥饭白麦味	p^h派片蜂白	m 明问		
t 多东甜毒竹茶	t^h 讨天张抽拆白柱白	n 脑南年泥软		l 老蓝连路
ts 资早租酒清白字全柱文争装纸主书热	ts^h 刺草寸清文贼拆文抄初床车春手		ɬ 坐丝三酸想祠谢事山双船顺十城	
k 高九共权县熬月	k^h 开轻	ŋ 眼硬	h 飞文风文饭文副好灰响蜂文	
ø 活安温王云用药				

说明：

1. 包括零声母，本地共有 15 个声母，符合闽语十五音的格局。语流中还有一个摩擦轻微的浊擦音 β（如 "代表 $tai^{11}p-βieu^{453}$，戏票 $hi^{42-533}p^h-βieu^{42}$"），出现于连读音变中。

2. 鼻音 n、边音 l 对立。如：南 $naŋ^{24}$ ≠ 蓝 $laŋ^{24}$。

3. ɬ 为清边擦音，发音时舌尖抵住上齿龈，舌体边缘与硬腭边缘形成阻碍，较强的气流从舌的两侧摩擦而出。

（二）韵母

仙游枫亭话有 36 个韵母（包括声化韵 ŋ）：

表 2　仙游枫亭话韵母表

	i 猪雨$_{文}$米丝试戏二飞$_{文}$硬接$_{白}$	u 武句
a 白$_{白}$	ia 靴写瓦$_{白}$	ua 瓦$_{文}$活$_{白}$刮辣$_{白}$
ɔ 歌过$_{文}$茶牙宝$_{文}$饱$_{白}$塔鸭		
e 坐排$_{白}$鞋贴$_{白}$八$_{白}$节$_{白}$		
ai 开$_{文}$排$_{文}$师$_{白}$		
ɤɯ 过$_{白}$师$_{文}$宝$_{白}$郭学$_{白}$		uɤɯ 赔快飞$_{白}$月$_{白}$
	iu 油	ui 开$_{白}$对鬼
au 饱$_{文}$豆走$_{白}$		
ɔu 苦五雨$_{白}$		
	ieu 笑桥走$_{文}$药尺$_{白}$	
ŋ 糖床$_{白}$		
	ĩ 先$_{白}$千$_{白}$	
ã 争$_{白}$病$_{白}$星$_{白}$	iã 兄$_{白}$锡$_{白}$	uã 山$_{白}$半$_{白}$官$_{白}$横
ɔ̃ 馅		
	iũ 响$_{白}$	uĩ 关$_{白}$
aũ □haũ^{533}（挠痒痒）□aũ^{24}（吵架）		
	iŋ 盐$_{白}$心深年$_{白}$根新升病$_{文}$星$_{文}$兄$_{文}$	
aŋ 南山$_{文}$半$_{文}$双$_{白}$讲$_{白}$东$_{白}$		
ɔŋ 床$_{文}$王双$_{文}$讲$_{文}$东$_{文}$		
eŋ 年$_{文}$灯争先$_{文}$千$_{文}$	ieŋ 盐$_{文}$权响$_{文}$用	
		uɤŋ 短官$_{文}$寸滚春云关$_{文}$
	iʔ 急七一橘直尺$_{文}$锡$_{文}$	
aʔ 法辣$_{文}$壳学$_{文}$北六$_{白}$		
ɔʔ 盒托国谷绿		
eʔ 十$_{白}$八$_{文}$热节$_{文}$色白$_{文}$	ieʔ 接$_{文}$贴$_{文}$十$_{文}$月$_{文}$六$_{文}$局	
		uɤʔ 活$_{文}$骨出

说明：

1. iu 韵中有一个流音 ə，但发音较轻较弱，近于 iəu。

2. ieu 韵母中的 u 舌位处于 u 和 o 之间，而 e 近于央元音。

3. ŋ 可独立成音节，如“黄” $ŋ^{24}$、“光” $kŋ^{533}$等。仅出现于白读音中。

4. 无撮口呼，一般莆仙话的撮口呼，枫亭话均读为相应的齐齿呼。如：猪 = 知 ti^{533}、渠 = 棋 ki^{24}、均 = 斤 $k^hiŋ^{533}$。

（三）声调

枫亭话有 8 个单字声调（不包括轻声）：

阴平 533　东该灯风通开天春

阳平 24　门龙牛油铜皮糖红月$_{白}$

阴上 453　懂古鬼九统苦讨草买老$_{文}$五$_{文}$有$_{文}$

阴去 42　冻怪半四痛快寸去树$_{白}$毒$_{白}$

阳去 11　卖路硬乱洞地饭树$_{文}$动罪近后老$_{白}$五$_{白}$有$_{白}$百$_{白}$搭节塔拍$_{白}$

阴入 2　谷百$_{文}$急哭切刻拍$_{文}$

阳入甲 5　六月$_{文}$叶毒$_{文}$白$_{文}$盒罚

阳入乙 55　麦白$_{白}$

说明：

1. 有 8 种声调，古平去入声字，根据古声母的清浊分出阴平、阳平、阴去、阳去、阴入、阳入 6 种，阳入调分为甲、乙两类；遵循浊上变去的声调发展的一般规律，上声只有一类，包括清上和部分次浊上声字（文读）。古全浊上声及部分次浊上声字（白读）归入阳去。入声调较为短促。

2. 入声字的部分白读音已脱落 -ʔ 尾舒化。具体规律是：阴入并入调值相近的阳去调，如“柏伯 = 罢擘（掰） pa^{11}、尺 ts^hieu^{11}” 等；阳入产生独立的声调 55 调。如：食 $ɬia^{55}$、麦白 pa^{55}、活 ua^{55}。所以，阳入特设两类：阳入甲 ʔ5、阳入乙 55。这种 55 调在语流中往往随阳平一起变调。这种 55 调在青男话语中基本已混入阳平。

3. 阴平调 533，有时近于 433。

4. 阳去调和阴入调的调值差异在话语中不是很明显，由于阴入字带 -ʔ尾，将二者区别开来，分别标记为 11 和 2。

5. 阴去 42 调值，实际调值或为$\underline{42}$，但与入声有别。

6. 语流中产生轻声调 0，如语气词 $lɔʔ^{0}$。

（四）两字组连读变调规律

枫亭话的词语连读时一般都要发生变调。连读变调总的规律是连读上字以下字的调类为条件发生调值的变化，连读变调语段的末一个音节的声调保留不变。

表3 仙游枫亭话两字组连读变调规律表

前字＼后字	阴平 533	阳平 24	阴上 453	阴去 42	阳去 11	阴入 2	阳入 5
阴平 533	11	11	11	11	24	24	11
阳平 24	11	11	11	533	42	42	11
阴上 453	11	533	11	11	24	24	11
阴去 42	533	533	533	533	—	—	533
阳去 11	533	533	—	533	42	42	533
阴入 2	5	5	5	5	5	5	5
阳入 5	2	2	2	—	—	—	2

说明：

入声白读字若已舒化（阴入混入阳去，阳入独立为55调），其充当前字时的变调规律如下：阴入同于阳去，55调同于阳平。如：拍侬 $p^{h}a^{11}$ + $naŋ^{24}$ → $p^{h}a^{533}$ $naŋ^{24}$、白菜 pa^{55} + $ts^{h}ai^{42}$ → $pa^{533}lai^{42}$。

表4 仙游枫亭话两字组连读变调举例

阴平＋阴平［533－11 533］	鸡公 ke kɔŋ
阴平＋阳平［533－11 24］	清明 tsʰã miã
阴平＋阴上［533－11 453］	欢喜 huã i
阴平＋阴去［533－11 42］	杉树 ɬaŋ niu
阴平＋阳去［533－24 11］	家具 ka ki
阴平＋阴入［533－24 2］	亲戚 tsʰiŋ tsʰiʔ
阴平＋阳入［533－11 5］	生日 ɬã liʔ
阳平＋阴平［24－11 533］	棉花 miŋ ŋua
阳平＋阳平［24－11 24］	石头 ɬieu lau

续表

阳平＋阴上［24－11 453］	朋友 peŋ niu
阳平＋阴去［24－533 42］	芹菜 k^hiŋ nai
阳平＋阳去［24－42 11］	菩萨 p^hɔu lua
阳平＋阴入［24－42 2］	毛笔 mɔ βiʔ
阳平＋阳入［24－11 5］	农历 nɔŋ leʔ
阴上＋阴平［453－11 533］	狗公 kau kaŋ
阴上＋阳平［453－533 24］	枕头 tsiŋ nau
阴上＋阴上［453－11 453］	水果 tsui kɔ
阴上＋阴去［453－11 42］	柳树 liu liu
阴上＋阳去［453－24 11］	手电 ts^hiu teŋ
阴上＋阴入［453－24 2］	尾叔 puɤɯ tsieʔ
阴上＋阳入［453－11 5］	老实 lɔ ɬiʔ
阴去＋阴平［42－533 533］	菜刀 ts^hai lɤɯ
阴去＋阳平［42－533 24］	酱油 tsiũ iu
阴去＋阴上［42－533 453］	扫帚 ɬau liu
阴去＋阴去［42－533 42］	种菜 tsieŋ ts^hai
阴去＋阳入［42－533 5］	做十 tsɤɯ ɬeʔ
阳去＋阴平［11－533 533］	背心 puɤɯ liŋ
阳去＋阳平［11－533 24］	剃头 t^hi lau
阳去＋阴去［11－533 42］	饭店 puĩ nĩ
阳去＋阳去［11－42 11］	箸豆 ti lau
阳去＋阴入［11－42 2］	自杀 tsɤɯ ɬaʔ
阳去＋阳入［11－533 2］	卖肉 pe niʔ
阴入＋阴平［2－5 533］	结婚 keʔ huɤŋ
阴入＋阳平［2－5 24］	腹脐 pɔʔ tsai
阴入＋阴上［2－5 453］	刷齿 ɬuɤʔ k^hi
阴入＋阴去［2－5 42］	嫉妒 tsiʔ tɔu

续表

阴入＋阳去［2－5 11］	一共 iʔ kieŋ
阴入＋阴入［2－5 2］	扑克 p^hɔʔ k^heʔ
阴入＋阳入［2－5 5］	发热 huɤʔ tseʔ
阳入＋阴平［5－2 533］	蜜蜂 piʔ p^haŋ
阳入＋阳平［5－2 24］	学堂 haʔ tɔŋ^{24}
阳入＋阴上［5－2 453］	热水 tseʔ tsui
阳入＋阳入［5－2 5］	学习 haʔ ɬiʔ

（五）其他主要音变规律

枫亭话音节连读时产生声母类化现象，即：在连续的语流中，连读下字的声母以上字韵母的类别为条件发生有规律的变化（规律如表5），即“声母类化”。

类化中产生 β 声母。β 只出现在后字声母的连读音变中，音色含混，可视为原声母的同音位浊化音，不是独立声母，暂不计入声母总数。

1. 阴声韵前字与阳声韵前字的类化规律。

表5　仙游枫亭话声母类化表之一

原前字韵母	原后字声母	变化后后字声母
阳声韵	p、p^h	m
	t、t^h、ɬ、ts、ts^h	n
	k、k^h、h、Ø	ŋ－
	l、m、n、ŋ	不变
阴声韵	p、p^h	β
	t、t^h、ɬ、ts、ts^h	l
	k、k^h、h	Ø
	l、m、n、ŋ、Ø	不变

2. 鼻化韵的类化规律。

枫亭话中有鼻化韵。鼻化韵多为常用字，字数不多，为了字表排列方便，不专列于表5。其类化规则可分为三组：

（1）前后字均鼻化。其后字声母类化规律同于前字为阳声韵时。

（2）前字鼻化，后字不鼻化。后字声母变化如表6。

表6　仙游枫亭话声母类化表之二

原前字韵尾	后字为非鼻化韵时，原后字声母	变化后后字声母
鼻化韵	p、p^h	m
	t、t^h、ɬ、ts、ts^h	l
	k、k^h、h、Ø	ŋ
	l、m、n、ŋ	不变

3. 前字非鼻化，后字鼻化（或原为鼻化韵后鼻化色彩前移）。后字声母变化如表7。

表7　仙游枫亭话声母类化表之三

原前字韵尾	后字为鼻化韵时，原后字声母	变化后后字声母
非鼻化韵	p、p^h	m
	t、t^h、ɬ、ts、ts^h	n
	k、k^h、h、Ø	ŋ
	l、m、n、ŋ	不变

但当出现“阳声韵字＋鼻化韵字”时，后字声母遵从前字为阳声韵时的变化规律类化。

4. 入声韵前字的类化规律。

入声韵前字由于带有明显的喉塞韵尾［－ʔ］，使前字与后字分隔成两个音节，所以后字声母是不类化的。

厦门话

一　调查点概况

厦门市位于福建省东南沿海，东邻南安市，西接长泰县、龙海市，南临金门岛，北部与安溪县交界。辖思明、湖里、海沧、集美、同安、翔安6区。东经118°03′—118°13′，北纬24°26′—24°28′。本调查点为厦门市区思明区。

思明区人口约99.1万人，其中汉族99万人，回族5350人，畲族3538人，满族1770人。思明区的少数民族中，除畲族主要集中居住于钟宅村之外，其他民族大多与汉族杂居。少数民族使用的语言多为厦门话或普通话。厦门话分布在思明区各街道，其中不少混有漳州腔、泉州腔和台湾腔。本方言属于闽语闽南方言泉漳片。

本区南音、高甲戏、歌仔戏、答嘴鼓比较流行。

厦门话是2018年国家语保点。由厦门大学教师许彬彬、李焱全程记录整理。

二　方言发音人概况

方言老男胡明宜，汉族，1952年10月出生于思明区。在当地读中小学，1969—1973年到上杭县白砂公社梧岗大队插队，1973后回厦门工作。大专文化程度。已退休。

方言青男陈明达，汉族，1986年9月出生于思明区。大学文化程度。就职于厦门市思明区人民小学。

方言老女杜素，汉族，1955年9月出生于思明区。初中文化程度，已退休。

方言青女林珊珊，汉族，1986年9月出生于思明区。大学文化程度，现为厦门市广播电台闽南语主持人。

口头文化发音人有胡明宜、杜素（女）、林珊珊（女），都是思明区人。

地普发音人为胡明宜、杜素（女）、黄秀琴（女），都是思明区人。

三 厦门话音系

（一）声母

厦门话有17个声母（包括零声母）：

表1 厦门话声母表

p 八兵爬病飞$_{文}$肥饭	p^h 派片蜂$_{文}$	b 麦明味	m 明问	
t 多东甜$_{文}$毒张竹茶事	t^h 讨天甜$_{白}$抽拆柱	l 南年$_{白}$老蓝连路字热软$_{白}$	n 脑年$_{文}$泥软$_{文}$	
ts 资早租酒贼$_{白}$坐全柱纸主船十$_{文}$	ts^h 刺草寸清贼$_{文}$抄初床车春手			s 丝三酸想祠谢事山双顺书十$_{白}$城
k 高九共权县	k^h 开轻	g 月	ŋ 熬	h 飞$_{白}$副蜂$_{白}$好灰响活$_{白}$云
ø 活$_{文}$安温王用药				

说明：

1. 浊塞音声母b和g发音时破裂性不强，与鼻音m和ŋ相近，部分鼻化韵母与b/l/g相拼，声母同一归并为m/n/ŋ。声母l发音时舌边气流较弱，除阻时舌尖部位破裂稍强，听感上与塞音d相近。

2. 零声母音节开头带有轻微的喉头闭塞成分，类似于-ʔ。

3. 塞擦音声母ts、ts^h、s，在与韵母i或以i为介音的齐齿呼韵母结合时，有腭化音变的趋势，但仍未达到tɕ、$tɕ^h$、ɕ的音值，并且不产生音位上的对立，所以不分出两组声母。

（二）韵母

厦门话有72个韵母（包括声化韵m、ŋ）：

表2　厦门话韵母表

	i 猪米丝$_{文}$试戏二	u 雨$_{白}$师$_{白}$
a 牙$_{白}$饱闹$_{文}$	ia 靴写瓦$_{文}$	ua 歌$_{文}$瓦$_{白}$
ɔ 苦五雨		
e 坐$_{文}$过$_{文}$茶$_{文}$牙$_{文}$赔$_{文}$飞$_{文}$		ue 鞋赔$_{白}$
o 歌$_{白}$坐$_{白}$过$_{白}$宝	io 笑$_{文}$桥	
ai 开$_{白}$排师$_{文}$		uai 快$_{白}$
	iu 油	ui 开$_{文}$对飞$_{白}$鬼
au 豆走	iau 笑$_{白}$	
m 梅$_{文}$		
ŋ 糖床		
	ĩ 盐$_{文}$年$_{文}$硬$_{文}$争$_{文}$病$_{文}$星$_{文}$	
ã 三$_{文}$敢$_{文}$	iã 兄$_{文}$	uã 山$_{文}$半$_{文}$官$_{文}$
ɔ̃（哄孩子睡觉）		
ẽ 婴		
	iũ 样痒	uĩ 快$_{文}$
ãi 店$_{文}$		uãi 横$_{文}$
ãu 闹$_{白}$	iãu 鸟$_{白}$	
	im 心深	
am 南	iam 盐$_{白}$	
	in 新病	un 根寸滚春云
an 山$_{白}$	ian 年$_{白}$	uan 半$_{白}$短权官$_{白}$
	iŋ 灯升硬$_{白}$星$_{白}$	
aŋ 讲$_{白}$东$_{文}$	iaŋ 双$_{白}$响$_{白}$	
ɔŋ 王讲双$_{文}$	iɔŋ 响$_{文}$兄$_{白}$用$_{白}$	
	ip 十$_{文}$急	
ap 十$_{白}$	iap 接$_{白}$贴$_{白}$	
	it 七一直	ut 骨出

续表

at 八$_{白}$节$_{文}$	iat 热$_{白}$节$_{白}$橘	uat 法活$_{白}$刮$_{白}$月$_{白}$
	ik 色白$_{白}$尺$_{白}$锡$_{白}$	
ak 壳学$_{白}$北	iak 铄	
ɔk 托$_{白}$郭$_{白}$国谷	iɔk 六$_{白}$绿$_{白}$局	
	iʔ 接$_{文}$	uʔ 托$_{文}$
aʔ 盒塔鸭贴$_{文}$	iaʔ 锡$_{文}$	uaʔ 辣热$_{文}$活$_{文}$刮$_{文}$
eʔ 月$_{文}$郭$_{文}$白$_{文}$	ueʔ 八$_{文}$节$_{文}$	
oʔ 学$_{文}$	ioʔ 药尺$_{文}$	
		uiʔ 挖血
	ĩʔ 物$_{文}$	
iãʔ 页拆		
ɔ̃ʔ 膜		
ẽʔ 脉	uẽʔ 挟夹$_{文}$	
ãuʔ（形容地包天的样子）		

说明：

1 凡是与 b、l、g 相拼的鼻化韵，声母都归为 m、n、ŋ，韵母也相应清化，故不归纳出新的韵母。

2. 元音 a 在单韵母和复韵母中的实际音值并不一致，因无对立关系，故都归并为 a。

3. 韵母中塞音韵尾较弱，鼻韵尾较强。鼻化韵尾纯鼻韵，鼻化成分从韵头贯穿到韵尾，但为了记录方便，我们只标注在主要元音的上方。

（三）声调

厦门话有 7 个单字声调（不包括轻声）：

阴平 44　　东该灯风通开天春

阳平 24　　门龙牛油铜皮糖红

阴上 53　　懂古鬼九统苦讨草买老$_{白}$五$_{白}$有$_{白}$

阴去 21　　冻怪半四痛快寸去

阳去 22　　卖路硬乱洞地饭树老$_{文}$五$_{文}$有$_{文}$动罪近后

阴入 32　　谷百搭节急哭拍塔切刻

阳入 4　　六麦叶月毒白盒罚

说明：

1. 声调分为 7 个调值，上声不分阴阳，古次浊上和全浊上归入阳去调。

2. 语流中存在轻声音节，均记为 0 调。

（四）连读变调说明

厦门话的词语连读时一般会发生变调。在词语中前字（除人称代词和部分指示代词外）变调后字不变，变调规律如下：所有变调中不产生新的调值。阴平、阳平变成阳去调；阴上变成阴平；阴去变成阴上；阳去变成阴去；带喉塞韵尾的阴入调韵尾脱落，调值不变；带 - p、 - t、 - k 韵尾的阴入变阳入；带喉塞韵尾的阳入调变调后韵尾脱落，读为阴去；带 - p、 - t、 - k 韵尾的阳入调变成阴去调，韵尾不脱落。

表 3　厦门话二字组连读变调规律表

	阴平 44	阳平 24	阴上 53	阴去 21	阳去 22	阴入 32	阳入 4
阴平 44	22	22	22	22	22	22	22
阳平 24	22	22	22	22	22	22	22
阴上 53	44	44	44	44	44	44	44
阴去 21	53	53	53	53	53	53	53
阳去 22	21	21	21	21	21	21	21
阴入 32	—	—	—	—	—	—	—
阳入 4	21	21	21	21	21	21	21

表 4　厦门话两字组连读变调举例

阴平 + 阴平 [44 − 22 44]	风车 hɔŋ ku	猪肝 ti kuã	师公 sai kɔŋ
阴平 + 阳平 [44 − 22 24]	三个 sã e	新娘 sin niu	锄头 ti tʰau
阴平 + 阴入 [44 − 22 53]	欢喜 huã hi	烧水 sio tsui	鸡母 kue bu
阴平 + 阴去 [44 − 22 21]	清气 tsʰiŋ kʰi	搬戏 puã hi	油菜 iu tsʰai
阴平 + 阳去 [44 − 22 22]	多谢 to sia	新妇 sim pu	兄弟 hiã ti
阴平 + 阴入 [44 − 22 32]	三十 sã tsap	冬节 taŋ tsueʔ	鸡角 kue kak
阴平 + 阳入 [44 − 22 4]	生日 sĩ lit	猪舌 ti tsiʔ	新历 sin lik
阳平 + 阴平 [24 − 22 44]	牛公 gu kaŋ	床单 tsʰŋ tuã	楼梯 lau tʰui
阳平 + 阳平 [24 − 22 24]	锄头 ti tʰau	明年 mẽ nĩ	围裙 ui kun
阳平 + 阴入 [24 − 22 53]	牛母 gu bu	年尾 ni be	柴草 tsʰa tsʰau
阳平 + 阴去 [24 − 22 21]	油菜 iu tsʰai	年货 ni he	皮蛋 pʰi tan
阳平 + 阳去 [24 − 22 22]	头号 tʰau ho	年号 ni ho	毛病 mo pĩ
阳平 + 阴入 [24 − 22 32]	毛笔 mo pit	铅笔 iam pit	棉绩 mi tsioʔ
阳平 + 阳入 [24 − 22 4]	头额 tʰau hiaʔ	唔着 m tioʔ	年月 ni geʔ
阴上 + 阴平 [53 − 44 44]	好天 ho tĩ	点心 tiam sim	狗公 kau kaŋ
阴上 + 阳平 [53 − 44 24]	可能 kʰo liŋ	本钱 pun tsĩ	早时 tsa si
阴上 + 阴入 [53 − 44 53]	讲古 kɔŋ kɔ	滚水 kun tsui	手指 tsʰiu tsi
阴上 + 阴去 [53 − 44 21]	手柄 tsʰiũ pĩ	笋菜 sun tsʰai	短裤 te kʰɔ
阴上 + 阳去 [53 − 44 22]	小妹 sio be	小弟 sio ti	狗蚁 kau hia
阴上 + 阴入 [53 − 44 32]	手骨 tsʰiu kut	短笔 te pit	好喝 ho huaʔ
阴上 + 阳入 [53 − 44 4]	满月 mua geʔ	顶日 tiŋ lit	扁食 pian sit
阴去 + 阴平 [21 − 53 44]	唱歌 tsʰiũ kua	菜刀 tsʰai to	菜瓜 tsʰai kue
阴去 + 阳平 [21 − 53 24]	课堂 kʰə tŋ	算盘 sŋ puã	拜堂 pai tŋ
阴去 + 阴入 [21 − 53 53]	欠才 kiam tsai	放屎 paŋ sai	正手 tsiã tsʰiu
阴去 + 阴去 [21 − 53 21]	再见 tsai kian	种菜 tsiŋ tsʰai	放屁 paŋ pʰui
阴去 + 阳去 [21 − 53 22]	做梦 tsue baŋ	看病 kʰuã pĩ	对面 tui bin

续表

阴去+阴入［21－53 32］	铁笔 tʰi pit	拍折 pʰa tsiat	跳索 tʰiau so
阴去+阳入［21－53 4］	再搁 tsa koʔ	正热 tsiã liat	铁舌 tʰi tsiʔ
阳去+阴平［22－21 44］	外孙 gua sun	大官 ta kuã	豆花 tau hue
阳去+阳平［22－21 24］	面前 bin tsiŋ	旧年 ku ni	大门 tua mŋ
阳去+阴入［22－21 53］	老母 lau bu	麵粉 mi hun	老虎 lau hɔ
阳去+阴去［22－21 21］	路费 lɔ hui	饭店 pŋ tiam	运气 un kʰi
阳去+阳去［22－21 22］	外号 gua ho	寺庙 si bio	外面 gua bin
阳去+阴入［22－21 32］	二十 li tsap	后壁 au piaʔ	四十 si tsap
阳去+阳入［22－21 4］	后日 au lit	闹热 lau liat	定着 tiã tioʔ
阳入+阴平［4－21 44］	绿包 lit pau	绿葱 lit tsʰaŋ	绿花 lit hue
阳入+阳平［4－21 24］	日头 lit tʰau	月娘 ge niu	药茶 io te
阳入+阴入［4－21 53］	麦秆 be kuãi	目屎 bak sai	食草 tsia tsʰau
阳入+阴去［4－21 21］	药罐 io kuan	食菜 tsia tsʰai	日志 lit tsi
阳入+阳去［4－21 22］	绿豆 lit tau	物件 mi kiã	绿树 lit tsʰiu
阳入+阴入［4－21 32］	蜡烛 la tsik	食蔗 tsia tsiaʔ	绿笔 lit pit
阳入+阳入［4－21 4］	食药 tsia ioʔ	月食 ge sit	历日 la lit

（五）老男和青男在音系上的主要区别

老男和青男在音系的整体格局中大致相同，只是个别字音表现出一定的差异。声母系统中，某些疑母字老男和青男有别。如：业：老男［g］、青男［Ø］。韵母系统中，老男某些入声字保留喉塞尾，而青男则丢失。如：踏：老男［aʔ］、青男［a］；蜡：老男［aʔ］、青男［a］。

同安话

一　调查点概况

同安区属厦门市辖区，位于厦门市境中北部。东邻南安市、厦门翔安区，西接长泰县、厦门集美区，南接厦门湖里区，北部与安溪县交界。东经117°54′46″—118°24′32″，北纬24°32′35″—24°54′46″。本调查点为同安区政府驻地祥平街道以及相邻的大同街道。

截至2017年，全区有58.1万常住人口。除汉族外，区内居住少数民族共有四十来个，其中，三千人以上的有苗、土家族；五百以上的有壮、侗、布依、畲族；三百人左右的有彝、回、瑶族。其余的百来人或不足一百。同安区原称同安县，所辖地域比现在大，包括今已划出的灌口、海沧、集英、杏林等地。当时的同安县方音有明显差异。例如今同安话 ə、əʔ 韵母的字，如粿 kə，袜 bəʔ，灌口、海沧发 ue、ueʔ 韵母，读作 kue、bueʔ；集美、杏林发 e、eʔ 韵母，读作 ke、beʔ。同安话“ɯ”韵母的字，如“猪 tɯ”，灌口西北部、海沧西部发“i”韵母，其余地区发“u”韵母。同安话“ŋ”韵母的字，灌口、海沧发“ui”韵母，如：“饭 pŋ”读作 pui。同安话“ĩ”韵母的字，灌口、海沧发“ɛ̃”韵母，如：“星 $ts^hĩ$”读为“$ts^hɛ̃$”。同安话“ãi”韵母的字，如：“前 tsãi”，灌口、海沧发 an 韵母，读 tsan；杏林发 iŋ 韵母，读作 tsiŋ。1971年，南安县的大嶝公社和石井公社的莲河、霞浯两大队划归同安，除大嶝语音与县境内一致外，小嶝、莲河、霞浯语音略近于泉州话。除此之外，现辖境内语音差异只有极个别的字。如：“瓦”，西半部读 hia，东半部读为 hua；“二”白读 lŋ，文读 li，个别地方读为 dʑɯ。

在方言曲艺方面，南曲在同安区西柯镇一带使用较频繁；答嘴鼓在同安区五显镇使用较频繁。

同安话是2018年国家语保点。由闽江学院教师唐若石全程记录整理。

二 发音人概况

方言老男李溪贺，汉族，1956 年 11 月出生于同安马巷公社，小学毕业后就读于同安一中，曾在厦门集美、翔安等地工作。

方言青男刘勇冠，汉族，1989 年 9 月出生于同安大同街道，本科文化程度。2015 年到厦门市鼓浪屿世界文化遗产监测管理中心工作。

方言老女留丽玉，汉族，1960 年 4 月出生于大同街道，中专文化程度。任职于同安区大同中心小学。

方言青女王晴晴，汉族，1990 年 1 月出生于大同街道，大学本科文化程度。任职于同安区大同中心小学。

口头文化发音人有林银花（女，大同街道）、李溪贺（马巷公社）。

地普发音人有卓进财（新民镇）、李溪贺、陈勇建（以上两人为大同街道）。

三 同安话音系

（一）声母

同安话有 17 个声母（包括零声母）：

表 1 同安话声母表

p 八兵爬病飞$_{白}$肥饭	p^h派片蜂	b 麦明$_{文}$味问$_{文}$	m 明$_{白}$问$_{白}$	
t 多东甜毒张竹茶事$_{白}$	t^h讨天抽拆柱$_{白}$	l 南年$_{文}$老蓝连路字热软$_{文}$	n 脑年$_{白}$泥软$_{白}$	
ts 资早租酒坐全柱$_{文}$争装纸主船书十$_{白}$	ts^h刺草寸清贼抄初床车春手			s 丝三酸想祠谢事$_{文}$山双顺十$_{文}$城
k 高久共权县	k^h开轻	g 月	ŋ 硬	h 飞$_{文}$风副好灰响活$_{文}$云
ø 熬活$_{白}$安温王用药				

说明：

1. 当 b、l、g 与鼻化韵相拼时，分别变成 m、n、ŋ。一般情况下，m、n、ŋ 是 b、l、g 的音位变体，这里按实际发音记录。如：棉mĩ^{24}，年 nĩ^{24}，硬 ŋĩ^{22}。

2. 零声母音节发音时往往前带一个弱化的 ʔ，记音时予以省略。

3. 喉擦音［h］的发音部位比实际位置稍前。

4. 舌尖前音 ts、ts^{h}、s 在与齐齿呼韵母相拼时，接近舌面音 tɕ、tɕ^{h}、ɕ，因两组声母是互补关系，不构成对立，故记音时一律记为舌尖前音。

（二）韵母

同安话有 64 个韵母（包括声化韵 ŋ）：

表 2　同安话韵母表

	i 米丝试戏二	u 雨$_{文}$
a 牙$_{文}$饱	ia 靴写瓦	ua 歌刮$_{文}$
ɔ 苦五雨$_{白}$		
ə 坐过赔$_{白}$飞$_{白}$短		
e 茶牙$_{白}$		ue 鞋赔$_{文}$
o 宝	io 笑桥	
ɯ 猪师$_{文}$		
ai 开$_{文}$排师$_{白}$		uai 快
au 豆走	iau 条料	
	iou 油	ui 开$_{白}$对飞$_{文}$鬼
ŋ 糖床		
	im 心深	
am 南	iam 盐	
	in 新	un 根寸滚春云
an 山$_{文}$	ian 年$_{文}$前$_{文}$先$_{文}$	uan 官$_{文}$权
	iŋ 灯升争$_{文}$星$_{文}$用$_{白}$	
aŋ 双$_{白}$讲$_{文}$东$_{白}$	iaŋ 亮$_{文}$	uaŋ 风$_{白}$
ɔŋ 王双$_{文}$讲$_{白}$东$_{文}$风$_{文}$	iɔŋ 响兄$_{文}$用$_{文}$	

续表

	ĩ年$_{白}$硬争$_{白}$病星$_{白}$	
ã 衫	iã 兄$_{白}$	uã 山$_{白}$半官$_{白}$
ãi 前$_{白}$先$_{白}$		uãi 横
	ĩu 厂	uĩ 关
	ip 十$_{文}$急	
ap 十$_{白}$	iap 接贴	
	it 七一直	ut 骨出
at 八$_{文}$节$_{白}$	iat 热$_{文}$节$_{文}$橘	uat 法活$_{文}$刮$_{白}$月$_{文}$
	ik 色白$_{文}$锡$_{文}$绿局$_{白}$	
ak 壳学$_{文}$北六$_{白}$		
ɔk 托$_{文}$国谷	iɔk 六$_{文}$局$_{文}$	
	iʔ 舌铁	uʔ 托$_{白}$
aʔ 盒塔鸭	iaʔ 锡$_{白}$	uaʔ 辣热$_{白}$活$_{白}$
əʔ 月$_{白}$郭		
eʔ 白$_{白}$		ueʔ 八$_{白}$节$_{白}$
oʔ 学$_{白}$	ioʔ 药尺	
		uiʔ 血

说明：

1. 当 o 韵母与 ts、ts^h、s 声母相拼时，其发音接近于 ɔ。

2. o、u 舌位略靠前，u 发音时嘴唇略展，o 发音时嘴唇更展，近于 ɤ。

3. o 与 ɔ 不同，如：簿 $p^hɔ^{33}$ ≠抱 p^ho^{33}。

4. 在韵母 ian、iat 中，主要元音 a 的开口度比实际小，接近于 ɛ。

5. m、ŋ 可以自成音节，如：媒 m^{24}，秧 $ŋ^{44}$（白读）；ŋ 也可以单独做韵母，如：算 $sŋ^{112}$。

6. 完整地保留着塞音韵尾 -p、-t、-k，拥有丰富的鼻化韵和喉塞音尾 ʔ 韵。

（三）声调

同安话有 7 个单字声调（不包括轻声）：

阴平 44　　东该灯风通开天春

阳平 24　　门龙牛油铜皮糖红

阴上 42　　懂古鬼九统苦讨草买老$_{文}$有$_{文}$

阴去 112　　冻怪半四痛快寸去

阳去 22　　老$_{白}$有$_{白}$动罪近后卖路硬乱洞地饭树

阴入 32　　谷百搭节急拍塔切刻

阳入 53　　六麦月毒白盒罚

说明：

1. 古平、去、入声根据古声母清浊各分阴阳，古清上一律归为阴上，次浊上部分归为阴上，部分变为阳去，古全浊上一概变为阳去。

2. 七个调中，阴去调 112 较为舒缓，平中微升。

（四）两字组连读变调规律

同安话二字组中前字一般都要变调，后字一般不变调。

表 3　同安话两字组连读变调规律表

后字 / 前字	阴平 44	阳平 24	阴上 42	阴去 112	阳去 22	阴入 32	阳入 53
阴平 44	33	33	33	33	33	33	33
阳平 24	11	11	11	11	11	11	11
阴上 42	33	33	24	24	24	24	33
阴去 112	42	42	42	42	42	42	42
阳去 22	11	11	11	11	11	11	11
阴入 32	4	4	4	4	4	4	4
阳入 53	11	11	11	11	11	11	11

表 4　同安话两字组连续变调举例

阴平 + 阴平［44 – 33 44］	风吹 huaŋ tsʰə
阴平 + 阳平［44 – 33 24］	冰雹 piŋ pʰau
阴平 + 阴上［44 – 33 42］	交椅 kau i
阴平 + 阴去［44 – 33 112］	衫裤 sã kʰɔ

续表

阴平+阳去［44－33 22］	鸡卵 kue nŋ
阴平+阴入［44－33 32］	冬节 taŋ tsueʔ
阴平+阳入［44－33 53］	猪舌 tɯ tsiʔ
阳平+阴平［24－11 44］	床巾 tsʰŋ kun
阳平+阳平［24－11 24］	咙喉 nã au
阳平+阴上［24－11 42］	涂粉 tʰɔ hun
阳平+阴去［24－11 112］	芹菜 kʰun tsʰai
阳平+阳去［24－11 22］	时阵时候 si tsun
阳平+阴入［24－11 32］	棉绩棉絮 mĩ tsioʔ
阳平+阳入［24－11 53］	头额额头 tʰau hiaʔ
阴上+阴平［42－33 44］	水鸡 sui kue
阴上+阳平［42－33 24］	马薯荸荠 be tsi
阴上+阴上［42－24 42］	早起早晨 tsa kʰi
阴上+阴去［42－24 112］	囝婿女婿 kiã sai
阴上+阳去［42－24 22］	所在地方 so tsai
阴上+阴入［42－24 32］	指甲 tsai kaʔ
阴上+阳入［42－33 53］	煮食做饭 tsɯ tsiaʔ
阴去+阴平［112－42 44］	刺瓜黄瓜 tsʰi kue
阴去+阳平［112－42 24］	剃头 tʰi tʰau
阴去+阴上［112－42 42］	喙齿 tsʰui kʰi
阴去+阴去［112－42 112］	对看相亲 tui kʰuã
阴去+阳去［112－42 22］	破病生病 pʰua pĩ
阴去+阴入［112－42 32］	教室 kau sit
阴去+阳入［112－42 53］	套直直爽 tʰo tit
阳去+阴平［22－11 44］	弄狮舞狮 lan sai
阳去+阳平［22－11 24］	运途运气 un tɔ
阳去+阴上［22－11 42］	面桶脸盆 bin tʰaŋ

续表

阳去 + 阴去 [22 – 11 112]	路费 lɔ hui
阳去 + 阳去 [22 – 11 22]	地动$_{\text{地震}}$tue taŋ
阳去 + 阴入 [22 – 11 32]	后壁$_{\text{后面}}$ au piaʔ
阳去 + 阳入 [22 – 11 53]	旧历$_{\text{阴历}}$ku lit
阴入 + 阴平 [32 – 4 44]	北葱$_{\text{洋葱}}$ pak ts^{h}aŋ
阴入 + 阳平 [32 – 4 24]	雪文$_{\text{肥皂}}$sap bun
阴入 + 阴上 [32 – 4 42]	虱母 sap bɔ
阴入 + 阴去 [32 – 4 112]	拍算 p^{h}aʔ sŋ
阴入 + 阳去 [32 – 4 22]	割粙$_{\text{割稻}}$kuaʔ tiu
阴入 + 阴入 [32 – 4 32]	铁笔$_{\text{钢笔}}$t^{h}iʔ pit
阴入 + 阳入 [32 – 4 53]	乞食$_{\text{乞丐}}$k^{h}it tsiaʔ
阳入 + 阴平 [53 – 11 44]	目珠$_{\text{眼睛}}$bak tsiu
阳入 + 阳平 [53 – 11 24]	日头$_{\text{太阳}}$lit t^{h}au
阳入 + 阴上 [53 – 11 42]	麦稿 beʔ ko
阳入 + 阴去 [53 – 11 112]	白菜 peʔ ts^{h}ai
阳入 + 阳去 [53 – 11 22]	落雨 loʔ hɔ
阳入 + 阴入 [53 – 11 32]	蜡烛 laʔ tsik
阳入 + 阳入 [53 – 11 53]	六日 liɔk lit

（五）其他音变规律

1. 儿化、小称音变规律。

词缀“仔”在语流中弱化（kiaŋ→kiã→iã→ã→a）后随前字韵尾之不同而增添相应的声母（虚词“兮”的变化与此相同）。具体规律如下：

（1）当其置于阴声韵或鼻化韵后时，“仔”依然读零声母。

（2）当其置于鼻辅音韵尾 [– m、 – n、 – ŋ] 后，声母随之变为 [m – 、n – 、ŋ –]。

（3）当其置于入声韵尾 [– p、 – t、 – k] 后，声母随之变为 [b – 、l – 、g –]。

2. 其他主要音变规律。

（1）词的轻声：出现在某些表人、地、时的名词，以及结构助词和趋向动词上。如：林先 lin^{24}sian^{0}（多指教师、医生）、李厝 li^{42}tsʰu^{0}（李家）、后年 au^{22}nĩ^{0}、十二月 tsap^{11}li^{22}gəʔ^{0}、昨日 tsoʔ^{53}lit^{0}；买兮 bue^{42}e^{0}（买的）、红兮 aŋ^{24}ŋe^{0}（红色的）；入去 lip^{53}kʰɯ^{0}、出来 tsʰut^{4}lai^{0}等。

（2）句末语气词（甚至居于句末的某些实词）易弱化。如：困去咯 kʰun^{112}kʰɯ^{0}lo^{0}（睡着了）；汝有食薰无 lɯ^{42}u^{11}tsiaʔ^{11}hun^{44}bo^{0}（你抽烟吗）；佫食一碗 koʔ^{4}tsiaʔ^{53}tsit^{11}uã^{0}（再吃一碗）。

泉州鲤城话

一　调查点概况

泉州市地处福建省东南沿海，是历史文化名城。东邻福州市、莆田市，西接三明市、龙岩市，南接漳州市、厦门市，北部与三明市交界。辖鲤城、丰泽、洛江、泉港4区，石狮、晋江、南安3市，惠安、安溪、永春、德化、金门5县。东经118°33′—118°42′，北纬度24°56′—25°19′。本调查点为市政府驻地鲤城区。

据2019年统计，泉州全市总人口约693万，境内以汉族人为主，还有蒙古、回、苗、畲、高山等少数民族，回族主要居住在晋江。全境通行闽南语泉漳片方言，少数民族说当地汉语方言。鲤城区现住人口43.2万，通行泉州话。

地方戏曲主要包括南音、高甲戏、布袋戏（木偶戏）。境内遇有重大节日、佛事时，都会上演安溪高甲戏和安溪木偶戏。

泉州鲤城话是2016年国家语保点。由泉州师范学院教师曾德万全程记录整理。

二　发音人概况

方言老男蒋东煌，汉族，1954年12月出生于鲤城区。在当地接受中小学教育，高中文化程度。1980年后在泉州市人民广播站工作。

方言青男郭建武，回族，1981年8月出生于鲤城区，大学本科文化程度。就职于泉州华侨职校。

方言老女庄玲玲，汉族，1955年2月出生于鲤城区，大专文化程度。已退休。

方言青女谢云清，汉族，1981年5月出生于鲤城区，硕士文化程度。就职于福建泽源生物科技有限公司。

口头文化发音人有谢永建、薛孟竹，都是鲤城区人。

地普发音人有杨丽英（女）、林民主、傅文星，都是鲤城区人。

三　泉州话音系

（一）声母

泉州鲤城话有 17 个声母（包括零声母）：

表1　泉州鲤城话声母表

p 八兵爬病飞$_{白}$肥饭$_{白}$	p^h派片蜂$_{白}$	b 麦明$_{文}$味问$_{文}$	m 明$_{白}$问$_{白}$	
t 多东甜毒张竹茶$_{白}$	t^h讨天抽柱$_{白}$拆	l 脑$_{白}$南老蓝连$_{文}$路字热软$_{文}$	n 脑$_{文}$年泥连$_{白}$软$_{白}$	
ts 资早租酒坐全柱$_{文}$争装纸主船书$_{白}$十$_{白}$	ts^h刺草寸清茶$_{文}$贼抄初床$_{白}$车春手			s 丝三酸想祠谢事床$_{文}$山双顺书$_{文}$十$_{文}$城
k 高九共权县	k^h开轻	g 月	ŋ 卧	h 飞$_{文}$风副饭$_{文}$蜂$_{文}$好灰响云
∅ 活安温王云用药				

说明：

1. 有浊音 b、l、g，与 m、n、ŋ 互补，鼻音作声母时，韵母同时为鼻化韵。
2. ts、ts^h、s 与齐齿呼相拼时，音色近于 tɕ、$tɕ^h$、ɕ。
3. 零声母前有轻微的喉塞音动作，带有微弱的 ʔ。

（二）韵母

泉州话有 71 个韵母（包括声化韵 m、ŋ）：

表 2　泉州鲤城话韵母表

	i 米丝试戏二	u 雨$_{文}$
a 饱$_{白}$	ia 靴写瓦$_{白}$	ua 歌$_{白}$瓦$_{文}$
ɔ 苦五雨$_{白}$		
ə 坐过赔飞$_{白}$短$_{白}$		
e 茶牙		ue 鞋快$_{白}$
o 歌$_{文}$宝	io 笑$_{白}$桥	
ɯ 猪师$_{文}$		
	iu 油	ui 开$_{白}$对快$_{白}$飞$_{文}$鬼
ai 开$_{文}$排师$_{白}$		uai 快$_{文}$
au 饱$_{文}$豆走	iau 笑$_{文}$	
m 姆		
ŋ 床$_{白}$		
	ĩ 年$_{白}$硬争$_{白}$病星$_{白}$	
ã 三$_{白}$橄馅	iã 兄	uã 山$_{白}$半官$_{白}$
ɔ̃ 毛		
	iũ 响	uĩ 横
ãi 乃		uãi（拟声词）
	iãu 猫	
	im 心深	
am 南	iam 盐	
əm 森欣		
	in 新	un 根寸滚春云
an 山$_{文}$	ian 年$_{文}$	uan 短$_{文}$官$_{文}$权
	iŋ 灯升争星$_{文}$用$_{白}$	
aŋ 双$_{白}$讲$_{白}$东$_{白}$	iaŋ 亮凉	uaŋ 风$_{白}$
ɔŋ 王床$_{文}$双$_{文}$讲$_{文}$东$_{文}$	iɔŋ 用$_{文}$	
	ip 十$_{文}$急	

续表

ap 十$_{白}$	iap 接贴$_{文}$	
	it 七一直	ut 骨出
at 八$_{文}$	iat 热$_{文}$节$_{文}$橘	uat 法刮$_{文}$月$_{文}$
ak 壳$_{白}$学$_{文}$北六$_{白}$	iak 色白$_{文}$锡$_{文}$绿局	
ɔk 托$_{文}$壳$_{文}$国谷	iɔk 六$_{文}$	
	iʔ 铁	uʔ 托$_{白}$
aʔ 节$_{白}$贴$_{白}$盒塔鸭	iaʔ 锡$_{白}$	uaʔ 辣热$_{白}$活
ɔʔ 呕		
əʔ 月$_{白}$		uiʔ 刮$_{白}$
eʔ 白$_{白}$		ueʔ 八$_{白}$节$_{白}$
oʔ 郭学$_{白}$	ioʔ 药尺	
	iuʔ（siuʔ 倒吸）	
ŋʔ 物		

说明：

1. 声化韵 ŋ 前有一个稍短的 ə。

2. 鼻化韵丰富，还有很多鼻化的入声韵。这些鼻化入声韵大多没有实义，以上韵母表省略不列。

3. m、ŋ 可自成韵母。

（三）声调

泉州话有 7 个单字声调（不包括轻声）：

阴平 33　　东该灯风通开天春

阳平 24　　门龙牛油铜皮糖红

阴上 55　　懂古鬼九统苦讨草

阳上 22　　买老五有动罪近后

去声 41　　冻怪半四痛快寸去卖路硬乱洞地饭树

阴入 5　　谷百搭节急哭拍塔切刻

阳入 24　　六麦叶月毒白盒罚

说明：

1. 古平上入三调按照古声母的清浊，今各分阴阳两类，但古去声不分阴阳。

2. 阴入、阳入区分明显，阴入高而促，阳入促而上扬。

（四）两字组连读变调规律说明

泉州话两字组合时前字多数变调，后字一般都不变调。其规律是：

1. 当处于前字时，阴平、阳上、阴入都不变调。

2. 当处于前字时，阳平、阳去、阳入变 22 调，跟阳上单字调相同；阴上变 24 调，跟阳平单字调相同；阴去变 55 调，跟阴上单字调相同。所以变调以后没有出现新调值。

表 3　泉州鲤城话两字组连读变调规律表

前字＼后字	阴平 33	阳平 24	阴上 55	阳上 22	去声 41	阴入 5	阳入 24
阴平 33	—	—	—	—	—	—	—
阳平 24	22	22	22	22	22	22	22
阴上 55	24	24	24	24	24	24	24
阳上 22	—	—	—	—	—	—	—
阴去 41	55	55	55	55	55	55	55
阳去 41	22	22	22	22	22	22	22
阴入 5	—	—	—	—	—	—	—
阳入 24	22	22	22	22	22	22	22

表 4　泉州鲤城话两字组连读变调举例

阳平 + 阴平［24 - 22 33］	劳工 lau kɔŋ
阳平 + 阳平［24 - 22 24］	劳模 lau bo
阳平 + 阴上［24 - 22 55］	劳保 lau pau
阳平 + 阳上［24 - 22 22］	劳动 lau tɔŋ
阳平 + 去声［24 - 22 41］	劳务 lau bu

续表

阳平+阴入［24－22 5］	劳作 lau tsoʔ
阳平+阳入［24－22 24］	劳逸 lau iʔ
阴上+阴平［55－24 33］	起飞 kʰi pə
阴上+阳平［55－24 24］	起头 kʰi tʰau
阴上+阴上［55－24 55］	起草 kʰi tsʰau
阴上+阳上［55－24 22］	起动 kʰi tɔŋ
阴上+去声［55－24 41］	起义 kʰi i
阴上+阴入［55－24 5］	起色 kʰi siak
阴上+阳入［55－24 24］	起立 kʰi lip
阴去+阴平［41－55 33］	进修 tsin siu
阴去+阳平［41－55 24］	进行 tsin hiŋ
阴去+阴上［41－55 55］	进展 tsin tsan
阴去+阳上［41－55 22］	进士 tsin si
阴去+去声［41－55 41］	进步 tsin pɔ
阴去+阴入［41－55 5］	进出 tsin tsʰut
阴去+阳入［41－55 24］	进入 tsin lip
阳去+阴平［41－22 33］	事先 sɯ suĩ
阳去+阳平［41－22 24］	事宜 sɯ i
阳去+阴上［41－22 55］	事理 sɯ li
阳去+阳上［41－22 22］	事后 sɯ au
阳去+去声［41－22 41］	事变 sɯ pian
阳去+阴入［41－22 5］	事迹 sɯ tsiaʔ
阳去+阳入［41－22 24］	事业 sɯ giap
阳入+阴平［24－22 33］	白金 peʔ kim
阳入+阳平［24－22 24］	白旗 peʔ kʰi
阳入+阴上［24－22 55］	白酒 peʔ tsiu
阳入+阳上［24－22 22］	白网 piakʔ baŋ

续表

阳入 + 去声［24 – 22 41］	白菜 peʔ tsʰai
阳入 + 阴入［24 – 22 5］	白色 peʔ siak
阳入 + 阳入［24 – 22 24］	白药 peʔ ioʔ

（五）其他主要音变规律

方言中有轻声，在词的后一音节，一般是词的后缀，或是助词、动词补语、语气词。轻声前的音节读本调。

泉州洛江话

一　调查点概况

泉州市的行政地理，请参看225页“泉州鲤城话”。洛江为泉州市辖区之一，在鲤城区之西北，本调查点为河市镇。

洛江全区人口18.7万人，汉族17.7万，回族、畲族等少数民族近万人。全区通行闽南语泉漳片方言，无少数民族语言。

方言曲艺主要是泉州南音、木偶、梨园戏、打城戏等闽南曲艺或戏种。

泉州洛江话是2015年福建省语保点，由泉州师范学院教师曾德万全程记录整理。

二　发音人概况

方言老男刘民权，汉族，1949年11月出生于洛江区河市镇，初中文化程度。

方言青男杜少红，汉族，1984年6月出生于洛江区河市镇，大学本科文化程度，就职于河市镇政府。

方言老女陈霞，汉族，1959年1月出生于洛江区河市镇，初中文化程度，自由职业。

方言青女何丽琼，汉族，1982年11月出生于洛江区河市镇，中专文化程度，就职于洛江区河市中心幼儿园。

口头文化发音人有陈成芬、陈元吉、杨国志，都是洛江区河市镇人。

地普发音人有杨荣清、吴建忠（女）、刘民权，都是洛江区河市镇人。

三　泉州洛江话音系

（一）声母

泉州洛江话有17个声母（包括零声母）：

表 1　泉州洛江话声母表

p 八兵爬病飞$_{白}$肥饭	p^h派片蜂$_{白}$	b 麦明$_{文}$味	m 明$_{白}$问	
t 多东甜毒张竹茶	t^h 讨天抽拆柱$_{白}$	l 脑南老蓝连路字热软	n 年泥	
ts 资早租酒坐柱$_{文}$全争装纸主船十$_{白}$	ts^h 刺草寸清贼抄初床车春手			s 丝三酸想祠谢事山双顺书十$_{文}$城
k 高九共权县	k^h开轻	g 熬$_{文}$月	ŋ 熬$_{白}$	h 飞$_{文}$风副蜂$_{文}$好灰响云
∅ 活安温王用药				

说明：

1. b、l、g 组与 m、n、ŋ 组声母音位互补，前者出现在非鼻化韵中，后者出现在鼻化韵中，两套声母在分布上互补，边音 l 与浊音 d 在听感上相近。

2. 零声母 ∅ 的发音，起始阶段有微弱的喉塞音 ʔ。

3. ts、ts^h、s 拼齐齿呼音时，带有 tɕ、$tɕ^h$、ɕ 音色。

（二）韵母

泉州洛江话有 68 个韵母（包括声化韵 m、ŋ）：

表 2　泉州洛江话韵母表

	i 猪师$_{文}$米丝试戏二	u 雨$_{文}$
a 饱	ia 写靴瓦$_{白}$	ua 歌$_{白}$瓦$_{文}$
ɔ 苦五雨$_{白}$		
e 坐过茶牙赔飞$_{白}$短$_{白}$		ue 鞋
o 歌$_{文}$宝	io 笑$_{白}$桥	
	iu 油	ui 开$_{白}$对飞$_{文}$快$_{白}$鬼
ai 开$_{文}$排师$_{白}$		uai 快$_{文}$
au 豆走	iau 笑$_{文}$	

续表

m 姆		
ŋ 糖床		
	ĩ 年$_{白}$病$_{白}$星$_{白}$	
ã 三橄馅	iã 兄	uã 山$_{白}$半$_{白}$官$_{白}$
ɔ̃ 毛		
ẽ 咩		
	iũ 响	uĩ 横师$_{文}$
ãi 乃		uãi（拟声词）
ãu 闹	iãu 猫	
	im 心深	
am 南	iam 盐	
əm 森欣		
	in 新根$_{白}$	un 寸滚春云根$_{文}$
an 山$_{文}$	ian 年$_{文}$	
	iŋ 灯升争星$_{文}$用病$_{文}$	
aŋ 双$_{白}$讲东	iaŋ 亮凉	uaŋ 风$_{白}$
ɔŋ 床王双$_{文}$	iɔŋ 央	
	ip 十$_{文}$急	
ap 十$_{白}$	iap 接贴	
	it 七一直	ut 骨出
at 八$_{文}$节$_{白}$	iat 橘热节$_{文}$	uat 法活刮月$_{文}$
ət 核		
	ik 亿	
ak 壳学$_{文}$六$_{白}$北	iak 色白$_{文}$锡$_{文}$绿	
ɔk 托国谷	iɔk 六$_{文}$	
	iʔ 缺$_{白}$	uiʔ 血挖
aʔ 盒塔鸭	iaʔ 锡$_{白}$局	uaʔ 热辣活

续表

əʔ 郭月$_{白}$		
eʔ 白$_{白}$		ueʔ 节$_{白}$八$_{白}$
oʔ 学$_{白}$	ioʔ 药尺	

说明：

1. ŋ 声化韵前有一个稍短的 ə 音。

2. 有 e 韵，无 ə 韵，无 ɯ 韵。

3. un 韵中有一个短暂的动程，实际读音接近 uən。

4. 鼻化韵丰富。

5. ian 的实际读音是 iɛn。

（三）声调

泉州洛江话有 7 个单字声调（不包括轻声）：

阴平 33　　东该灯风通开天春

阳平 24　　门龙牛油铜皮糖红

阴上 55　　懂古鬼九统苦讨草

阳上 22　　动买老五有罪近后硬

去声 41　　冻怪半四痛快寸去卖路乱洞地饭树

阴入 5　　谷百搭节急哭拍塔切刻毒

阳入 3　　六麦叶月白盒罚

说明：

1. 古平、上、入声今读以古声母清浊各分阴阳两类。古去声单字音读不分阴阳，但在连读时有区别（详见表 3）。

2. 入声调均为促声，阴入起点高，阳入起点低。

（四）两字组连读变调规律说明

泉州洛江话连读变调规律是：

1. 两字组一般是前字变调，后字不变调。

2. 当处于前字时，阴平、阳上、阴去、阴入不变调，阳平变 22，阴上变 24，阳入变 2。

3. 去声单字调不分阴去和阳去，都读 41 调。但在两字组连读前字时，有的不变调，有的变为 22 调。本书把不变调的去声字临时命名为“阴去”，把变 22

调的去声字临时命名为“阳去”。

表3 泉州洛江话两字组连读变调规律表

前字＼后字	阴平 33	阳平 24	阴上 55	阳上 22	阴去 41	阳去 41	阴入 5	阳入 3
阴平 33	—	—	—	—	—	—	—	—
阳平 24	22	22	22	22	22	22	22	22
阴上 55	24	24	24	24	24	24	24	24
阳上 22	—	—	—	—	—	—	—	—
阴去 41	—	—	—	—	—	—	—	—
阳去 41	22	22	22	22	22	22	22	22
阴入 5	—	—	—	—	—	—	—	—
阳入 3	2	2	2	2	2	2	2	2

表4 泉州洛江话两字组连读变调举例

阳平＋阴平［24－22 33］	时间 si kuĩ
阳平＋阳平［24－22 24］	猴头 kau t^hau
阳平＋阴上［24－22 55］	河水 ho tsui
阳平＋阳上［24－22 22］	门后 mŋ au
阳平＋去声［24－22 41］	强大 kiɔŋ tua
阳平＋阴入［24－22 5］	条约 tiau ioʔ
阳平＋阳入［24－22 3］	民俗 bin siɔk
阴上＋阴平［55－24 33］	买书 bue su
阴上＋阳平［55－24 24］	点名 tiam miã
阴上＋阴上［55－24 55］	水桶 tsui $t^haŋ$
阴上＋阳上［55－24 22］	滚动 kun taŋ
阴上＋去声［55－24 41］	火炭 he $t^huã$

续表

阴上 + 阴入［55 – 24 5］	小雪 sio seʔ
阴上 + 阳入［55 – 24 3］	有力 u lat
阳去 + 阴平［41 – 22 33］	电灯 tian tiŋ
阳去 + 阳平［41 – 22 24］	外来 gua lai
阳去 + 阴上［41 – 22 55］	大海 tua hai
阳去 + 阳上［41 – 22 22］	路远 lɔ hŋ
阳去 + 去声［41 – 22 41］	饭菜 pŋ ts^hai
阳去 + 阴入［41 – 22 5］	定约 tiŋ ioʔ
阳去 + 阳入［41 – 22 3］	定局 tiŋ kiak
阳入 + 阴平［3 – 2 33］	入山 lip suã
阳入 + 阳平［3 – 2 24］	白糖 pəʔ $t^hŋ$
阳入 + 阴上［3 – 2 55］	墨水 biak tsui
阳入 + 阳上［3 – 2 22］	白米 pəʔ bi
阳入 + 去声［3 – 2 41］	局面 kiɔŋ bin
阳入 + 阴入［3 – 2 5］	杰作 kiat tsoʔ
阳入 + 阳入［3 – 2 3］	学习 hak sip

（五）其他主要音变规律

洛江方言有轻声，在词的后一音节，一般是词的后缀，或是助词、动词补语、语气词。轻声前的音节读本调。

南安话

一　调查点概况

南安市属泉州市代管市，位于泉州市境中部。东邻泉州洛江区、晋江市，西接安溪县、厦门同安区、厦门翔安区，南临金门岛，北部与永春县、仙游县交界。东经118°08′—118°36′，北纬24°34′—25°18′。本调查点为市政府驻地溪美街道。

截至2019年，全市人口152万人，以汉族为主，另有畲族、满族、回族等少数民族。境内通行闽语闽南方言片南安话，无少数民族语言。本地方言内部略有口音差别：东中部的洪濑、梅山、康美、洪梅、罗东5乡镇（可称梅洪片）与泉州市河市、马甲、罗溪连界，又与惠安县相近，属东部口音（泉州市北，惠安、晋江大部分乡镇属此）；其余各乡镇属西部口音（与泉州城内口音相近）。由于县境呈条状，北靠山，南沿海，与邻县多有往来。西部口音中，北境诗山、码头、九都、向阳与永春连界，近永春音；西境英都、翔云与安溪毗邻，与安溪音有某些相似；南境水头、石井与厦门同安交界，带有同安口音。

本地方言曲艺有高甲戏、梨园戏（有团体）、芗剧（又名歌仔戏）、木偶戏（又分提线木偶和掌中木偶两种），另外农村丧事中有颇具地方特色的“假哭”。

南安话是2018年的国家语保点。由泉州师范学院教师陈燕玲和福建工程学院教师林天送记录整理。

二　方言发音人概况

方言老男王声杰，汉族，1949年11月出生于溪美街道。初中文化程度。

方言青男陈荣辉，汉族，1991年1月出生于溪美街道。大学本科文化程度。就职于南安市教育局。

方言老女赵丽琼，汉族，1962年11月出生于南安柳城街道。小学文化程度。

农民。

方言青女黄毅莹，汉族，1982 年 8 月出生于溪美街道。大学本科文化程度。就职于南安市广播电视台。

口头文化发音人有王声杰、王美容（女）、王胜利（以上均为溪美街道人）、黄印级（东田镇）。

地普发音人有王胜利、吴瑞艺（女）、王烟生，都是溪美街道人。

三　南安话音系

（一）声母

南安话共有声母 17 个（包括零声母）：

表1　南安话声母表

p 八兵爬病飞$_{白}$肥$_{白}$饭$_{白}$	p^h派片蜂$_{白}$	b 麦明$_{文}$味问$_{文}$	m 明$_{白}$问$_{白}$	
t 多东甜毒张竹茶事$_{白}$	t^h讨天连$_{白}$抽拆柱$_{白}$	l 脑南年$_{文}$老$_{白}$蓝$_{文}$连$_{文}$路字$_{白}$热软$_{文}$	n 年$_{白}$泥老$_{文}$蓝$_{白}$连$_{白}$软$_{白}$	
ts 资早租酒字$_{文}$贼$_{文}$坐全柱$_{文}$争装纸主船$_{白}$书$_{白}$十$_{白}$	ts^h刺草寸清贼$_{白}$抄初床$_{文}$车春手$_{白}$			s 丝三酸想祠谢事$_{文}$床$_{白}$山双船$_{文}$顺手$_{文}$书$_{文}$十$_{文}$城
k 高九共权县$_{白}$	k^h开轻	g 熬月	ŋ 硬$_{白}$	h 飞$_{文}$风副蜂$_{文}$肥$_{文}$饭$_{文}$好灰响活$_{文}$县$_{文}$云
ø 活$_{白}$安温王用药				

说明：

1. 声母 b、g 发音时浊塞成分不强。

2. 声母 ts、tsʰ、s 在齐齿呼前分别腭化为 tɕ、tɕʰ、ɕ。

3. 零声母音节开头带有轻微的喉塞音成分。

4. 声母 m、n、ŋ 与鼻化韵和声化韵相配合，声母 b、l、g 与非鼻化韵相配合，m 与 b、n 与 l、ŋ 与 g 互补。

（二）韵母

南安话共 87 个韵母（包括声化韵 m、ŋ）：

表 2　南安话韵母表

	i 米丝试戏二	u 雨$_{文}$
a 茶$_{文}$牙$_{文}$饱$_{白}$	ia 靴写瓦$_{白}$	ua 歌$_{白}$过$_{白}$瓦$_{文}$
ɔ 歌$_{文}$坐$_{文}$过$_{文}$苦五雨$_{白}$		
ə 赔$_{白}$飞$_{白}$短$_{白}$过$_{白}$		
e 坐$_{白}$茶$_{白}$牙$_{白}$尺$_{文}$		ue 鞋$_{白}$赔$_{文}$
o 宝走$_{文}$	io 笑$_{白}$桥$_{白}$豆$_{文}$	
ɯ 猪师$_{文}$		
	iu 油	ui 开$_{白}$对飞$_{文}$鬼
ai 开$_{文}$排鞋$_{文}$师$_{白}$		uai 快$_{文}$
au 饱$_{文}$豆$_{白}$走$_{白}$	iau 笑$_{文}$桥$_{文}$	
m 唔		
ŋ 糖$_{白}$床$_{白}$		
	ĩ 盐$_{白}$ 年$_{白}$ 硬$_{白}$ 争$_{白}$ 病$_{白}$ 星$_{白}$	
ã 团	iã 兄$_{白}$	uã 山$_{白}$半$_{白}$官$_{白}$
	iũ 响$_{白}$	uĩ 快$_{白}$横$_{白}$
ãi 买$_{文}$		uãi 骗
ãu 脑$_{文}$	iãu 猫	
	im 心深	
am 南	iam 盐$_{文}$	
əm 参$_{人\sim}$		

续表

	in 新升$_{\text{白}}$	un 半$_{\text{白}}$寸滚春云
an 山$_{\text{文}}$星$_{\text{白}}$	ian 年$_{\text{文}}$	uan 半$_{\text{文}}$短$_{\text{文}}$官$_{\text{文}}$权
ən 根		
	iŋ 灯升$_{\text{文}}$硬$_{\text{文}}$病$_{\text{文}}$星$_{\text{文}}$横$_{\text{文}}$兄$_{\text{文}}$用$_{\text{白}}$	
aŋ 双$_{\text{白}}$讲$_{\text{白}}$东$_{\text{白}}$	iaŋ 亮$_{\text{文}}$	uaŋ 风$_{\text{白}}$
ɔŋ 糖$_{\text{文}}$ 床$_{\text{文}}$ 王 双$_{\text{文}}$ 讲$_{\text{文}}$ 东$_{\text{文}}$	iɔŋ 响$_{\text{文}}$用$_{\text{文}}$	
əŋ 争$_{\text{文}}$		
	ip 十$_{\text{文}}$急$_{\text{文}}$	
ap 盒$_{\text{文}}$鸭$_{\text{文}}$十$_{\text{白}}$	iap 接$_{\text{文}}$贴$_{\text{文}}$	
	it 七一直	ut 骨出
at 八$_{\text{文}}$节$_{\text{白}}$	iat 热$_{\text{文}}$节$_{\text{文}}$橘	uat 法活$_{\text{文}}$月$_{\text{文}}$
ət 刻		
ak 托$_{\text{白}}$ 壳$_{\text{白}}$ 学$_{\text{文}}$ 北$_{\text{白}}$ 谷$_{\text{文}}$六$_{\text{白}}$	iak 色 白$_{\text{文}}$ 尺$_{\text{文}}$ 锡$_{\text{文}}$ 绿$_{\text{白}}$局$_{\text{白}}$	
ɔk 托$_{\text{文}}$ 郭$_{\text{文}}$ 壳$_{\text{文}}$ 北$_{\text{文}}$ 国谷$_{\text{白}}$	iɔk 药$_{\text{文}}$六$_{\text{文}}$绿$_{\text{文}}$局$_{\text{文}}$	
ək 贼$_{\text{文}}$		
	iʔ 接$_{\text{白}}$	uʔ 托$_{\text{白}}$
aʔ 盒$_{\text{白}}$塔鸭$_{\text{白}}$贴$_{\text{白}}$	iaʔ 锡$_{\text{白}}$	uaʔ 辣热$_{\text{白}}$活$_{\text{白}}$刮$_{\text{文}}$
ɔʔ 呕		
əʔ 月$_{\text{白}}$郭$_{\text{白}}$		
eʔ 白$_{\text{白}}$		ueʔ 八$_{\text{白}}$节$_{\text{白}}$
oʔ 学$_{\text{白}}$	ioʔ 药$_{\text{白}}$尺$_{\text{白}}$	
	iuʔ 急$_{\text{白}}$	uiʔ 刮$_{\text{白}}$
auʔ 炮$_{\text{白}}$	iauʔ 觉$_{\text{白}}$	

续表

ŋʔ 物$_{白}$		
	ĩʔ 物	
ãʔ 凹	iãʔ	
ɔ̃ʔ 老～～（老瘪貌）		
	iũʔ 短～～（短貌）	uĩʔ 蟆
ãiʔ 叹词（表懊恼）		uãiʔ 拟声词（开门声）
ãuʔ 咬	iãuʔ 拟声词	

说明：

1. o、io、ioʔ 中的 o 较松。

2. 韵母 ə 的舌位偏后、偏高。

3. ik、iŋ 中间有过渡音 ə。

4. in、it 中的 i 略低，近于 e。

5. 元音 a 在韵尾 ian、iat 中实际音值为 ɛ，在 au、am、ap、aŋ、ak 中实际音值为 ɑ。

6. 声化韵 ŋ 与零声母相拼为 ŋ，与其他声母相拼时，实际音值为 əŋ。

（三）声调

南安话共有 7 个单字声调：

阴平 33　东该灯风通开天春古$_{文}$

阳平 24　门龙牛油铜皮糖红

阴上 55　懂古$_{白}$鬼九统苦讨草买老$_{文}$五$_{文}$有$_{文}$

阳上 22　老$_{白}$五$_{白}$有$_{白}$动罪近后硬$_{白}$

去声 31　冻怪半四痛快寸去卖路硬$_{文}$乱洞地饭树哭$_{白}$

阴入 5　谷百搭节急哭$_{文}$拍塔切刻

阳入 3　六麦叶$_{姓}$月毒白盒罚

说明：

1. 阴入 5 为短促调。

2. 阳入 3 为短促调，时长比阴入长。略升，实际调值近 34。

3. 古去声字今单读时都是 31 调，但在两字组连读中作前字时，根据古声母的清浊分化为两类，详看表 3。

（四）连读变调说明

南安话两字连读，若后字是轻声，则前字不变调，若后字不是轻声，则前字变调规律为：

1. 前字为阴平 33、阳上 22、阴入 5 时，不论后字为何调，前字均不变调。

2. 前字为阳平 24，不论后字为何调，前字一律变为 22。

3. 前字为阴上 55，不论后字为何调，前字一律变为 24。

4. 前字为去声 31，根据来源分为两类：①如果为古清音声母字，不论后字为何调，一律变为 55。②如果为古浊音声母字，不论后字为何调，一律变为 22。下文临时把变 55 调的去声字命名为“阴去”，把变 22 调的去声字命名为“阳去”。

5. 前字为阳入 3，不论后字为何调，前字一律变为 2。

表 3 是南安话两字连读变调规律表。表左是前字声调调值，表头是后字声调调值，表中是前字变调调值。

表 3　南安话两字组连读变调规律表

前字 \ 后字	阴平 33	阳平 24	阴上 55	阳上 22	去声 31	阴入 5	阳入 3
阴平 33	—	—	—	—	—	—	—
阳平 24	22	22	22	22	22	22	22
阴上 55	24	24	24	24	24	24	24
阳上 22	—	—	—	—	—	—	—
阴去 31	55	55	55	55	55	55	55
阳去 31	22	22	22	22	22	22	22
阴入 5	—	—	—	—	—	—	—
阳入 3	2	2	2	2	2	2	2

表 4　南安话两字组连读变调举例

阳平 + 阴平［24 – 22 33］	莲花 lian hue
阳平 + 阳平［24 – 22 24］	头毛 t^{h}au mŋ

续表

阳平+阴上［24-22 55］	苹果 $p^hiŋ$ kɔ
阳平+阳上［24-22 22］	红柿 aŋ k^hi
阳平+去声［24-22 31］	头帽 t^hau bo
阳平+阴入［24-22 5］	头壳 t^hau k^hak
阳平+阳入［24-22 3］	头额 t^hau hiaʔ
阴上+阴平［55-24 33］	狗公 kau kaŋ
阴上+阳平［55-24 24］	本钱 pŋ tsĩ
阴上+阴上［55-24 55］	狗母 kau bu
阴上+阳上［55-24 22］	狗蚁 kau hia
阴上+去声［55-24 31］	囝婿 kã sai
阴上+阴入［55-24 5］	尾叔 bə tseʔ
阴上+阳入［55-24 3］	手镯 ts^hiu soʔ
去声+阴平［31-55 33］ ［31-22 33］	化仙 hua sian 外孙 gue sŋ
去声+阳平［31-55 24］ ［31-22 24］	喙唇 ts^hui tun 豆油 tau iu
去声+阴上［31-55 55］ ［31-22 55］	漏屎 lau sai 病囝 pĩ kã
去声+阳上［31-55 22］ ［31-22 22］	厝裹 ts^hu lai 唔是 m si
去声+去声［31-55 31］ ［31-22 31］	放尿 paŋ lio 字运 li un
去声+阴入［31-55 5］ ［31-22 5］	漏腹 lau pak 外国 gua kɔk
去声+阳入［31-55 3］ ［31-22 3］	快活 $k^huĩ$ uaʔ 大麦 tua beʔ
阳入+阴平［3-2 33］	目珠 bak tsiu

续表

阳入+阳平［3-2 24］	目眉 bak bai
阳入+阴上［3-2 55］	木耳 bɔk nĩ
阳入+阳上［3-2 22］	落雨 loʔ hɔ
阳入+去声［3-2 31］	石磨 tsioʔ bo
阳入+阴入［3-2 5］	蜡烛 laʔ tsiak
阳入+阳入［3-2 3］	食药 tsiaʔ ioʔ

（五）老男和青男在音系上的主要差别

1. 老男读阳上 22 的部分字，青男读去声 31。
2. 老男的 iak 韵，青男读为 ik。

晋江话

一　调查点概况

晋江市属泉州市代管市，位于泉州市境南部。东邻惠安县、石狮市，西接南安市、厦门市辖区，南临金门岛，北部与泉州市辖区交界。东经 118° 24′ 56″—118° 41′10″，北纬 24° 30′ 44″—24° 54′ 21″。本调查点为晋江市青阳街道，位于市政府驻地罗山街道西北。

晋江全市约有人口 210.3 万人。以汉族为主，汉族人口约 190 万人，有回族、畲族、满族、壮族等 12 个少数民族，以回族居多。没有少数民族语言。晋江方言属于闽语闽南方言泉漳片方言，也是一种泉州口音，内部略有差别。境内西部与南安连界的内坑、安海、东石三镇属于西北口音，其余属于东北口音。但由于全市人口较为密集，交通方便，商品经济发达，各乡镇交往频繁，大多数人口音越来越向青阳口音靠近。

晋江地方戏曲有梨园戏、高甲戏、打城戏、提线木偶戏、掌中木偶戏等。

晋江话是 2017 年福建省语保点，由泉州师范学院陈燕玲和福建工程学院林天送记录整理。

二　方言发音人概况

方言老男庄永东，汉族，1957 年 8 月出生于晋江市青阳镇莲屿社区，中专文化程度。长期在晋江希信小学任教，现已退休。

方言青男陈金辉，汉族，1986 年 10 月出生于晋江市青阳街道仕头村，本科文化程度。目前就职于晋江市教育局电大站。

方言老女庄丽玲，汉族，1961 年 8 月出生于晋江市青阳镇后崎村。高中文化程度。

方言青女庄莉莉，汉族，1988 年 9 月出生于晋江市青阳街道，中专文化程度。目前就职于梅岭桂华中心幼儿园。

口头文化发音人有庄永东、蔡裕友、庄玉英、庄耀明，都是晋江青阳人。

地普发音人有陈金辉、蔡裕友、苏琴妹，都是晋江青阳人。

三 晋江话音系

（一）声母

晋江话有 17 个声母（包括零声母）：

表1 晋江话声母表

p 八兵爬病飞$_{白}$肥$_{白}$饭$_{白}$	p^h派片蜂$_{白}$	b 麦明味问	m 骂	
t 多东甜毒张竹茶事$_{白}$	t^h讨天连$_{白}$抽拆柱$_{白}$	l 脑南年$_{文}$老$_{白}$蓝连$_{文}$路字热软	n 年$_{白}$泥老$_{文}$连$_{白}$	
ts 资早租酒贼$_{文}$坐全柱$_{文}$争装纸主船书$_{白}$十$_{白}$	ts^h刺草寸清贼$_{白}$抄初床$_{白}$车春手$_{白}$			s 丝三酸想祠谢事$_{文}$床$_{白}$山双顺手$_{文}$书$_{文}$十$_{文}$城
k 高九共权县$_{白}$	k^h开轻	g 月眼$_{文}$	ŋ 眼$_{白}$	h 飞$_{文}$风副蜂$_{文}$肥$_{文}$饭$_{文}$好灰响县$_{文}$云
ø 熬活安温王用药				

说明：

1. 声母 b、g 发音时浊塞成分不强。

2. 声母 ts、ts^h、s 在齐齿呼前分别腭化为 tɕ、$tɕ^h$、ɕ。

3. 零声母音节开头带有轻微的 ʔ。

4. 声母 m、n、ŋ 与鼻化韵相配合，声母 b、l、g 与非鼻化韵相配合，m 与 b、n 与 l、ŋ 与 g 互补。

（二）韵母

晋江话有 72 个韵母（包括声化韵 m、ŋ）：

表 2　晋江话韵母表

	i 猪米师$_{文}$丝试戏二	u 雨$_{文}$
a 牙$_{文}$饱$_{白}$	ia 靴写	ua 歌$_{白}$过$_{白}$瓦刮$_{文}$
ɔ 坐$_{文}$过$_{文}$苦五雨$_{白}$		
ə 歌$_{文}$宝$_{白}$	iə 笑$_{白}$桥豆$_{文}$	
e 坐$_{白}$ 过$_{白}$ 茶 牙$_{白}$ 赔$_{白}$ 飞$_{白}$短$_{白}$		ue 鞋赔$_{文}$
	iu 油	ui 开$_{白}$对飞$_{文}$鬼
ai 开$_{文}$排师$_{白}$		uai 快$_{文}$
au 宝$_{文}$饱$_{文}$豆$_{白}$走	iau 笑$_{文}$	
m 唔		
ŋ 黄		
ã 三$_{白}$	iã 兄$_{白}$	uã 山$_{白}$半$_{白}$官$_{白}$
ɔ̃毛		
	ĩ盐年$_{白}$硬争$_{白}$病$_{白}$星$_{白}$	
	iũ响$_{白}$	uĩ快$_{白}$横
ãi 乃		uãi 弯
	iãu 鸟 im 心深	
am 南	iam 盐	
əm 参$_{人参}$		
	in 新升$_{白}$	un 根寸滚春云
an 山$_{文}$星$_{白}$	ian 年$_{文}$	uan 半$_{文}$短$_{文}$官$_{文}$权
	iŋ 灯升$_{文}$病$_{文}$星$_{文}$兄$_{文}$用$_{白}$	
aŋ 双$_{白}$讲$_{白}$东$_{白}$	iaŋ 亮$_{文}$	uaŋ 风

续表

ɔŋ 床$_{文}$王双$_{文}$讲$_{文}$东$_{文}$	iɔŋ 响$_{文}$用$_{文}$	
əŋ 糖床$_{白}$争$_{文}$		
	ip 十$_{文}$急$_{文}$	
ap 十$_{白}$	iap 接$_{文}$贴$_{文}$	
	it 七一直	ut 骨出
at 八$_{文}$节$_{白}$	iat 热$_{文}$节$_{文}$橘	uat 法活$_{文}$月$_{文}$
ak 托$_{白}$壳学$_{文}$北六$_{白}$	iak 色白$_{文}$尺$_{文}$锡绿$_{白}$局$_{白}$	
ɔk 托$_{文}$国谷	iɔk 六$_{文}$绿$_{文}$局$_{文}$	
	iʔ 接$_{白}$	uʔ 托$_{白}$
aʔ 塔鸭贴$_{白}$	iaʔ 削	uaʔ 辣热$_{白}$活$_{白}$刮$_{文}$
ɔʔ 呕		
əʔ 学$_{白}$	iəʔ 药尺$_{白}$	
eʔ 月$_{白}$郭白$_{白}$		ueʔ 八$_{白}$节$_{白}$
	iuʔ 急$_{白}$	uiʔ 刮$_{白}$
auʔ 炮	iauʔ 觉	
	ĩʔ 捏$_{白}$	
ãʔ 盒		

说明：

1. 元音 a 在 ian、iat 中间为 ɛ，在 au、am、ap、aŋ、ak 前为 ɑ。

2. 韵母 iu、ui、iũ、uĩ、un、ut 中的主要元音和韵尾之间存在轻微的过渡音 ə。

（三）声调

晋江话有 6 个单字声调（不包括轻声）：

阴平 33　　东该灯风通开天春老$_{白}$五$_{白}$有$_{白}$动罪近后硬

阳平 24　　门龙牛油铜皮糖红

阴上 55　　懂古鬼九统苦讨草买老$_{文}$五$_{文}$有$_{文}$

去声 41　　冻怪半四痛快寸去卖路乱洞地饭树哭

阴入 5　　谷百搭节急拍塔切刻

阳入 34　　六麦毒叶姓月白盒罚

说明：

1. 阴入 5 为短促调。

2. 阳入 34 为短促调，时长比阴入稍长。

（四）连读变调说明

晋江话两字连读，若后字是轻声，则前字不变调。若后字不是轻声，则前字变调，规律如下：

1. 前字为阴平 33，根据来源分为两类：①前字来自古清音声母平声字，不论后字为何调，前字均不变调。②前字来自古浊音声母上声字，不论后字为何调，前字均变为 22。

2. 前字为阳平 24，不论后字为何调，一律变为 22。

3. 前字为阴上 55，不论后字为何调，一律变为 24。

4. 前字为去声 41，根据来源分为两类：①前字为古清音声母去声字，不论后字为何调，一律变为 55。②前字为古浊音声母去声字或上声字，不论后字为何调，一律变为 22。

5. 前字为阴入 5，根据韵尾分为两类：①前字韵尾为 -ʔ，不论后字为何调均不变调。②前字韵尾为 -p、-t、-k，则前字变为 34。

6. 前字为阳入 34，不论后字为何调，一律变为 2。

表 3 是晋江话两字组连读变调规律表。表左是前字声调调值，表头是后字声调调值，表中是前字变调调值。

表 3　晋江话两字组连读变调规律表

<table>
<tr><th colspan="2">后字
前字</th><th>阴平 33</th><th>阳平 24</th><th>阴上 55</th><th>去声 41</th><th>阴入 5</th><th>阳入 34</th></tr>
<tr><td rowspan="2">阴平 33</td><td>来自古清平</td><td>—</td><td>—</td><td>—</td><td>—</td><td>—</td><td>—</td></tr>
<tr><td>来自古浊上</td><td>22</td><td>22</td><td>22</td><td>22</td><td>22</td><td>22</td></tr>
<tr><td colspan="2">阳平 24</td><td>22</td><td>22</td><td>22</td><td>22</td><td>22</td><td>22</td></tr>
<tr><td colspan="2">阴上 55</td><td>24</td><td>24</td><td>24</td><td>24</td><td>24</td><td>24</td></tr>
<tr><td rowspan="2">去声 41</td><td>来自古清去</td><td>55</td><td>55</td><td>55</td><td>55</td><td>55</td><td>55</td></tr>
<tr><td>来自古浊上去</td><td>22</td><td>22</td><td>22</td><td>22</td><td>22</td><td>22</td></tr>
</table>

续表

后字 前字		阴平 33	阳平 24	阴上 55	去声 41	阴入 5	阳入 34
阴入 5	前字带 -ʔ尾	—	—	—	—	—	—
	前字带 -p -t -k 尾	34	34	34	34	34	34
阳入 34		2	2	2	2	2	2

表 4　晋江话两字组连读变调举例

阴平 + 阴平 [33 33] [33 -22 33]	猪肝 ti kuã 后爸 au pe
阴平 + 阳平 [33 24] [33 -22 24]	猪牢 ti tiau 下颏 e hai
阴平 + 阴上 [33 55] [33 -22 55]	猪母 ti bu 后母 au bu
阴平 + 去声 [33 41] [33 -22 41]	猪料 ti liau 硬性 ŋĩ siŋ
阴平 + 阴入 [33 5] [33 -22 5]	冬节 taŋ tsueʔ 后壁 au piaʔ
阴平 + 阳入 [33 34] [33 -22 34]	生日 sĩ3 lit 下日 e lit
阳平 + 阴平 [24 -22 33]	姨丈 i tiũ
阳平 + 阳平 [24 -22 24]	头毛 t^hau bŋ
阳平 + 阴上 [24 -22 55]	苹果 p^hiaŋ kɔ
阳平 + 去声 [24 -22 41]	无论 bə lun
阳平 + 阴入 [24 -22 5]	侬客 laŋ k^heʔ
阳平 + 阳入 [24 -22 34]	茶箬 te hiəʔ
阴上 + 阴平 [55 -24 33]	洗身 sue sin

续表

阴上+阳平［55－24 24］	椅头 i tau
阴上+阴上［55－24 55］	老鼠 lɔ tsʰi
阴上+去声［55－24 41］	炒菜 tsʰa tsʰai
阴上+阴入［55－24 5］	手骨 tsʰiu kut
阴上+阳入［55－24 34］	扁食 pian sit
去声+阴平［41－55 33］ ［41－22 33］	化仙 hua sian 外孙 gue sŋ
去声+阳平［41－55 24］ ［41－22 24］	喙唇 tsʰui tun 豆油 tau iu
去声+阴上［41－55 55］ ［41－22 55］	喙水 tsʰui tsui 病团 pĩ kã
去声+去声［41－55 41］ ［41－22 41］	放尿 paŋ liə 字运 li un
去声+阴入［41－55 5］ ［41－22 5］	做客 tsue kʰeʔ 外国 gua kɔk
去声+阳入［41－55 34］ ［41－22 34］	快活 kʰuĩ uaʔ 大麦 tua beʔ
阴入+阴平［5 33］ ［5－34 33］	册包 tsʰeʔ pau 发烧 huat siə
阴入+阳平［5 24］ ［5－34 24］	作塍 tsəʔ tsʰan 鲫鱼 tsit hi
阴入+阴上［5 55］ ［5－34 55］	客爪 kʰeʔ tsiau 虱母 sap bu
阴入+去声［5 41］ ［5－34 41］	说笑 seʔ tsʰiə 即阵 tsit tsun
阴入+阴入［5 5］ ［5－34 5］	拍折 pʰaʔ tsiat 即搭 tsit taʔ

续表

阴入 + 阳入［5 34］ ［5 −34 34］	八十 pueʔ tsap 骨力 kut lat
阳入 + 阴平［34 −2 33］	目珠 bak tsiu
阳入 + 阳平［34 −2 24］	目眉 bak bai
阳入 + 阴上［34 −2 55］	木耳 bɔk li
阳入 + 去声［34 −2 41］	食暗 tsiaʔ am
阳入 + 阴入［34 −2 5］	目色 bak siak
阳入 + 阳入［34 −2 34］	食药 tsiaʔ iəʔ

（五）老男和青男在音系上的主要差别

部分单字，老男有文白异读，青男只保留一读。例如：经，老男白读 $k\tilde{\imath}^{33}$，文读 $ki\eta^{33}$，青男只读 $ki\eta^{33}$；刻，老男白读 k^hat^5，文读 k^hiak^5，青男只读 k^hiak^5。

石 狮 话

一　调查点概况

石狮市属泉州市代管市，位于泉州市境东南角。除西部与晋江市为界外，三面临海。东经 118°35′—118°48′，北纬 24°39′—24°49′。本调查点为市政府湖滨街道，以及相邻的凤里街道。

全市常住人口约 75.3 万人。少数民族人口约为 1.8 万人，其中，回族 5500 人，苗族 4086 人，土家族 3360 人，布依族 925 人，壮族 894 人，侗族 795 人，畲族 586 人，彝族 369 人，其他少数民族人数均少于 300 人。石狮于 1987 年 12 月从晋江分辖出来，所以方言与晋江东部南部的永和、龙湖、英林、深沪、金井五乡镇比较一致。和晋江市方言相比，主要区别是鼻化韵正在消失，石狮话往往把晋江市的 o 念为 ə。少数民族使用当地汉语方言和普通话。

民间戏曲有梨园戏、高甲戏、打城戏、提线木偶戏、掌中木偶戏等五种，这几个戏种在闽南地区广为流传。

石狮话是 2018 年福建省语保点。由泉州师范学院教师陈燕玲和福建工程学院教师林天送记录整理。

二　方言发音人概况

方言老男许武福，汉族，1948 年 8 月出生于石狮凤里街道，高中文化程度。长期在当地教育部门工作。

方言青男蔡荣坤，汉族，1985 年 1 月出生于石狮新华街道，大学本科文化程度。就职于石狮市灵秀教委镇塔前小学。

方言老女何幼治，汉族，1962 年 7 月出生于凤里街道，大学本科文化程度。已退休。

方言青女洪雅玲，汉族，1984 年 11 月出生于湖滨街道，大学本科文化程度。

就职于石狮市教育局。

口头文化发音人有蔡宗程、许武福，都是凤里街道人。

地普发音人有蔡荣坤、蔡宗程、许武福，都是凤里街道人。

三 石狮话音系

（一）声母

石狮话有 14 个声母（包括零声母）：

表 1 石狮话声母表

p 八兵爬病飞$_{\text{白}}$肥$_{\text{白}}$饭$_{\text{白}}$	p^h派片蜂$_{\text{白}}$	b 麦明味问	
t 多东甜毒张竹茶事$_{\text{白}}$	t^h讨天抽拆柱$_{\text{白}}$	l 脑南年泥老蓝连路字热软	
ts 资早租酒贼$_{\text{文}}$坐全柱$_{\text{文}}$争装纸主船书$_{\text{白}}$十$_{\text{白}}$	ts^h刺草寸清贼$_{\text{白}}$抄初床$_{\text{文}}$车春手		s 丝三酸想祠谢事$_{\text{文}}$床$_{\text{白}}$山双顺书$_{\text{文}}$十$_{\text{文}}$城
k 高九共权县$_{\text{白}}$	k^h开轻	g 月	h 飞$_{\text{文}}$风副蜂$_{\text{文}}$肥$_{\text{文}}$饭$_{\text{文}}$好灰响活$_{\text{文}}$县$_{\text{文}}$云
∅ 熬活$_{\text{白}}$安温王用药			

说明：

1. 没有鼻化韵，也没有与鼻化韵相配的 m、n、ŋ 声母。
2. 声母 ts、ts^h、s 在齐齿呼前腭化。
3. 零声母音节开头带有轻微的 ʔ。

（二）韵母

石狮话有 61 个韵母（包括声化韵 m、ŋ、ŋʔ）：

表2 石狮话韵母表

	i 猪米师$_{文}$丝试戏二盐$_{白}$年$_{白}$硬争$_{白}$病星$_{白}$	u 雨$_{文}$
a 牙$_{文}$饱$_{白}$	ia 靴写兄$_{白}$	ua 歌$_{白}$过$_{文}$瓦山$_{白}$半$_{白}$官
ɔ 坐$_{文}$苦五雨$_{白}$		
ə 歌$_{文}$宝走$_{文}$过$_{文}$	iə 笑$_{白}$桥$_{白}$豆$_{文}$	
e 坐$_{白}$过$_{白}$茶牙$_{白}$赔$_{白}$飞$_{白}$短$_{白}$		ue 鞋赔$_{文}$
	iu 油	ui 开$_{白}$对快$_{白}$飞$_{文}$鬼横
ai 开$_{文}$排师$_{白}$		uai 快$_{文}$
au 饱$_{文}$豆$_{白}$走$_{白}$	iau 笑$_{文}$桥$_{文}$	
m 唔		
ŋ 秧		
	im 心深	
am 南	iam 盐$_{文}$	
əm 参$_{人参}$		
	in 新升$_{白}$	un 根寸滚春云
an 山$_{文}$星$_{白}$	ian 年$_{文}$	uan 半$_{文}$短权
	iŋ 灯升$_{文}$星$_{文}$用$_{白}$	
aŋ 双$_{白}$讲$_{白}$东$_{白}$	iaŋ 亮$_{白}$	uaŋ 风$_{白}$
ɔŋ 王双$_{文}$讲$_{文}$东$_{文}$	iɔŋ 响兄$_{文}$用$_{文}$	
əŋ 床争$_{文}$		
	ip 十$_{文}$急	
ap 十$_{白}$	iap 接$_{文}$贴$_{文}$	
	it 七一直	ut 骨出
at 八$_{文}$节$_{白}$	iat 热$_{文}$节$_{文}$橘	uat 法活$_{文}$月$_{文}$
ak 壳学$_{文}$北六$_{白}$	iak 色白$_{文}$尺$_{文}$锡绿$_{白}$局$_{白}$	
ɔk 托$_{文}$国谷	iɔk 六$_{文}$绿$_{文}$	

续表

	iʔ 接$_{白}$	uʔ 托$_{白}$
aʔ 盒塔鸭贴$_{白}$	iaʔ 削	uaʔ 辣热$_{白}$活$_{白}$刮$_{文}$
ɔʔ 呕		
əʔ 学$_{白}$	iəʔ 药尺$_{白}$	
eʔ 月$_{白}$郭白$_{白}$		ueʔ 八$_{白}$节$_{白}$
	iuʔ 啾	uiʔ 刮$_{白}$
auʔ 炮$_{白}$	iauʔ 觉	
ŋʔ 物$_{白}$		

说明：

1. 与周边其他闽南方言比较，石狮话韵母的最大特点就是没有鼻化韵。
2. 韵母 iu、un、iŋ 中的主要元音和韵尾之间存在轻微的过渡音 ə。
3. ɔ 的开口度略小。
4. ə 的舌位较后，近于 ɤ。

（三）声调

石狮话有 6 个单字声调：

阴平 33　　东该灯风通开天春老$_{白}$五$_{白}$有$_{白}$动罪近后硬
阳平 24　　门龙牛油铜皮糖红
阴上 55　　懂古鬼九统苦讨草买老$_{文}$五$_{文}$有$_{文}$
去声 41　　冻怪半四痛快寸去卖路乱洞地饭树哭
阴入 5　　谷百搭节急拍塔切刻
阳入 34　　六麦叶$_{姓}$月毒白盒罚

说明：

1. 阴入 5 为短促调。
2. 阳入 34 为短促调，时长比阴入稍长。

（四）连读变调说明

石狮话两字连读，若后字是轻声，则前字不变调，若后字不是轻声，则前字一般都变调。规律如下：

1. 前字为阴平 33，根据来源分为两类：①前字来自古清音声母平声字，不论后字为何调，前字均不变调。②前字来自古浊音声母上声字，不论后字为何调，前字均变为22。

2. 前字为阳平24，不论后字为何调，一律变为22。

3. 前字为阴上55，不论后字为何调，一律变为24。

4. 前字为去声41，根据来源分为两类：①前字为古清音声母去声字，不论后字为何调，一律变为55。②前字为古浊音声母去声字或上声字，不论后字为何调，一律变为22。

5. 前字为阴入5，根据韵尾分为两类：①前字韵尾为-ʔ，不论后字为何调，前字均不变调。②前字韵尾为-p、-t、-k，则前字变为34。

6. 前字为阳入34，不论后字为何调，前字一律变为2。

表3 石狮话两字组连读变调规律表

前字＼后字		阴平33	阳平24	阴上55	去声41	阴入5	阳入34
阴平33	来自古清平	—	—	—	—	—	—
	来自古浊上	22	22	22	22	22	22
阳平24		22	22	22	22	22	22
阴上55		24	24	24	24	24	24
去声41	来自古清去	55	55	55	55	55	55
	来自古浊去、浊上	22	22	22	22	22	22
阴入5	带-ʔ尾	—	—	—	—	—	—
	带-p、-t、-k尾	34	34	34	34	34	34
阳入34		2	2	2	2	2	2

表4 石狮话两字组连读变调举例

阴平+阴平［33 33］	猪肝 ti kua
［33-22 33］	后爸 au pe

续表

阴平+阳平［33 24］ ［33－22 24］	猪牢 ti tiau 下颏 e hai
阴平+阴上［33 55］ ［33－22 55］	猪母 ti bu 后母 au bu
阴平+去声［33 41］ ［33－22 41］	猪料 ti liau 硬性 gi siŋ
阴平+阴入［33 5］ ［33－22 5］	冬节 taŋ tsueʔ 后壁 au piaʔ
阴平+阳入［33 34］ ［33－22 34］	生日 si lit 下日 e lit
阳平+阴平［24－22 33］	姨丈 i tiu
阳平+阳平［24－22 24］	头毛 t^{h}au bəŋ
阳平+阴上［24－22 55］	苹果 p^{h}iaŋ kɔ
阳平+去声［24－22 41］	无论 bə lun
阳平+阴入［24－22 5］	侬客 laŋ k^{h}eʔ
阳平+阳入［24－22 34］	茶箬 te hiəʔ
阴上+阴平［55－24 33］	洗身 sue sin
阴上+阳平［55－24 24］	椅头 i t^{h}au
阴上+阴上［55－24 55］	老鼠 lɔ ts^{h}i
阴上+去声［55－24 41］	炒菜 ts^{h}a ts^{h}ai
阴上+阴入［55－24 5］	手骨 ts^{h}iu kut
阴上+阳入［55－24 34］	扁食 pian sit
去声+阴平［41－55 33］ ［41－22 33］	化仙 hua sian 外孙 gue səŋ
去声+阳平［41－55 24］ ［41－22 24］	喙唇 ts^{h}ui tun 豆油 tau iu

续表

去声 + 阴上 [41 −55 55] [41 −22 55]	喙水 tsʰui tsui 病团 pi ka
去声 + 去声 [41 −55 41] [41 −22 41]	放尿 paŋ liə 字运 li un
去声 + 阴入 [41 −55 5] [41 −22 5]	做客 tsue kʰeʔ 外国 gua kɔk
去声 + 阳入 [41 −55 34] [41 −22 34]	快活 kʰui uaʔ 大麦 tua beʔ
阴入 + 阴平 [5 33] [5 −34 33]	册包 tsʰeʔ pau 发烧 huat siə
阴入 + 阳平 [5 24] [5 −34 24]	作塍 tsəʔ tsʰan 鲫鱼 tsit hi
阴入 + 阴上 [5 55] [5 −34 55]	客爪 kʰeʔ tsiau 虱母 sap bu
阴入 + 去声 [5 41] [5 −34 41]	说笑 seʔ tsʰiə 即阵 tsit tsun
阴入 + 阴入 [5 5] [5 −34 5]	拍折 pʰaʔ tsiat 即搭 tsit taʔ
阴入 + 阳入 [5 34] [5 −34 34]	八十 pueʔ tsap 骨力 kut lat
阳入 + 阴平 [34 −2 33]	目珠 bak tsiu
阳入 + 阳平 [34 −2 24]	目眉 bak bai
阳入 + 阴上 [34 −2 55]	木耳 bɔk li
阳入 + 去声 [34 −2 41]	食暗 tsiaʔ am
阳入 + 阴入 [34 −2 5]	目色 bak siak
阳入 + 阳入 [34 −2 34]	食药 tsiaʔ iəʔ

（五）老男和青男在音系上的主要差别

老男有文白异读的部分字，青男只保留一读。例如，墨，老男白读 bat^{34}，文读 bak^{34}，青男只读 bak^{34}；经，老男白读 ki^{33}，文读 kiŋ^{33}，青男只读 kiŋ^{33}。

惠安话

一　调查点概况

惠安县属泉州市辖县，位于泉州市境东部沿海。东临湄洲湾，西接洛江区、丰泽区，南临泉州湾，北部与泉港区交界。东经 118°38′—119°05′，北纬 24°49′—25°15′。本调查点为县政府驻地螺城镇。

本县人口约 106 万人，其中汉族约 104.5 万人，少数民族主要是回族，约有 1.5 万人。惠安话属于闽语闽南话泉漳片方言，内部略有差别：通行于泉港（山腰、后龙、南埔）一带的惠北话，有舌尖边擦音［ɬ］，凡县镇读［s］的，它读［ɬ］，如把“沙”［sa］读为［ɬa］；通行于惠安崇武一带的惠东话，大多把县镇的［ts^h］读为［s］，例如把“菜”［ts^hai］读为［sai］，把“草”［ts^hau］读为［sau］。

本县有高甲戏、南派掌中木偶、南音、芗剧、北管（靠近泉港、辋川一带）；县城还有民间曲艺“答嘴鼓”“讲古”。

惠安话是 2016 年国家语保点。由泉州师范学院教师曾德万全程记录整理。

二　方言发音人概况

方言老男陈桢森，汉族，1956 年 10 月出生于螺城镇。大专文化程度。已退休。

方言青男王焜，汉族，1983 年 11 月出生于螺城镇。大学本科文化程度。就职于惠安高级中学。

方言老女王丽榕，汉族，1952 年 8 月出生于螺城镇。初中文化程度。已退休。

方言青女陈娟，汉族，1984 年 5 月出生于螺城镇。大学本科文化程度。就职于惠安县紫山中心幼儿园。

口头文化发音人有施勇民（城北）、张焕然（螺城镇）、陈维斯（女，东南街）。

地普发音人有王小李（女，螺城镇）、陈维斯（女，东南街）、李华潮（螺城镇）。

三　惠安话音系

（一）声母

惠安话有 17 个声母（包括零声母）：

表 1　惠安话声母表

p 八兵爬病飞$_{白}$肥饭	p^h 派片蜂$_{白}$	b 明$_{文}$味	m 明$_{白}$问	
t 多东甜毒张竹茶	t^h 讨天抽拆柱$_{白}$	l 脑南老蓝连路字热	n 年泥软	
ts 资早租酒坐全柱$_{文}$争装纸主船书$_{白}$十$_{白}$	ts^h 刺草寸清贼抄初床$_{白}$车春手			s 丝三酸想祠谢事床$_{文}$山双顺书$_{文}$十$_{文}$城
k 高九共权县	k^h 开轻	g 月	ŋ 卧	h 飞$_{文}$风副蜂$_{文}$好灰响云
ø 活安温王用药				

说明：

1. 有浊音 b、l、g，与边音 m、n、ŋ 互补。b、l、g 与非鼻化韵母相拼，m、n、ŋ 与鼻化韵母相拼。

2. ts、ts^h、s 与齐齿呼相拼时，音色近于 tɕ、$tɕ^h$、ɕ。

3. 零声母前有轻微的喉塞音动作，带有微弱的 ʔ。

4. g 的发音，摩擦成分轻，有时和零声母 ø 相混。

（二）韵母

惠安话有 72 个韵母（包括声化韵 m、ŋ）：

表 2　惠安话韵母表

	i 米丝试戏二	u 雨$_{文}$
a 饱$_{白}$	ia 靴写瓦$_{白}$	ua 歌$_{白}$瓦$_{文}$
ɔ 苦五雨$_{白}$饱$_{文}$		
ə 坐过赔飞$_{白}$短$_{白}$		
e 茶牙		ue 鞋
o 歌$_{文}$宝	io 笑桥	
ɯ 猪师$_{文}$		
	iu 油	ui 开$_{白}$对快$_{白}$飞$_{文}$鬼
ai 开$_{文}$排师$_{白}$		uai 快$_{文}$
au 豆走	iau 数	
m 母		
ŋ 糖床		
	ĩ 年$_{白}$硬争$_{白}$病星$_{白}$	
ã 三	iã 兄	uã 山$_{白}$半$_{白}$官$_{白}$
ɔ̃ 毛		
	iũ 响	uĩ 横
ãi 乃		uãi
ãu 闹	iãu 猫	
am 南		
əm 盐心深		
em 森		
		un 寸滚春云
an 山$_{文}$半$_{文}$	ian 年$_{文}$	uan 短$_{文}$官$_{文}$权
en 新		
ən 根		
aŋ 双$_{白}$讲东$_{白}$	iaŋ 亮凉	uaŋ 风
ɔŋ 王双$_{文}$东$_{文}$	iɔŋ 用$_{文}$	

续表

eŋ 灯升争$_{文}$星$_{文}$用$_{白}$		
ap 十$_{白}$		
ep 接贴$_{文}$十$_{文}$急		
		ut 骨出
at 八$_{文}$	iat 热$_{文}$节$_{文}$橘	uat 法刮$_{文}$月$_{文}$
ət 核		
et 七一直色		
ak 壳学$_{文}$北六$_{白}$	iak 白$_{文}$锡$_{文}$绿局$_{白}$	
ɔk 托$_{文}$国谷	iɔk 六$_{文}$局$_{文}$	
	iʔ 铁	uʔ 托$_{白}$
aʔ 盒塔鸭贴$_{白}$节$_{白}$	iaʔ 锡$_{白}$	uaʔ 辣热$_{白}$活
ɔʔ 呕		
əʔ 月$_{白}$		
eʔ 白$_{白}$		ueʔ 八$_{白}$
oʔ 郭学$_{白}$	ioʔ 药尺	
	iuʔ（siuʔ 倒吸）	uiʔ 刮$_{白}$
ŋʔ 物		

说明：

1. 以 e 为韵腹的韵母中，e 的实际音值是 ɪe。
2. 韵腹 a 的实际音值近于 e。
3. 声化韵 ŋ 前有一个稍短的 ə。
4. ɯ 的音质不稳定，有时是 ɯi，个别是 ɿ。
5. 作为韵尾的 n 有时发音不太明显。
6. ut 的实际音值是 uɛt。

（三）声调

惠安话有 7 个单字声调（不包括轻声）：

阴平 33　　东该灯风通开天春

阳平 25　　门龙牛油铜皮糖红

阴上 54　　古鬼九统苦讨草

阴去 42　　冻怪半四痛快寸去

阳去 21　　洞地饭树卖路硬乱买老五有近动罪后

阴入 5　　谷百搭节急拍塔切刻

阳入 34　　六麦叶月毒白盒罚

说明：

1. 阴平实际调值是332，有时是32。
2. 阳平的调值有时是24。
3. 阴上实际调值有时是55。
4. 阴入调值有时是54。

（四）连读变调说明

两字组连读变调规律是：当处于前字时，阴平、阴入不变调，阳平变33，阴上变25，阴去变54，阳去变22，阳入变2。表3是惠安话两字组连读变调规律表。表左是前字声调调值，表头是后字声调调值，表中是前字变调调值。

表3　惠安话两字组连读变调规律表

前字＼后字	阴平 33	阳平 25	阴上 54	阴去 42	阳去 21	阴入 5	阳入 34
阴平 33	—	—	—	—	—	—	—
阳平 25	33	33	33	33	33	33	33
阴上 54	25	25	25	25	25	25	25
阴去 42	54	54	54	54	54	54	54
阳去 21	22	22	22	22	22	22	22
阴入 5	—	—	—	—	—	—	—
阳入 34	2	2	2	2	2	2	2

表4　惠安话两字组连读变调举例

阳平＋阴平［25－33 33］	劳工 lau kɔŋ
阳平＋阳平［25－33 25］	劳模 lau bo
阳平＋阴上［25－33 54］	劳保 lau pau

续表

阳平 + 阴去 [25 - 33 42]	门头 mŋ tʰau
阳平 + 阳去 [25 - 33 22]	劳务 lau bu
阳平 + 阴入 [25 - 33 5]	劳作 lau tsoʔ
阳平 + 阳入 [25 - 33 2]	劳逸 lau iʔ
阴上 + 阴平 [54 - 25 33]	起飞 kʰi pə
阴上 + 阳平 [54 - 25 25]	起头 kʰi tʰau
阴上 + 阴上 [54 - 25 54]	起草 kʰi tsʰau
阴上 + 阴去 [54 - 25 42]	火炭 hə tʰuã
阴上 + 阳去 [54 - 25 22]	起动 kʰi tɔŋ
阴上 + 阴入 [54 - 25 5]	起色 kʰi set
阴上 + 阳入 [54 - 25 2]	起立 kʰi lep
阴去 + 阴平 [42 - 54 33]	进修 tsen siu
阴去 + 阳平 [42 - 54 25]	进行 tsen heŋ
阴去 + 阴上 [42 - 54 54]	进展 tsen tsan
阴去 + 阴去 [42 - 54 42]	破布 pʰɔ pɔ
阴去 + 阳去 [42 - 54 22]	进步 tsen pɔ
阴去 + 阴入 [42 - 54 5]	进出 tsen tsʰut
阴去 + 阳入 [42 - 54 2]	进入 tsen lep
阳去 + 阴平 [21 - 22 33]	事先 sɯ suĩ
阳去 + 阳平 [21 - 22 25]	事宜 sɯ i
阳去 + 阴上 [21 - 22 54]	事理 sɯ li
阳去 + 阴去 [21 - 22 42]	事变 sɯ pian
阳去 + 阳去 [21 - 22 22]	事后 sɯ au
阳去 + 阴入 [21 - 22 5]	事迹 sɯ tsiaʔ
阳去 + 阳入 [21 - 22 2]	事业 sɯ ep
阳入 + 阴平 [34 - 2 33]	白金 peʔ kem
阳入 + 阳平 [34 - 2 25]	白旗 peʔ kʰi

续表

阳入+阴上［34－2 54］	白酒 peʔ tsiu
阳入+阴去［34－2 42］	白菜 peʔ tsʰai
阳入+阳去［34－2 22］	白网 piakʔ baŋ
阳入+阴入［34－2 5］	白色 peʔ set
阳入+阳入［34－2 2］	白药 peʔ ioʔ

(五) 其他主要音变规律

惠安话方言有轻声，在词的后一音节，一般是词的后缀，或是助词、动词补语、语气词。轻声前的音节读本调。

安溪话

一　调查点概况

安溪县属泉州市辖县，位于泉州市境西部。东邻南安市，西接漳平市、华安县，南接长泰县、厦门市辖区，北部与永春县交界。东经117°36′—118°17′，北纬24°50′—25°26′，本调查点为县政府驻地凤城镇。

全县常住人口约为97.7万。少数民族有畲族、回族、高山族等，总人口约为1.16万人。全县使用闽语闽南话，没有少数民族语言。

全县的戏剧有高甲戏、布袋戏（木偶戏）等，遇有重大节日、佛事时，都会上演安溪高甲戏和安溪木偶戏。

安溪话是2016年福建省语保点，由泉州师范学院教师曾德万全程记录整理。

二　发音人概况

方言老男陈华国，汉族，1949年12月出生于城关镇（今凤城镇），高中文化程度。已退休。

方言青男谢剑东，汉族，1988年1月出生于城厢镇（与今凤城镇相邻），高中文化程度。自由职业。

方言老女陈秀玲，汉族，1955年3月出生于城厢乡（今凤城镇），初中文化程度。就职于凤城镇祥云社区。

方言青女林宝卿，汉族，1981年4月出生于城厢乡（今凤城镇），大学本科文化程度。就职于安溪城厢中心小学。

口头文化发音人有黄昭勇、石文炳、黄桂生，都是城厢镇人。

地普发音人有石文炳、谢素彬（女）、陈玉环（女），都是城厢镇人。

三　安溪话音系

（一）声母

安溪话有17个声母（包括零声母）：

表1　安溪话声母表

p 八兵爬病飞$_{白}$肥饭	p^h派片蜂$_{白}$	b 麦明$_{文}$味	m 明$_{白}$问	
t 多东甜毒张竹茶	t^h讨天抽拆柱	l 脑南老蓝连$_{文}$路字热	n 年泥连$_{白}$软	
ts 资早租酒坐全争装纸主船书$_{白}$十$_{白}$	ts^h刺草寸清贼抄初床$_{白}$车春手			s 丝三酸想祠谢事床$_{文}$山双顺书$_{文}$十$_{文}$城
k 高九共权县	k^h开轻	g 月	ŋ 猫	h 飞$_{文}$风副蜂$_{白}$好灰响云
Ø 活安温王用药				

说明：

1. 有浊音b、l、g，与m、n、ŋ互补，鼻音作声母时，韵母同时为鼻化韵。
2. ts、ts^h、s与齐齿呼相拼时，音色近于tɕ、$tɕ^h$、ɕ。
3. 零声母前有轻微的喉塞音动作，带有微弱的ʔ。

（二）韵母

安溪话有72个韵母（包括声化韵m、ŋ）：

表2　安溪话韵母表

	i 米丝试戏二	u 雨$_{文}$
a 饱	ia 靴写瓦	ua 歌
ɔ 苦五雨$_{白}$		

续表

ə 坐过赔飞$_{白}$短$_{白}$	iəu 笑桥	
e 茶牙		ue 鞋
o 宝		
ɯ 猪师$_{文}$		
	iu 油	ui 开$_{白}$对飞$_{文}$鬼
ai 开$_{文}$排师$_{白}$		uai 快
au 豆走	iau 数	
m 姆		
ŋ 床		
	ĩ 年$_{白}$硬争病星$_{白}$	
ã 三	iã 兄	uã 山$_{白}$半官
ɔ̃ 毛		
	iũ 响$_{白}$	uĩ 横
ãi 乃		
ãu 闹	iãu 猫	
	im 心深	
am 南	iam 盐	
əm 参$_{人参}$		
	in 新	un 根寸滚春云
an 山$_{文}$	ian 年$_{文}$	uan 短$_{文}$权
aŋ 双$_{白}$讲$_{白}$东$_{白}$	iaŋ 亮	uaŋ 风$_{白}$
ɔŋ 王东$_{文}$双$_{文}$讲$_{文}$	iɔŋ 响$_{文}$用$_{文}$	
	iəŋ 灯升争星$_{文}$用$_{白}$	
	ip 十$_{文}$急	
ap 十$_{白}$	iap 接贴$_{文}$	
	it 七一直	ut 骨出
at 八$_{文}$节$_{白}$	iat 热$_{文}$节$_{文}$橘	uat 法刮$_{文}$月$_{文}$

续表

ət 核		
	ik 亿	
ak 壳学$_{\text{文}}$北$_{\text{白}}$六$_{\text{白}}$		
ɔk 托$_{\text{文}}$国谷北$_{\text{文}}$	iɔk 六$_{\text{文}}$	
	iək 色白$_{\text{文}}$锡$_{\text{文}}$绿局	
	iʔ 铁	uʔ 托$_{\text{白}}$
aʔ 贴$_{\text{白}}$盒塔鸭	iaʔ 锡$_{\text{白}}$	uaʔ 辣热$_{\text{白}}$活
ɔʔ 呕		
əʔ 郭月$_{\text{白}}$	iəuʔ 药尺	
eʔ 白$_{\text{白}}$		ueʔ 八$_{\text{白}}$节$_{\text{白}}$
oʔ 学$_{\text{白}}$		
		uiʔ 刮$_{\text{白}}$
ŋʔ 物		

说明

1. 声化韵 ŋ 前有一个稍短的 ə。

2. m、ŋ 可自成韵母。

（三）声调

安溪话有 7 个单字声调（不包括轻声）：

阴平 55　　东该灯风通开天春

阳平 24　　铜皮糖红门龙牛油

阴上 53　　古鬼九统苦讨草

阳上 21　　动罪近后买老五有

去声 42　　冻怪半四痛快寸去洞地饭卖路硬乱树

阴入 5　　谷百搭节急拍塔切刻

阳入 24　　毒白盒罚六麦月

说明

1. 古平上入各分阴阳，去声不分阴阳；但作连读变调前字时，能够区分古清去和古浊去。

2. 阴入、阳入区分明显，阴入高而促，阳入促而上扬，实际调值为 $\underline{5}$、$\underline{24}$。

（四）两字组连读变调规律说明

两字组连读变调规律是：

1. 前字一般都变调，后字一般不变调。

2. 前字调值变化规律为：阴平 55－33、阳平 24－22；阴上 53－44、阳上 21－22；去声分两类：古清去 42－53，古浊去 42－21；阴入 5－42，阳入 24－22。表 3 是安溪两字组连续变调表，表左为前字，表头为后字，表中为前字变调表。

表 3　安溪话两字组连读变调表

前字＼后字	阴平 55	阳平 24	阴上 53	阳上 21	去声 42	阴入 5	阳入 24
阴平 55	33	33	33	33	33	33	33
阳平 24	22	22	22	22	22	22	22
阴上 53	44	44	44	44	44	44	44
阳上 21	22	22	22	22	22	22	22
清去 42	53	53	53	53	53	53	53
浊去 42	21	21	21	21	21	21	21
阴入 5	42	42	42	42	42	42	42
阳入 24	22	22	22	22	22	22	22

表 4　安溪话两字组连读变调举例

阴平＋阴平［55－33 55］	飞机 hui ki	乡亲 hiɔŋ ts^hin
阴平＋阳平［55－33 24］	天桥 t^hĩ kio	花钱 hua tsĩ
阴平＋阴上［55－33 53］	山顶 suã tiŋ	东海 taŋ hai
阴平＋阳上［55－33 21］	山后 suã hau	经理 kiŋ li
阴平＋去声［55－33 42］	车票 ts^hia p^hio	开会 k^hui hui
阴平＋阴入［55－33 5］	猪血 tɯ huiʔ	山谷 suã kɔk
阴平＋阳入［55－33 24］	山药 suã ioʔ	中学 tiɔŋ oʔ
阳平＋阴平［24－22 55］	梅花 mui hue	门窗 mŋ $t^haŋ$

续表

阳平+阳平［24－22 24］	羊毛 ioŋ mŋ	池塘 ti tŋ
阳平+阴上［24－22 53］	侬影 laŋ ŋ	锣鼓 lo kɔ
阳平+阳上［24－22 21］	侬老 laŋ lau	骑马 ki be
阳平+去声［24－22 42］	咸菜 kiam tsʰai	流汗 lau kuã
阳平+阴入［24－22 5］	牛骨 gu kut	时刻 si kʰak
阳平+阳入［24－22 24］	来历 lai liak	人物 len but
阴上+阴平［53－44 55］	水车 tsui tsʰia	起风 kʰi huaŋ
阴上+阳平［53－44 24］	点名 tiam miã	好侬 ho laŋ
阴上+阴上［53－44 53］	水果 tsui kə	起草 kʰi tsʰau
阴上+阳上［53－44 21］	小雨 sio hɔ	起重 kʰi tiɔŋ
阴上+去声［53－44 42］	考试 kʰo tsʰi	写字 sia li
阴上+阴入［53－44 5］	小雪 siau səʔ	纺织 pʰaŋ tsik
阴上+阳入［53－44 24］	草木 tsʰau bɔk	体育 tʰi iɔk
阳上+阴平［21－22 55］	后生 au siŋ	坐车 tsə tsʰia
阳上+阳平［21－22 24］	老侬 lau laŋ	有钱 u tsĩ
阳上+阴上［21－22 53］	米粉 bi hun	允许 un hɯ
阳上+阳上［21－22 21］	父母 pe bu	旅社 lɯ sia
阳上+去声［21－22 42］	罪过 tsə kə	后路 au lɔ
阳上+阴入［21－22 5］	五谷 gɔ kɔk	犯法 huan huaʔ
阳上+阳入［21－22 24］	五月 gɔ gəʔ	上学 siɔŋ oʔ
清去+阴平［42－53 55］	教师 kau sɯ	汽车 kʰi tsʰia
清去+阳平［42－53 24］	算钱 sŋ tsĩ	病侬 pĩ laŋ
清去+阴上［42－53 53］	气体 kʰi tʰe	半碗 puã guan
清去+阳上［42－53 21］	跳舞 tʰiau bu	战友 tsan iu
清去+去声［42－53 42］	破布 pʰɔ pɔ	笑话 tsʰio ue
清去+阴入［42－53 5］	教室 kau sik	半尺 puã tsʰioʔ
清去+阳入［42－53 24］	快乐 kʰuai lɔk	气绝 kʰi kiat

续表

浊去+阴平［42－21 55］	电灯 tian tiŋ	夏天 ha t^h ĩ
浊去+阳平［42－2124］	地球 te kiu	路平 lɔ piŋ
浊去+阴上［42－21 53］	电表 tian pio	命苦 miã k^hɔ
浊去+阳上［42－21 21］	大雨 tua hɔ	地洞 te tɔŋ
浊去+去声［42－21 42］	内战 lei tsian	大树 tua ts^hiu
浊去+阴入［42－21 5］	大雪 tua səʔ	利益 liʔ iak
浊去+阳入［42－21 24］	用药 iɔŋ ioʔ	艺术 ge sut
阴入+阴平［5－42 55］	北方 pak hɔŋ	铁钉 t^hiʔ tan
阴入+阳平［5－42 24］	出门 ts^hut mŋ	剥皮 pak p^hə
阴入+阴上［5－42 53］	铁板 t^hiʔ pan	结果 kiat kɔ
阴入+阳上［5－42 21］	谷雨 kɔk ɔ	发动 huat taŋ
阴入+去声［5－42 42］	百货 peʔ hə	说话 səʔ ue
阴入+阴入［5－42 5］	剥削 pak siak	出血 ts^hut huiʔ
阴入+阳入［5－42 24］	角落 kak loʔ	出力 ts^hut lat
阳入+阴平［24－22 55］	学生 hak siŋ	录音 liɔk im
阳入+阳平［24－22 24］	白糖 peʔ t^hŋ	石头 tsioʔ t^hau
阳入+阴上［24－22 53］	罚款 hua k^huan	墨水 biak tsui
阳入+阳上［24－22 21	白米 peʔ bi	日后 lit au
阳入+去声［24－22 42］	白菜 peʔ ts^hai	绿豆 liak tau
阳入+阴入［24－22 5］	白色 peʔ sieʔ	越级 uat kiʔ
阳入+阳入［24－22 24］	学习 hak sip	特别 tiak piat

(五) 其他主要音变规律

安溪方言有轻声，一般是词的后缀，或是助词、动词补语、语气词。轻声前的音节读本调。

永春话

一　调查点概况

永春县属泉州市辖县，位于泉州市境中部。东邻仙游县，西接漳平市，南接安溪县、南安市，北部与大田县、德化县交界。东经 117°41′—118°31′，北纬 25°13′—25°33′。本调查点为县政府驻地桃城镇。

据 2019 年资料，全县常驻人口 57 万人，以汉族为主。全县通行永春话，属于闽语闽南方言泉漳片。无少数民族语言。

方言曲艺、地方戏种为南音、高甲戏、梨园戏等。

永春话是 2015 年福建省语保点，由泉州师范学院教师曾德万全程记录整理。

二　方言发音人概况

方言老男余文泽，汉族，1954 年 9 月出生于桃城镇，在当地读中小学，高中文化程度。自由职业。

方言青男李伟嘉，汉族，1988 年 2 月出生于桃城镇。大学本科文化程度。就职于永春职业专科学校。

方言老女蔡秀琴，汉族，1952 年 7 月出生于永春县五里街镇。高中文化程度。

方言青女周秀惠，汉族，1990 年 4 月出生于永春县桃溪镇。大专文化程度。就职于永春县中医院。

口头文化发音人有王志芳（女，五里街镇）、郑志生、蔡秀琴（女，五里街镇）、余文泽，除加注外，都是桃城镇人。

地普发音人有蔡秀琴（女，五里街）、郑志生（桃城镇）、孙明淦（五里街）。

三 永春话音系

（一）声母

永春话有 17 个声母（包括零声母）：

表 1 永春话声母表

p 八兵爬病飞$_{白}$肥饭	p^h派片蜂$_{白}$	b 麦明味	m 明问	
t 多东甜毒张竹茶	t^h讨天抽拆柱	l 脑南老蓝连路字热软$_{文}$	n 年泥连软$_{白}$	
ts 资早租酒贼$_{文}$坐全争装纸主船十$_{白}$	ts^h 刺草寸清贼$_{白}$抄初床车春手书$_{白}$			s 丝三酸想祠谢事山双顺书$_{文}$十$_{文}$城
k 高九共权县	k^h开轻	g 月	ŋ 熬	h 飞$_{文}$蜂$_{文}$好灰响云
ø 活安温王用药				

说明：

1. ts、ts^h、s 与齐齿呼相拼时与普通话的 tɕ、$tɕ^h$、ɕ 相近。

2. 零声母前有轻微的喉塞音动作，带有微弱的 ʔ。

（二）韵母

永春话有 82 个韵母（包括声化韵 m、ŋ）：

表 2 永春话韵母表

	i 米丝试戏二	u 雨$_{文}$
a 饱	ia 靴写瓦	ua 歌$_{白}$
ɔ 苦五雨$_{白}$		
ə 坐过赔飞$_{白}$短$_{白}$		
e 茶牙		ue 鞋
o 宝歌$_{文}$	io 笑$_{白}$桥	

续表

ɯ 猪师$_{\text{文}}$		
	iu 油	ui 开$_{\text{白}}$对飞$_{\text{文}}$快$_{\text{白}}$鬼
ai 开$_{\text{文}}$排师$_{\text{白}}$		uai 快$_{\text{文}}$
au 豆走	iau 笑$_{\text{文}}$	
m 姆呣		
ŋ 糖床		
	ĩ 年$_{\text{白}}$病$_{\text{白}}$星$_{\text{白}}$	
ã 橄馅	iã 兄	uã 山$_{\text{白}}$半$_{\text{白}}$官$_{\text{白}}$
ɔ̃ 毛		
ẽ 咩		
	iũ 响	uĩ 横
ãi 乃		uãi（拟声词）
ãu 闹	iãu 猫	
	im 心深	
am 南	iam 盐	
əm 森欣		
	in 新	un 寸滚春云
an 山$_{\text{文}}$半$_{\text{文}}$	ian 年$_{\text{文}}$	uan 短$_{\text{文}}$官$_{\text{文}}$权
ən 根		
	iŋ 灯升硬争病$_{\text{文}}$星$_{\text{文}}$用$_{\text{白}}$	
aŋ 双讲东	iaŋ 亮凉	uaŋ 风
ɔŋ 床王双	iɔŋ 用$_{\text{文}}$	
	ip 十$_{\text{文}}$急	
ap 盒贴十$_{\text{白}}$	iap 接贴	
	it 七一直	ut 骨出
at 节$_{\text{白}}$八$_{\text{文}}$	iat 橘热节$_{\text{文}}$	uat 法刮月$_{\text{文}}$
ət 核		

续表

	ik 亿	
ak 壳学$_{文}$六$_{白}$北	iak 色白$_{文}$锡$_{文}$绿	
ɔk 托国谷	iɔk 六$_{文}$局	
	iʔ 缺$_{白}$	uʔ 托
aʔ 盒塔鸭	iaʔ 锡$_{白}$	uaʔ 辣活刮
ɔʔ 呕		
əʔ 郭月$_{白}$		
eʔ 白$_{白}$		ueʔ 节$_{白}$八$_{白}$
oʔ 学$_{白}$	ioʔ 药尺	
	iuʔ（siuʔ 倒吸）	uiʔ 血挖
auʔ 搯	iauʔ 觉	
	ĩʔ（捏）	
	iãʔ（iãʔ 背）	
ɔ̃ʔ 掐		
		uĩʔ（咀嚼的声音）
ŋʔ 物		

说明：

声化韵 ŋ 前有一个稍短的 ə。

（三）声调

永春话有 7 个单字声调：

阴平 44　　东该灯风通开天春

阳平 24　　门龙牛油铜皮糖红

上声 53　　懂古鬼九统苦讨草买老五有动罪近后

阴去 31　　冻怪半四痛快寸去

阳去 22　　卖路硬乱洞地饭树

阴入 32　　谷百搭节急哭拍塔切刻

阳入 4　　六麦叶月毒白盒罚

说明：

阴入、阳入区分明显，阴入急促而下降，实际调值为32；阳入急促而上扬，实际调值为4。

（四）连读变调说明

永春话两字组连读变调规律是：当处于前字时，阴平、阳平变22，上声变44，阴去变53，阳去变31，阴入变44，阳入变31。以下是永春方言两字组连读变调表，表左为前字，表头为后字，表中为前字变调。

表3　永春话两字组连读变调表

前字＼后字	阴平44	阳平24	上声53	阴去31	阳去22	阴入32	阳入4
阴平44	22	22	22	22	22	22	22
阳平24	22	22	22	22	22	22	22
上声53	44	44	44	44	44	44	44
阴去31	53	53	53	53	53	53	53
阳去22	31	31	31	31	31	31	31
阴入32	44	44	44	44	44	44	44
阳入4	31	31	31	31	31	31	31

表4　永春话两字组连读变调举例

阴平＋阴平［44－22 44］	飞机 hui ki
阴平＋阳平［44－22 24］	天桥 tʰĩ kio
阴平＋上声［44－22 53］	山顶 suã tiŋ
阴平＋阴去［44－22 31］	山货 suã hə
阴平＋阳去［44－22 22］	灾害 tsai hai
阴平＋阴入［44－22 32］	山色 suã siak
阴平＋阳入［44－22 4］	山药 suã ioʔ
阳平＋阴平［24－22 44］	时间 si kuĩ
阳平＋阳平［24－22 24］	猴头 kau tʰau
阳平＋上声［24－22 53］	河水 ho tsui
阳平＋阴去［24－22 31］	塍炭 tsʰan tʰuã

续表

阳平 + 阳去 [24 - 22 22]	塍豆 ts^han t^hau
阳平 + 阴入 [24 - 22 32]	条约 tiau iɔk
阳平 + 阳入 [24 - 22 4]	民俗 bin siɔk
上声 + 阴平 [53 - 44 44]	买书 bue sɯ
上声 + 阳平 [53 - 44 24]	好侬 ho laŋ
上声 + 上声 [53 - 44 53]	水桶 tsui $t^haŋ$
上声 + 阴去 [53 - 44 31]	火炭 hə $t^huã$
上声 + 阳去 [53 - 44 22]	火箸 hə tɯ
上声 + 阴入 [53 - 44 32]	小雪 siau səʔ
上声 + 阳入 [42 - 44 4]	体育 t^hi iɔk
阴去 + 阴平 [31 - 53 44]	唱歌 $ts^hiũ$ kua
阴去 + 阳平 [31 - 53 24]	算盘 suan puã
阴去 + 上声 [31 - 53 53]	半碗 puã uan
阴去 + 阴去 [31 - 53 31]	半世 puã si
阴去 + 阳去 [31 - 53 22]	半袋 puã tə
阴去 + 阴入 [31 - 53 32]	爱国 ai kɔk
阴去 + 阳入 [31 - 53 4]	快乐 k^huai lɔk
阳去 + 阴平 [22 - 31 44]	电灯 tian tiŋ
阳去 + 阳平 [22 - 31 24]	外来 gua lai
阳去 + 上声 [22 - 31 53]	大海 tua hai
阳去 + 阴去 [22 - 31 31]	饭菜 pŋ ts^hai
阳去 + 阳去 [22 - 31 22]	五面 gɔ bin
阳去 + 阴入 [22 - 31 32]	定约 tiŋ ioʔ
阳去 + 阳入 [22 - 31 4]	定局 tiŋ kiak
阴入 + 阴平 [32 - 44 44]	北方 pak hɔŋ
阴入 + 阳平 [32 - 44 24]	出门 ts^hut mŋ
阴入 + 上声 [32 - 44 53]	缺水 $k^hiʔ$ tsui

续表

阴入+阴去［32－44 31］	铁线 tʰiʔ suã
阴入+阳去［32－44 22］	铁路 tʰiʔ lɔ
阴入+阴入［32－44 32］	剥削 pak siaʔ
阴入+阳入［32－44 4］	吸毒 kʰip tak
阳入+阴平［44－31 44］	入山 lip suã
阳入+阳平［44－31 24］	白糖 pəʔ tʰŋ
阳入+上声［44－31 53］	墨水 biak tsui
阳入+阴去［44－31 31］	白菜 pəʔ tsʰai
阳入+阳去［44－31 22］	局面 kiɔŋ bin
阳入+阴入［44－31 32］	杰作 kiat tsoʔ
阳入+阳入［44－31 4］	学习 hak sip

（五）老男和青男在音系上的主要差别

声母，老派的 h 母在新派中正处于变化过程中，传统闽南话的 h 母字，青派第一反应有不少读 f 的，经过记音人提醒后又改读为 h，这主要是合口呼字，如飞、法、副、发等字。ts、tsʰ、s 与齐齿呼相拼时，与普通话 tɕ、tɕʰ、ɕ 相近。零声母前有轻微的喉塞音动作，带有微弱的 ʔ。

德 化 话

一　调查点概况

德化县属泉州市辖县，位于泉州市境北部。东邻永泰县、仙游县，西接大田县，南接永春县，北部与尤溪县交界。东经 117°55′—118°32′，北纬 25°23′—25°56′。本调查点为县政府驻地浔中镇。

据 2019 年统计，全县人口约 32 万，大部分为汉族，少数民族有畲族、回族等。境内通行德化话，属于闽语闽南话泉漳片方言。县内方言内部略有差别，大抵可分为两小片：一小片是以城关话为代表，包括龙浔镇和浔中、三班、盖德、雷峰、霞碧、南埕、水口、国宝、赤水、美湖等乡；另一小片是以上涌话为代表，包括上涌、桂阳、汤头、葛坑、杨梅等乡。另外春美乡与大铭乡介于两小片之间，兼有两小片的部分特点。全境没有少数民族语言。

本地地方戏种有高甲戏、南音、木偶戏等。

德化话是 2015 年福建省语保点，由泉州师范学院教师曾德万全程记录整理。

二　发音人概况

方言老男陈章俊，汉族，1955 年 6 月出生于浔中镇浔中村，小学文化程度，民间艺人。

方言青男颜一鸣，汉族，1984 年 10 月出生于三班镇，大专文化程度，社区干部。

方言老女苏玉妹，1950 年 5 月出生于龙浔镇，初中文化程度，已退休。

方言青女庄雪芬，1981 年 5 月出生于浔中镇浔中村，初中文化程度，就职于德化城东工业区磁汇陶瓷公司。

口头文化发音人有周秀丽（女，浔中镇）、郑瑞龙（三班镇）、苏德水（龙浔镇）。

地普发音人有苏桂书（女，浔中镇）、苏玉妹（女，龙浔镇）、郭天水（浔中镇）。

三 德化话音系

（一）声母

德化话有 17 个声母（包括零声母）：

表 1 德化话声母表

p 八兵爬病飞$_{白}$肥饭	p^h派片蜂$_{白}$	b 麦明$_{文}$味	m 明$_{白}$问	
t 多东甜毒张竹茶	t^h讨天抽拆柱$_{白}$	l 脑南老蓝连$_{文}$路字热软	n 年泥连$_{白}$	
ts 资早租酒坐全柱$_{文}$争装纸主船十$_{白}$	ts^h刺草寸清贼抄初床车春手			s 丝三酸想祠谢事山双顺书十$_{文}$城
k 高九共权县	k^h开轻	g 熬月	ŋ 卧	h 飞$_{文}$风副蜂$_{文}$好灰响云
∅ 活安温王用药				

说明：

1. 声母b、l、g只与非鼻化韵母相拼，声母m、n、ŋ只与鼻化韵母相拼。这两组声母是互补的。

2. ts、ts^h、s 与齐齿呼韵母相拼时，近似舌面前音tɕ、$tɕ^h$、ɕ。

3. 零声母前有轻微的喉塞音动作，带有微弱的 ʔ。

（二）韵母

德化话有 88 个韵母（包括声化韵 m、ŋ）：

表 2 德化话韵母表

	i 米丝试戏二	u 有主
a 饱	ia 写	ua 歌$_{白}$瓦

续表

ɔ 苦五雨		
ə 坐过赔飞$_{白}$短$_{白}$		
e 茶牙		ue 鞋
o 歌$_{文}$宝	io 笑$_{白}$桥	
ɯ 猪师$_{文}$		
	iu 油	ui 开$_{白}$对飞$_{文}$快$_{白}$鬼
ai 开$_{文}$排师$_{白}$		uai 快$_{文}$
au 豆走	iau 笑$_{文}$	
m 姆		
ŋ 糖床		
	ĩ 年$_{白}$病$_{白}$星$_{白}$	
ã 橄馅	iã 兄	uã 山$_{白}$半$_{白}$官$_{白}$
ɔ̃毛		
ẽ咩		
	iũ响	uĩ横
ãi 乃		uãi（拟声词）
ãu 闹	iãu 猫	
	im 心深	
am 南	iam 盐	
əm 森欣		
	in 新	un 寸滚春云
an 山$_{文}$	ian 年$_{文}$	uan 半$_{文}$短$_{文}$官$_{文}$权
ən 根		
	iŋ 灯升硬争病$_{文}$星$_{文}$用$_{白}$	
aŋ 双讲东	iaŋ 亮凉	uaŋ 风$_{白}$
ɔŋ 床王双	iɔŋ 用$_{文}$	
	ip 十$_{文}$急	

续表

ap 盒贴$_{白}$十$_{白}$	iap 接贴$_{文}$	
	it 七一直	ut 骨出
at 节$_{白}$八$_{文}$	iat 节$_{文}$热橘	uat 法刮月$_{文}$
ət 核		
	ik 亿	
ak 壳学$_{文}$六$_{白}$北	iak 色白$_{文}$锡$_{文}$绿	
ɔk 托$_{文}$国谷	iɔk 六$_{文}$局	
	iʔ 铁	uʔ 托$_{白}$
aʔ 盒塔鸭	iaʔ 锡$_{白}$	uaʔ 辣活
ɔʔ 呕		
əʔ 郭月$_{白}$		
eʔ 白$_{白}$		ueʔ 节$_{白}$八$_{白}$
oʔ 学$_{白}$	ioʔ 药尺	
	iuʔ（siuʔ 倒吸）	uiʔ 血挖
auʔ 搭	iauʔ 觉	
ŋʔ 物		
	ĩʔ（捏）	
ãʔ（sãʔ 搂）	iãʔ（iaʔ 背）	uãʔ 伐
ɔ̃ʔ 掐		
		uĩʔ（咀嚼的声音）
ãiʔ（叹词）		uãiʔ（拟声词）
ãuʔ（拟声词）	iãuʔ（hiãuʔ 蠕动）	

说明：

声化韵 ŋ 前有一个稍短的 ə。

（三）声调

德化话有 7 个单字声调（不包括轻声）：

阴平 13　　东该灯风通开天春

阳平 44　　门龙牛油铜皮糖红
阴上 42　　懂古鬼九统苦讨草
阳上 35　　买老五有 动罪近后
去声 31　　冻怪半四痛快寸去卖路硬乱洞地饭树
阴入 42　　谷百搭节急哭拍塔切刻
阳入 35　　六麦叶月毒白盒罚

说明：

1. 古去声字不论古声母清浊，在单字音里今读没有区别。但当处于两字组连读变调前字时，区分古清去和古浊去。详见下文。

2. 阴入、阳入区分明显，阴入急促而下降，阳入急促而上扬。

3. 阴入调 42、阳入调 35，发音短促，实际调值为42、35。

（四）两字组连读变调规律说明

德化方言两字连读，前字有的变调，有的不变调；后字通常不变调。其规律是：

1. 前字阴平变 22，阳平变 31，阴上变 44，阳上变 31，阳入变31。前字阴入不变调。

2. 单字去声字变调时按古声母的清浊分化为两类：古清音声母字由 31 调变为 42 调，临时命名为“清去”；古浊音声母字不变调，还是读 31 调，临时命名为“浊去”。表 3 是德化方言两字组连读变调表。表左是前字声调调值，表头是后字声调调值，表中是前字变调调值。

表 3　德化话两字组连读变调表

后字 / 前字	阴平 13	阳平 44	阴上 42	阳上 35	去声 31	阴入 42	阳入 35
阴平 13	22	22	22	22	22	22	22
阳平 44	31	31	31	31	31	31	31
阴上 42	44	44	44	44	44	44	44
阳上 35	31	31	31	31	31	31	31
清去 31	42	42	42	42	42	42	42
浊去 31	—	—	—	—	—	—	—
阴入 42	—	—	—	—	—	—	—
阳入 35	31	31	31	31	31	31	31

表 4 德化话两字组连读变调举例

阴平 + 阴平 [13 - 22 13]	飞机 hui ki
阴平 + 阳平 [13 - 22 44]	加油 gei iu
阴平 + 阴上 [13 - 22 42]	山顶 suã tiŋ
阴平 + 阳上 [13 - 22 35]	街市 gei tsʰi
阴平 + 去声 [13 - 22 31]	灾害 tsai hai
阴平 + 阴入 [13 - 22 42]	山色 suã sik
阴平 + 阳入 [13 - 22 35]	山药 suã ioʔ
阳平 + 阴平 [44 - 31 13]	时间 si kui
阳平 + 阳平 [44 - 31 44]	猴头 kau tʰau
阳平 + 阴上 [44 - 31 42]	河水 o tsui
阳平 + 阳上 [44 - 31 35]	门后 mŋ au
阳平 + 去声 [44 - 31 31]	强大 kiaŋ tua
阳平 + 阴入 [44 - 31 42]	条约 tiau iɔk
阳平 + 阳入 [44 - 31 35]	民俗 bin iɔk
阴上 + 阴平 [42 - 44 13]	买书 bue tsɯ
阴上 + 阳平 [42 - 44 44]	好侬 ho laŋ
阴上 + 阴上 [42 - 44 42]	水桶 tsui tʰaŋ
阴上 + 阳上 [42 - 44 35]	滚动 kun tɔŋ
阴上 + 去声 [42 - 44 31]	火炭 hə tʰuã
阴上 + 阴入 [42 - 44 42]	小雪 siau səʔ
阴上 + 阳入 [42 - 44 35]	体育 tʰi iɔk
阳上 + 阴平 [35 - 31 13]	老兄 lau hiã
阳上 + 阳平 [35 - 31 44]	有钱 u tsĩ
阳上 + 阴上 [35 - 31 42]	市长 tsʰi tŋ
阳上 + 阳上 [35 - 31 35]	上市 siɔŋ tsʰi
阳上 + 去声 [35 - 31 31]	上岸 siɔŋ huã

续表

阳上 + 阴入 [35 – 31 42]	道德 to teʔ
阳上 + 阳入 [35 – 31 35]	有力 u lat
清去 + 阴平 [31 – 42 13]	唱歌 ts^{h}iũ kua
清去 + 阳平 [31 – 42 44]	算盘 suan puã
清去 + 阴上 [31 – 42 42]	半碗 puã guan
清去 + 阳上 [31 – 42 35]	跳舞 t^{h}iau bu
清去 + 去声 [31 – 42 31]	破布 p^{h}ɔ pɔ
清去 + 阴入 [31 – 42 42]	爱国 ai kɔk
清去 + 阳入 [31 – 42 35]	快乐 k^{h}uai lɔk
阳入 + 阴平 [35 – 31 13]	入山 lip suã
阳入 + 阳平 [35 – 31 44]	石头 tsioʔ t^{h}au
阳入 + 阴上 [35 – 31 42]	墨水 biak tsui
阳入 + 阳上 [35 – 31 35]	白米 peʔ bi
阳入 + 去声 [35 – 31 31]	局面 kiɔk bin
阳入 + 阴入 [35 – 31 42]	杰作 kiat tsoʔ
阳入 + 阳入 [35 – 31 35]	学习 hak sip

（五）其他主要音变规律

德化方言有轻声，在词的后一音节，一般是词的后缀，或是助词、动词补语、语气词。轻声前的音节读本调。